中共山东省委党校(山东行政学院)创新工程成果

山东省党校(行政学院)系统智库联盟重大调研课题成果

山东推动新旧动能转换的做法、成效及启示

《山东推动新旧动能转换的做法、成效及启示》编写组　编

山东大学出版社

图书在版编目(CIP)数据

山东推动新旧动能转换的做法、成效及启示/《山东推动新旧动能转换的做法、成效及启示》编写组编. —济南:山东大学出版社,2019.9

ISBN 978-7-5607-6429-0

Ⅰ.①山… Ⅱ.①山… Ⅲ.①区域经济发展—研究—山东 Ⅳ.①F127.52

中国版本图书馆 CIP 数据核字(2019)第 204133 号

责任编辑:姜 明

封面设计:张 荔

出版发行:山东大学出版社

社 址 山东省济南市山大南路 20 号

邮 编 250100

电 话 市场部(0531)88363008

经 销:新华书店

印 刷:山东新华印务有限责任公司

规 格:720 毫米×1000 毫米 1/16

19.25 印张 288 千字

版 次:2019 年 9 月第 1 版

印 次:2019 年 9 月第 1 次印刷

定 价:48.00 元

前　言

多年来，习近平总书记对山东经济转型和高质量发展高度关注，要求山东坚持“腾笼换鸟，凤凰涅槃”的思路；切实把新发展理念落到实处，不断取得高质量发展新成就。[①] 这为山东在新时代建设现代化经济体系，实现高质量发展提供了行动指南。山东省第十一次党代会以来，省委省政府全面贯彻落实习近平总书记对山东发展的一系列重要指示和党的十九大精神，按照高质量发展的要求，以提高发展质量效益为中心，以推进供给侧结构性改革为主线，聚焦新旧动能转换、乡村振兴、海洋经济、军民融合深度发展等重点领域和关键环节，努力闯出一条以新旧动能转换促进高质量发展的新路。

山东省委省政府于2018年2月22日召开全面展开新旧动能转换重大工程动员大会，新旧动能转换在山东呈现出持续快速高效的发展态势。山东坚持以“四新”促“四化”，提出“腾笼换鸟”方案，落实国务院批复的山东新旧动能转换综合试验区建设总体方案，推动智慧产业化，重点培育新一代信息技术等5个新兴产业，2018年新登记“四新”经济企业增长31％，“四新”经济投资增长6.5％左右，新一代信息技术制造业、新能源新材料、高端装备等产业增加值分别增长6.7％、6.0％和5.5％，依次高于规模以上工业1.5、0.8和0.3个百分点，实现“四新”经济的快速增长；推动产业智慧化，提升高端化工等五大传统行业，并在去产能中“破立降”继

① 参见赵银平：《习近平山东考察，这几个关键词值得深思》，新华网，2018年6月15日。

续深化，全年压减粗钢产能355万吨、生铁产能60万吨、煤炭产能495万吨，使产能过剩矛盾得到有效缓解，供给结构特别是供给质量明显改善①；实现品牌高端化，2018年实施了产业集群转型示范工程，围绕“十强”产业遴选首批70个“雁阵型”产业集群，出台支持优势产业集群发展的政策体系，引进一批与新产业集群配套、强链补链的重大项目，打造了一批区域集群品牌。同时，深化“放管服”改革，全面推进“一次办好”改革，组织开展营商环境十大专项行动，挂牌运行市县两级行政审批服务局，激发出经济发展活力，动能转换全面起势，加速迈向以新动能支撑经济发展的新格局。

山东推动新旧动能转换取得了明显的成效，有许多值得总结的做法，具有启迪意义。中共山东省委党校（山东行政学院）校（院）委会高度重视对山东推动新旧动能转换重大工程的研究，要求发挥全省党校（行政学院）系统智库联盟和校（院）新旧动能转换研究中心的作用，系统、全面总结全省新旧动能转换的做法、成效，并探寻其启迪意义。智库联盟理事会秘书处联合新旧动能转换研究中心设计研究方案，于2018年组织全省党校（行政学院）系统智库联盟的专家学者围绕全省新旧动能转换进行了深入系统的调研，总结出了一批改造提升传统产业、发展壮大新兴产业、新业态、新模式、跨界融合化和品牌高端化的成功做法和成效，以及获得的一些启示，现将其整理编辑出版。校（院）新旧动能转换研究中心首席专家迟树功教授对本书进行了系统修改、统稿。

全省党校（行政学院）系统智库联盟的许多专家学者参与了本研究项目的调研与撰写工作，其中，“以推动‘四新’为抓手　打造济南新旧动能转换先行区”由王伟、冯雷、蒋文涛、杨丽娟、史书铄、刘晓冉、王柏撰写；“青岛市培育产业发展新动能的做法、成效、问题及对策研究”由王涛、程国有、于慎澄、金花、于忠珍、倪庆东、张松梅、张淑芹、魏丽莉、张彬撰写；“烟台市培育现代制造业产业集群的做法、成效及启示”由王占益、王喜红撰写；“滨州市培育‘群狼经济’助推新旧动能转换”由于孝安、冯闻洁、宋

① 参见山东省统计局等：《2018年山东省国民经济和社会发展统计公报》，山东省统计局官网，2019年3月1日。

刚撰写;"创新引领潍坊市传统产业改造提升的做法、成效与启示"由孙爱云、孙冰、陈亮、展春霖、伍淑撰写;"东营市培育石化产业新动能的做法、成效与启示"由张鹏、毛金香、高瑞国、李梦海、李香颖、李文锋、常光梅、张峰、张志国撰写;"枣庄市推动新旧动能转换的目标、特征及启示"由任光明、刘涛、邵长存、吴雪撰写;"莱芜市推动新旧动能转换的做法、面临的问题及对策"由王玉利、陈军、常颖、黄文、杜威撰写;"淄博市实施新旧动能转换重大工程的做法、成效、问题及对策"由孙学海、马雪辉、王颜红、孔庆江、张要登、于菲菲、徐婷婷、商薇撰写;"威海市以政府职能转变推进新旧动能转换的做法、成效、问题及对策"由王肖杰、王文祖、付晓梅撰写;"临沂市推动新旧动能转换的做法及启示"由杨建中、赵晓红、周洪军撰写;"以'五大行动'加速推进日照市的新旧动能转换"由岳庆刚、李宏、孙明燕、郑世来、王艳撰写;"泰安市推动新旧动能转换的做法、成效、问题及对策"由牛兰春、张娇、张建勇、何传新、刘春萌撰写;"济宁市新旧动能转换的现状、制约因素与对策"由李爱霞、曾凡玉、陈绪民撰写;"德州市新旧动能转换的成效、问题及对策"由苑世清、马东才、杨明文、郭明亮撰写;"聊城市推动新旧动能转换的做法、成效、问题及对策"由吴润昌、淳悦峻、杨增美、郭敬生、井雯撰写;"菏泽市推进新旧动能转换问题研究"由仝永华、刘华伟、杨慧华、季福田、杨绪银、赵娟、刘洋、周凡撰写;"山东省化解过剩产能置换形成新动能"由姜其宾、荆钊、程旭光、张友鹏撰写;"充分发挥铁路在山东新旧动能转换中的助推作用"由王桂芳、王培伟、赵祥刚撰写;"胜利油田推动采油管理区生产信息化建设的做法、成效及启示"由刘彦国、吴维明、李志林、谭明言、陈建馨、刘娟撰写;"山东新旧动能转换的方向、载体与路径"由刘跃奎撰写;"山东推动新旧动能转换面临的问题及对策"由迟树功、李芳、王吉刚、王秀芬撰写。

山东推动新旧动能转换为经济发展注入了活力和生机,也必将为促进全国新旧动能转换、建设现代化经济体系、实现高质量发展做出积极贡献。

迟树功

2019年3月7日

目 录

第二编　依靠创新推进产业集群化、智慧化

第三编　山东资源型和老工业城市推动新旧动能转换的实践

第六编　坚持在去产能中培育新动能

第七编　充分发挥企业在推动新旧动能转换中的主体作用

第一编

以济南、青岛和烟台为“三核引领”的综合试验区的实践

第一章

以推动“四新”为抓手　打造济南新旧动能转换先行区

推动新旧动能转换，加快培育新动能、改造升级旧动能、促进新旧动能混合提升，是推进一、二、三产业协同发展、融合发展的重要方式，关系到整个产业结构的转型升级，关系到山东省经济发展进入“新常态”的新生动力及路径选择，也关系到如何保持高质量发展、赢得区域竞争优势的关键所在。中共山东省委书记刘家义在山东省全面推进新旧动能转换重大工程动员大会上的讲话明确提出，加快建设新旧动能转换综合试验区，是实现我省高质量发展的战略支点，是提高我省经济创新力的重大平台，是赢得我省区域竞争优势的强力抓手，是推动我省产业转型升级的关键之举。济南作为山东省的省会，必须抓住“四新”发展机遇，坚定不移地建设济南新旧动能转换先行区，从而推动济南由“大明湖时代”向“黄河时代”迈进，力争实现“一年全面起势，三年初见成效，五年取得突破，十年塑成优势”。

第一节　济南新旧动能转换先行区建设的背景

2015 年 10 月，李克强总理在召开的政府会议中对当时中国经济进行了初步判断——我国经济正处在新旧动能转换的艰难进程中。做好“十三五”

时期经济社会发展工作，要加快新旧发展动能接续转换。2017 年 4 月 19 日，李克强总理到威海和济南调研时进一步对山东的新旧动能转换提出希望："现在中国经济出现一个很大的变化，就是走势分化的情况从'东西差距'变成了以黄河为界的'南北差距'。""山东刚好是黄河穿流而过的省份。你们把新旧动能转换这篇文章做好，对整个中国经济格局都会起到关键作用。"①

2018 年 1 月 3 日，国务院以"国函 1 号文"正式批复《山东新旧动能转换综合试验区建设总体方案》，这是党的十九大后获批的首个区域性国家发展战略，也是我国第一个以新旧动能转换为主题的区域发展战略。山东省委、省政府和济南市委、市政府高度重视先行区规划建设工作。省委刘家义书记和省长龚正来济南调研，要求着眼长远发展、立足全省大局，坚持高眼界、高标准、高要求，规划建设好新旧动能转换先行区。在 2017 年济南市工作务虚会上，王文涛书记、王忠林市长和李刚部长等领导，又就先行区规划、建设、发展，以及机构设置、班子建设、人员配备等工作提出了许多新的指示和要求。市委十一届三次全会确定，举全市之力加快先行区建设，并将其列入"1＋454"体系，加快先行区建设攻坚上升为全市中心工作。省、市领导对先行区提出的这些要求，为做好工作明确了目标、指明了方向。

第二节　济南市推进新旧动能转换先行区建设的做法及成效

紧紧围绕"打造四个中心，建设现代泉城"的中心任务，济南市 2017 年 5 月设立了"济南新旧动能转换先行区管理委员会(筹)"，大力推进新旧动能转换先行区建设，结合济南的大数据、量子通信、智能制造等基础性高端产业，确定"世界眼光、国际标准、泉城特色"的先行区定位，各项工作稳步推进，取得了一些成效。

---

① 《解读李克强山东考察"路线图"》，中华人民共和国中央人民政府网站，2017 年 4 月23 日。

一、立足优势，高点定位，创新引领

新旧动能转换，全国看山东，山东看济南，济南被赋予了新的重要使命。2015 年以来，济南以“打造四个中心，建设现代泉城”为中心目标，积极在黄河沿岸高起点、高标准、高水平规划建设国家新旧动能转换先行区，集聚集约要素资源，发展高端高效新兴产业，打造开放合作新平台，创新城市管理模式，综合提升基础设施和公共服务水平，建设现代绿色智慧新城。以新旧动能转换先行区为引领，以东部高端产业集聚区、省级开发区转换提升区、泉城优化升级区为支撑，以济南中央商务区、济南国际医学科学中心为重点，构建“一先三区两高地”的核心布局。重点发展大数据与新一代信息技术、智能制造与高端装备、量子科技、生物医药、先进材料、产业金融、现代物流、医养健康、文化旅游、科技服务等产业，提高省会城市首位度，建设“大、强、美、富、通”的现代化省会城市，构建京沪之间创新创业新高地和总部经济新高地，打造全国重要的区域性经济中心、金融中心、物流中心和科技创新中心。

二、提前谋划，组建机构，强化保障

2017 年 5 月，济南市新设立济南新旧动能转换先行区管理委员会(筹)，在位于章丘区的明水经济技术开发区管理委员会加挂“济南新旧动能转换先行区管理委员会(筹)”牌子，实行“一个机构两块牌子”的管理体制，仍为市政府派出机构，规格由正处级调整为正局级。管委会坚持统筹谋划、重点突破，立足当前、着眼长远，高点定位、注重实际，迅速组建机构。在市委组织部的指导帮助下，选调了一批综合素质高、专业能力强、有干事创业情怀的优秀骨干，同时面向社会聘用了部分急需型专业人才，确保各项工作有人干、能干好。目前管委会共有工作人员 37 人，此外还有规划工作组、法律顾问、项目管理小组等 50 多人。制定了《党工委会议议事规则》《主任办公会议议事规则》《财务管理制度》等近 20 项工作管理制度，出台了《关于加强党风廉政建设和作风建设的实施意见》等文件，确保党工委、管委会从成立之初工作运转就实现制度化、规范化。同时，及时与市委、市政府和相关县区、市直部门建立工作联系，确保各项工作政令畅通、协调有序、反应迅速，济南市还研究起

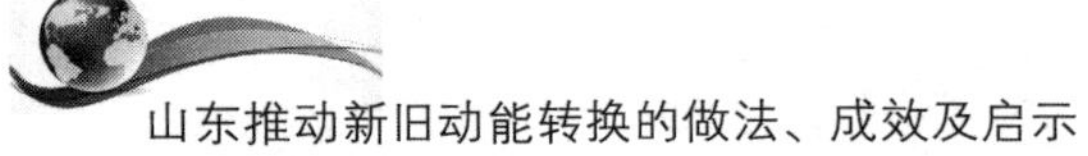

草了创新体制机制的有关文件，并按照“大部制、扁平化、聘任制”的原则，拟定了10个内设机构，全力推进各项工作。

三、树立先行理念，做好先行先试

济南新旧动能转换先行区在工作开展伊始就牢固树立先行先试理念，以思想观念先行，彻底打破过去固有的模式制约；以深化改革先行，充分释放市场的活力，激发新的动力；以创新发展先行，聚焦以“四新”促“四化”；以产业升级先行，认真筛选，出台了十大千亿产业振兴计划，重点支持发展大数据与新一代信息技术、智能制造与高端装备、量子科技、生物医药、先进材料、产业金融、现代物流、医疗康养、文化旅游、科技服务十大产业，要求到2020年十大产业全部具备千亿级产业的发展能力；以交通便捷先行，加快推进“三桥一隧”与先行区路网对接，在济南打造“米”字形的高速铁路网，把黄河变成城市内河；以绿色发展先行，将济南打造成有山有水有湖有城的城市，秉持绿色发展理念来推动济南的发展。

四、高起点、高标准规划新旧动能转换先行区

济南新旧动能转换先行区规划以规划控制区（先行区的黄河以北区域）为重点，从研究区（1794平方公里）—先行区（1030平方公里）—规划控制区（733平方公里）三个层次进行规划与研究。按照“世界眼光、国际标准、山东优势、泉城特色”的要求，邀请瑞典斯苇蔻设计集团、美国麻省理工学院，以及负责雄安新区规划的中国城市规划设计研究院等国际国内顶尖团队，高起点、高标准进行策划规划。开展先行区全域摸底调查，完成了黄河以北地区1∶2000地形图的测绘工作，查明了与先行区规划建设密切相关的各类地质、重点管线分布情况等基础信息，整合形成了统一的规划地形资料，完成了数据入库和平台搭建工作。

五、围绕“四新”发展，积极储备项目

管委会紧紧围绕“四新”发展，坚持一手抓规划建设、一手抓招商引资，围绕千亿产业计划、基础设施建设和新动能培育，加大产业导入力度。与中国

电建、中国交建、中国中铁、中建八局等世界500强企业达成战略合作，就地下空间、综合管廊、轨道交通、城市道路、生态环境等基础设施建设，约定投资规模4000亿元。2017年12月，济南新旧动能转换先行区管委会与钢研大慧投资有限公司、山东国惠投资有限公司三方签订"战略合作框架协议"，约定建设集"氢能源科技园""氢能源产业园"和"氢能源会展商务区"三位一体的"中国氢谷"。2018年1月，与山东地矿集团签订"黄河新动能产业基地"战略合作协议，总投资近1000亿元。与东旭集团达成战略合作协议，约定投资规模300亿元。与中钢研、富士康、泰禾集团、东方园林等企业进行招商洽谈，并就打造"中国氢谷"与中钢研和山东国惠投资公司签订战略合作协议。

六、组建新旧动能转换基金，推动新旧动能转换工程

基金的总体架构将采用政府引导基金、母基金和子基金三级联动投资架构。第一级，由市、县区出资300亿元设立新旧动能转换政府引导基金；第二级，通过引导基金注资，吸引金融机构、企业和其他社会资本投资，并争取山东省新旧动能转换基金支持，形成不少于1000亿元规模母基金群；第三级，母基金再通过投资参股若干子基金，撬动各类资本，利用三到四年时间形成不少于2500亿元的基金总规模。基金将重点投向"六大领域"：一是支持基础设施建设，重点投向铁路、公路、桥隧、机场及公共服务领域等基础设施领域；二是支持"大数据与新一代信息技术、智能制造与高端装备、量子通信、文化旅游、科技服务"等十大千亿产业；三是支持新型城镇化建设和乡村振兴，重点投向供气、供水、供热、污水净化、垃圾处理、生态环保、医疗、教育、文化、体育、养老等领域；四是支持文化旅游项目，重点投向旅游基础设施建设、景区开发、智慧旅游、精品旅游等；五是支持城市更新改造，重点投向户区城中村改造以及征地拆迁；六是支持招商引资并购，重点支持招商引资，鼓励企业开展并购业务，吸引境外基金投资济南重点项目。

第三节　济南新旧动能转换面临的制约因素

济南市新旧动能转换面临一些制约因素，主要表现为以下几个方面：

一、新旧动能转换和区域经济一体化意识不强

“新旧动能转换”作为一个比较新的概念，从提出到实施时间较短，尤其是区县层面，人们既对这个新概念的把握和理解还存在认识不到位的现象，也对有关国家、省、市的相关政策摸不清、吃不透。虽然省会城市群经济圈的概念已提出了十多年的时间，但在济南从政府工作人员到普通百姓，许多人的思想意识还没有完全转化到区域经济发展中来，还没有把济南的发展放在省会城市群经济圈中来思考和统筹部署。其主要原因：一是“自大”的思想仍然存在，很多人认为济南是省城，是副省级城市，是全省的中心，济南有着独特的区位优势，有着独特的地理位置，有着省会城市先天的科技、政策等优势，经济结构无须再作大的调整。但是，如果因为自大而不思进取、不求发展，省会的资源、优势就不复存在，省会的责任、义务就无法承担。二是区域合作观念仍待加强。目前存在一种观念，认为济南是省会城市群经济圈的核心城市，作用就是帮助周边地区加快经济发展，是“拉兄弟一把”。应该认识到，其他市在经济总量上虽然比不上济南，但发展各具特色，各有优势，各有不同的资源禀赋，各有值得济南学习和借鉴的地方。济南要利用各方的力量，整合资源，与其他城市优势互补，共同发展。三是区域经济发展理论水平仍需进一步提高。要促进区域经济的发展，必须具备一定的区域经济发展理论和专业知识。但目前看，不论是政府工作人员还是普通市民，对区域经济的理论普遍掌握不够，对如何促进区域经济发展的办法普遍不多。

二、缺少区域品牌

“四面荷花三面柳，一城山色半城湖”与“家家泉水，户户垂柳”的景色，一直作为济南的城市品牌。但无论泉水品牌还是具有引领产业发展的产业产品的品牌，济南都彰显不够，即使在对外宣传上，济南也没有太多在全国叫响的品牌。其背后原因：一是泉水资源的综合利用以及古城资源的保护开发没有形成合力；二是产业发展及优势产业特色不鲜明；三是产业转型升级过程中的产业转移及发展形成断档；四是对外宣传力度尤其是宣传的形式及方法缺乏创意，在许多方面与周边城市的城市特色与产业发展相比有一定差距。

三、产业发展和产业布局需进一步完善

首先，产业发展不均衡。比如天桥的新材料园区、鑫茂科技城和济阳的食品工业进展迅速，而商河的相关项目进展相对缓慢，更为严峻的是缺少承载功能强、引擎作用大并对北部新城区和产业链形成有效支撑、辐射和带动的重大项目。其次，地域间良性互动不够。目前布局的北跨项目，定位高、前景好，但项目的选择多是“以我为主”，对周边城市和地区的产业布局和产业特点缺乏研究，尤其是与德州、滨州等相邻地区的产业特点和布局缺乏呼应和协调。在区域经济一体化趋势下，势必影响到区域资源共享、共同发展。最后，市区产业转移的步伐仍需加快。承接市区产业转移，为中心城区腾出高端产业发展空间是一项重要内容。但从目前情况看，除物流业转移趋势比较明显外，诸如加工制造等产业没有适时跟进。

四、城市发展空间布局有待于进一步优化

一是原有的“一城三区”的空间布局没有站在省会城市的高度来规划布局，在新旧动能转换及“四个中心”打造要求下，目前的城市发展空间布局明显滞后；二是“携河发展”规划迟迟没有出台，影响了“北跨携河”发展的进程；三是城市建设步伐虽有加快，但基础设施难以满足省会城市、中心城市的功能要求。城市建设中还没有完全解决脏、乱、差的现象，城市交通、配套设施建设等方面还存在不少问题。

第四节　加快推进济南新旧动能转换先行区建设的路径

一、注重规划引领，实施聚焦发展

（一）注重规划引领

在《济南市北跨及北部新城区发展战略研究》基础上，深入研究“携河”发展及城市空间发展，把“打造新旧动能转换先行区、新材料研发基地、区域的

物流中心、黄河经济带的战略枢纽”作为规划编制指导的重要内容，尽快编制“携河”发展的总体规划和详细规划，形成“一轴两廊、一体两翼”的城乡空间格局。“一轴”即泉城特色风貌轴；“两廊”即沿黄河北岸形成带状组团分布的黄河北岸科创走廊和特色小（城）镇走廊；“一体”即先行区主体，由大桥组团、桑梓店组团、崔寨组团、特色小（城）镇构成；“两翼”即济阳县城和齐河县城。按照田园城市、精明增长的理念，绘制高水平“多规合一”的蓝图，同步推进总体规划与产业、交通、生态等专项规划编制，以产兴城、以城促产、以业聚人。在规划编制中，注意实行统一领导、统一规划、统筹协调、共享政策、分区运作的“统分结合”管理体制。建立规划联审联批、项目联报联建、跨行政区域基础设施联建共享、生态环境保护联防联治、违法建设联防联控机制和统一的市场准入、监管体系，推进直管区和非直管区市场同体、交通同网、产业同兴、科教同振、旅游同线、信息同享、生态同建和环境同治，实现一体化发展。

（二）实施聚焦发展

集聚集约创新要素资源，发展高端高效新兴产业，形成“四新”产业体系，即新智造（交通装备制造、信息技术、医药制造、智能制造）、新科技（氢能源、石墨烯、量子科技）、新服务（智慧物流、科技服务、产业金融、创意设计）、新消费（智慧体验农业、文化旅游休闲产业、医养健康教育产业）。以中疏支撑北跨，以北跨带动中疏，疏解旧城公共服务、产业、人口等要素，重点支持先行区发展。明确近期建设重点，加快建设引爆区、黄河国家湿地公园、跨河“三桥一隧”等重点工程。策划重大项目带动，全面推进“中国氢谷”、智慧物流及总部基地等新动能产业发展，积极组织申办黄河高峰论坛、世界园艺博览园、国际马拉松赛等重大活动项目。

积极实施聚焦战略，按照“举全市之力打造新旧动能转换先行区”的总体要求，各级各部门要按照各自职责，充分发挥工作的积极性、主动性，形成组织领导有力、沟通衔接顺畅的强有力工作推进体系。成立加快先行区建设发展领导小组，市委、市政府主要领导挂帅，相关部门、县区主要负责人参加，建立定期例会制度和联席会议制度，每月召开一次领导小组会议，研究解决先行区建设发展中的重大问题。

二、坚持市场运作，强化招商引资

（一）坚持市场运作

要确立“经营城市”理念，按照“政府主导，企业主体，市场化运作”的原则，通过对土地等各类城市资源的经营、运营，走出一条建设资金自求平衡的新路子。先行区直管范围内的土地，由先行区管委会统一征用、统一管理、严格依法出让，土地出让金全部用于先行区建设；大市政配套费及所有市属权限内的规费由先行区管委会直接收取，市、县（区）各部门不再在先行区直管范围内收取任何规费。先行区内的经营性用地，要采取拍卖、招投标、挂牌方式出让，严格控制行政划拨，原则上不再安排协议出让项目。要拓展思路，充分利用先行区其他资源（如道路、桥梁、地名的冠名，广告等），多渠道筹集资金。

（二）强化招商引资

先行区管委会要根据国家及省市有关政策，结合实际制定专业系统、好使管用的招商政策，强化政府招商、园区招商、企业招商和以商招商，积极引进符合先行区功能定位和产业发展导向的优质项目。按照产城融合的理念，构建“大服务、大招商”工作体系，打破物理空间界限，建设多个开放性的专业园区，针对不同产业、不同项目，灵活设置多个专业招商小组，实行企业化管理，进行专业化运营。建立专业化、保姆式招商服务体系，紧盯项目不放松，从项目信息、谈判、政策、签约、开工、投产等各个环节，提供一条龙、量身定做式的高效服务。对先期进入并对先行区建设具有重大影响和引导作用的项目，可采取分期缴纳土地出让金等不同形式，鼓励其投资建设先行区。

（三）推行“一站式”服务，提高审批效率

按照建设包容创新、审慎监管、运行高效、法治规范服务型政府的要求，优化行政审批体制，实行项目并联审批，将行政审批许可事项全部集中到政务服务局（中心）办理，探索建立多规合一、多证合一、一门受理、一章审批、一次收费、一步到位的“六个一”审批体系，力争实现“政务服务局外无审批”。加快电子政务建设，开通网上办事大厅，实现所有部门服务事项在网上办事大厅办理，努力打造审批事项最少、办事效率最高、发展服务最优、行政收费

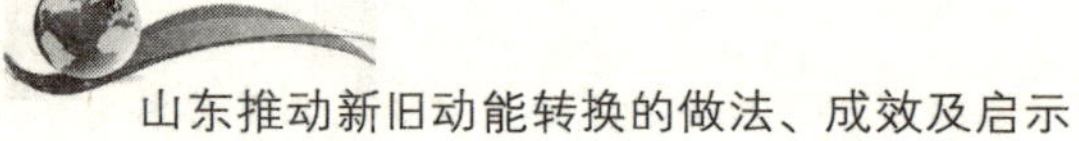

最低的政务服务环境。推行“店小二、一站式”服务，实行投资建设项目“全程代办”制度，组建专业化代办队伍，对符合准入条件的审批事项，实现即时即办，为企业提供接洽、联系、申请、办结等全流程、精准化服务。

三、构建城市发展空间新布局

经济新常态需要拓展新空间，新旧动能转换也要求济南根据新形势发展的需要，适当调整现有的空间发展战略框架，在济南城市发展空间布局“1主1副两中心、5个次中心、12个地区中心和2个卫星城”的基础上，以促进省会与周边六市融接点的有效形成，并依此形成融合发展的交汇集合和空间的进一步拓展。为此，在坚持“东拓、西进、南绿（绿色发展）、北跨（携河发展）、中优”的发展总思路的前提下，建议在“十三五”期间将济南发展的框架调整为“一城两区两带”，即一城（老城区）、两区（东部新区、西部新区）、两带（黄河发展带、南部生态带）。调整的宗旨：一是出于黄河经济带发展需要，将滨河新区调整为“黄河发展带”，占领黄河经济发展的战略高地；二是出于经济社会协调和人与自然的和谐发展的需要，将生态功能鲜明的南部生态经济区纳入发展框架；三是出于实现省会城市群经济圈融合“对接点”的需要，分别赋予各城区相应功能；四是出于县区经济拓展协作发展空间的需要，由此搭建省会城市发展战略的新空间框架。

加快“三桥一隧”建设，实施“十通一平”，鼓励优质医疗教育文化资源向黄河北岸辐射，推动一批标志性、引领性重大项目落地。“以中疏支撑北跨”，就是实现中疏“发球”、北跨“接球”，把中心城区过于密集的公共服务、产业、人口等要素疏导到相对欠缺的黄河以北去。“以北跨带动中疏”，就是通过对中心城区人口、产业、公共基础设施等要素的向北输出，从而加快城市更新和城市功能完善步伐，最终以北跨的发展带动城区的中疏。

四、积极构筑黄河下游经济带

依据发展惯例，城市群在名称的命名上一般遵守江河水系（如珠江三角洲城市群、长江三角洲城市群）或鲜明的地域特色（如京津冀城市群）。而目前“省会城市群经济圈”的概念既没有鲜明的地域特色，也没有突出黄河流域的水系概念。地处黄河流域的山东黄河经济带作为相对明确的经济区域概念，具有相对独立的经济单元。从地理构成看，在省会城市群经济圈六市均为沿黄城市。可见，省会城市群经济圈既是黄河经济带的主体部分，也同时是黄河下游三角洲地区的重要组成成分，无论从经济区域划分还是从地理构成，省会城市群经济圈都有条件和资格承担起山东沿黄河经济带发展以及推动黄河三角洲城镇区发展，促进高效生态经济区开发建设的重要使命。在继珠江经济区、长江经济区之后，黄河经济带发展战略必将会成为我国未来经济发展的重大战略。为此，建议省、市等有关部门在“黄三角战略”“省会城市群经济圈”规划在“十三五”到期后，可以考虑将菏泽、济宁、东营纳入经济圈中，在名称上将“黄河下游城市群”概念作为研究方向，努力加强与郑州等沿黄城市的协作，争取“黄河下游城市群”上升到国家战略，并把黄河下游城市群的构筑纳入黄河经济带发展战略以及推动黄河三角洲高效生态经济区战略之中。黄河下游城市群构筑过程也同时是黄河经济带打造过程，以黄河经济带的打造来实现黄河下游城市群对接黄河三角洲高效生态经济区，以陆海统筹来实现黄河下游城市群融入“蓝色”战略的目标，以黄河经济带打造实现山东境内一群（黄河下游城市群）、两带（“蓝色”经济带、鲁南隆起带）、一区（黄河三角洲高效生态经济区）的协同发展。

五、综合开发建设现代绿色文化新城

先行区要着力于建设绿色生态、低碳环保、产城融合的智慧新城，先行区的基础设施也将体现新旧动能转换理念。先行区建设离不开黄河资源的综合利用开发，黄河资源的开发利用的成效也直接关系到“动转新区”建设的成败，需要我们高度加以重视。为此，黄河资源的综合利用开发的战略定位可考虑如下内容：要把黄河南北纳入一个大系统中，既要考虑产业的布局、园区的分布、人口的集聚、基础设施的建设，也要考虑水系、湿地、林地等自然资源的保护利用，加快建设黄河国家湿地公园，打造黄河两岸的“绿带”和城市发展的“绿芯”，通过综合开发，让先行区人居环境更优美、交通联系更便捷、公共服务更优质、创业氛围更优良，吸引优质人才和资本，成为区域新的增长极和动力引擎；实现黄河南北两岸的良性互动、协同发展。

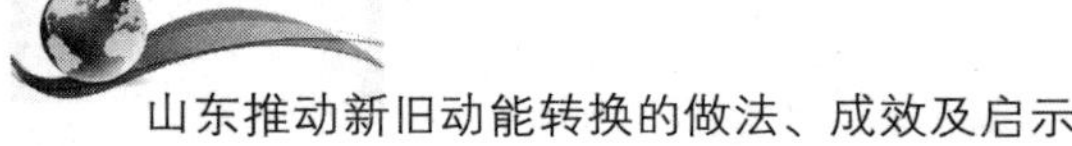

（一）打造传承文脉的历史轴线

新旧动能转换先行区建设要规划营造产城融合的功能布局、紧凑宜人的用地空间、优质均好的公共服务、城园一体的绿地系统、平缓大气的城市形态、泉城特色的建筑风貌、信息智慧的管理服务、绿色低碳的生活方式、绿色智慧的交通出行，使城市功能更加复合多元、空间拓展更有弹性，乡村更加均衡、均优的发展，形成水网、林网、田网相融合的田园景观，促进城乡一体化发展。

（二）创建黄河国家湿地公园

丰富创新沿黄地带的空间利用，形成生态保育区、齐鲁客厅、创意展示区、水岸生活区、郊野休闲区5个功能板块。提高黄河的可达性和可视性，改造黄河堤岸及堤顶路，建设尽量滨水的独立绿道系统。

（三）全面促进乡村振兴

以产业兴旺为重点，分区统筹城乡发展，优化农业现代化产业布局。促进传统农业生产绿色化、景观化、适度规模化；实现特色蔬菜瓜果生产智慧化、有机化、品牌化；培育休闲旅游、养生养老等乡村产业新业态。重点打造特色镇村，积极培育特色小城镇、特色小镇、特色村、田园综合体等载体。

第二章

青岛市培育产业发展新动能的做法、成效、问题及对策研究

党的十九大报告指出，我国经济已由高速增长阶段转向高质量发展阶段，正处在转变发展方式、优化经济结构、转换增长动力的攻关期。无论是发展方式的转变，还是经济结构的优化，从本质上讲都是经济增长动力在转换，即经济发展动能由要素驱动走向创新驱动。习近平总书记视察山东时强调：创新驱动、新旧动能转换，是我们能否过坎的关键。[①] 作为国家新旧动能转换综合试验区核心区之一的青岛，如何结合产业发展特点，探索新旧动能转换的有效路径，培育产业发展新动能，从而为全省新旧动能转换提供示范，成为有待研究的重要课题。

第一节　青岛市培育产业发展新动能的做法及成效

青岛市从本市实际出发，积极探索培育产业发展新动能的路径，取得了明显的成效，有许多做法及经验值得总结。

---

① 《习近平：创新是我们能否过坎的关键》，新华网，2018 年 6 月 14 日。

一、主要做法

加快推进新旧动能转换，核心是产业，关键在项目。青岛市坚持质量第一、效益优先，以供给侧结构性改革为主线，以新技术、新产业、新业态、新模式为核心，以知识、技术、信息、数据等新生产要素为支撑，着力发展“四新”经济，构建“956”现代产业体系，筑牢新旧动能转换重大工程的根基，打造高质量发展新引擎。主要做法如下：

（一）以“双百千”行动为统领，“一业一策”谋发展

青岛市按照传统产业、优势产业、特色产业、新兴产业、未来产业五大发展方向，编制98个行业“一业一策”行动计划，优选集成电路、医药制造、医疗器械、机器人等重点行业率先突破发展。在此基础上，制定出台《青岛市“双百千”行动方案（2017～2021年）》，为全市产业转型升级、提质增量绘就蓝图。根据全市“双百千”工程工作部署，青岛市科技局会同青岛市发改委、青岛市经信委等部门，联合编制印发《青岛市高技术产业“一业一策”行动计划（2017～2021年）》，旨在推动计算机、通信和其他电子设备制造业以及新能源汽车制造、医药制造、虚拟现实与增强现实、人工智能等25个细分行业跨越式发展。

（二）开展全市重大项目推进行动，实施“千企招商大走访”

青岛市建立了总投资过万亿元的新旧动能转换重大项目库，开展“千个项目进现场、项目进展月调度、项目提速大督查”活动，明确政府部门服务责任，不办结不销号。通过项目大普查、送政策上门、“拉网式”走访，推动投资过万亿元的1200个项目快落地、快开工、快建设、快达效，已有818个开工在建，占总数的70.5%。青岛市实施“千企招商大走访”和现代产业精准招商，靶向集成电路、医药制造、医疗器械、机器人等重点领域实现突破，中国船柴、空客直升机、华讯方舟天谷基地、华红湾旅游度假区、一汽新能源商用车、力神动力电池、浪潮青岛研发中心、宜家家居等一批大项目落地。

（三）实施新旧动能转换重大工程科技创新行动计划

青岛市发布《青岛市新旧动能转换重大工程科技创新行动计划》（以下简称《行动计划》），《行动计划》旨在着力构建“创新源头供给—科技服务提升—

新兴产业培育”工作链条，首先将实施新技术攻关行动，抢占发展制高点，遴选确定新一代信息技术、先进制造、生物与医药、新能源新材料、现代海洋等五个新兴产业作为主攻方向，通过深入实施“新技术攻关，科技企业培育，创新平台建设，成果转化促进，科技金融提升，改革创新深化”六大行动，推动企业技术创新主体地位不断增强、科技人才创新活力进一步迸发、新技术群体性突破持续涌现。

(四)强化产业新旧动能转换的金融支持

青岛市在深入推进金融业“一业一策”计划和“双百千”行动基础上，出台《金融支撑新旧动能转换工作方案》，实施金融支撑新旧动能转换六项行动。深化财富管理试验区建设行动，引导鼓励各区市和功能区主动对接全市金融业发展和财富管理试验区建设；实施金融机构培育引进行动，打造满足新旧动能转换需求的金融链；实施金企对接行动，每年走访对接各类企业 5000 家左右，重点对接纳入新旧动能转换重大项目库项目、“千帆计划”科技创新企业等；实施企业精准对接资本市场行动。引导推动青岛市新旧动能 20 个重点产业领域企业上市挂牌融资；实施地方金融组织稳健发展行动，将地方金融组织设立作为社会资本进入地方金融领域、服务新旧动能转换的重要渠道。

(五)深化“放管服”改革

青岛市推出《关于加快新旧动能转换改革实施方案》，青岛市以权力“减法”、监管“加法”、服务“乘法”，激发市场活力和社会创造力。出台《关于深化放管服改革进一步优化政务环境的意见》，开展“降门槛，减环节，增效率，严监管，全网办，优体制，慎用权”七大行动，实行“一窗受理”“四十二证合一”和全程电子化登记，推行“全链条办理”“一站式办结”，“办多件事，跑一次腿”，近年来全市行政审批事项由 799 项削减至 326 项，市级行政权力事项由 8780 项减至 3843 项。2018 年 1～11 月，全市新登记各类市场主体 27.8 万户，净增 17.2 万户，总量达到 117.7 万户，增长 17%，其中企业达到 41.3 万户，增长 19.3%。5 户企业在境内外上市，21 户企业在新三板挂牌。

(六)强化新旧动能转换人才支撑

青岛市委、市政府印发《关于实施人才支撑新旧动能转换五大工程的意见》,以实现高质量发展为目标、以新旧动能转换为重点,提出实施“五大工程”,即“百万人才集聚工程”“创新创业激励工程”“未来之星培养工程”“全民招才引智工程”“安居乐业保障工程”,把引才、育才、助才、成才、留才与青岛的经济社会发展紧密地联系起来,为“突出创新引领,实现‘三个更加’目标要求”、率先走在前列提供坚实的人才和智力支撑。

二、青岛市新旧动能转换的成效

青岛市推动新旧动能转换取得了以下成效:

(一)加快存量变革,传统支柱产业“浴火重生”

传统产业是青岛产业结构中规模最大的部分,是青岛的基础产业,是打造转型升级的“压舱石”。推动新旧动能转换必须推动存量变革,补齐短板,推动传统支柱产业“腾笼换鸟,凤凰涅槃,浴火重生”。青岛传统产业转型升级的路线图可以概括为:通过技术、品牌、商业模式的创新,提升传统产业发展水平,并积极引导传统产业在融合经济、平台经济、绿色经济、品牌经济等新经济领域大胆尝试,一大批传统支柱产业改造提升正在加快推进:青岛市投资规模最大的首个集成电路项目芯恩国际CIDM集成电路项目正式签约;双星集团轮胎工业4.0示范基地加快建设;依托橡胶谷建设“政产学研资”五位一体、O2O联动的化工橡胶行业生态圈;依托董家口化工园区大力发展化学新材料,抢占新材料前沿制高点;依托新河化工产业基地发展壮大精细化工产业,打造中国生态化工产业基地。在一大批高质量项目的拉动下,青岛传统产业正令人耳目一新。

1.助推传统产业摆脱路径依赖。作为青岛传统支柱产业,轮胎橡胶产业正在阵痛中获得新生,双星、赛轮金宇、森麒麟等企业已经陆续建成轮胎智能工厂,一举改变了技术含量低、附加值低的行业面貌,大步迈向价值链中高端。拥有“上青天”光芒的纺织服装产业也正发生着美丽的变迁。即墨举办首届童装节开启了童装品牌化时代,以此为契机,青岛正全力推进“互联网+童装”行动,打造国际童装生产制造基地。世界上没有落后的产业,只有落后的技术。这个有着62年历史的中国针织行业巨头走出了一条研发“绿色”技术、“跨界”融合发展、重构产业方式的全新路径,实现了在互联网智能制造及

个性化定制时代依然“走在前列”。

2.将项目建设作为转型升级的“助推器”。目前，青岛已构建起新旧动能转换市级项目库，入库项目约1000个，计划总投资1.6万亿元，涵盖了三大产业类别、20个细分领域。与此同时，青岛以创新驱动和“四新四化”为导向，突出为全市新旧动能转换和“双百千行动”提供项目支撑，2018年市级重点建设项目200个，总投资8088.35亿元，年度计划完成投资1600亿元以上，竣工项目60个以上。在项目强力支撑下，青岛传统支柱产业改造提升，加快实现“腾笼换鸟，凤凰涅槃”。

3.探索服务业转型升级的新模式。青岛市市南区提出打造青岛总部经济核心区、区域全业态金融中心、中国北方时尚消费新旗舰、国际特色旅游目的地、国家近现代文物建筑保护利用示范区，积极担当青岛市服务业新旧动能转换的主力军。2018年5月，高新区集中签约总投资额532亿元的80个高端项目，涉及软件信息、医疗医药、互联网、金融、高端服务业等现代服务产业。

(二)着眼变量突破，优势特色产业“精益求精”

目前，青岛正以智能化、集群化为方向，加快产业链延伸、创新链突破，重点发展现代海洋、智能家电、轨道交通装备、汽车制造、现代金融、现代物流、现代旅游、商务服务、健康养老等9个产业，建设具有国际竞争力的先进制造业基地和国家重要的区域服务业中心。

1.打造国际海洋名城。青岛充分发挥海洋科研实力雄厚等优势，构建完善的现代海洋产业体系，当好海洋强国、海洋强省的生力军。目前，中科院海洋大科学研究中心获批筹建、国家海洋技术转移中心建成12个专业分中心、中船重工集团712所研发的舰船综合电力推进系统填补国内空白，全球最大海上浮式生产储卸油装置、全球最大的40万吨超大型矿砂船、全球最大的全潜式深海渔场“深蓝一号”等建成交付。

2.建设工业互联网平台。众多的制造业品牌是青岛品牌之都最靓丽的底色，而与互联网的联姻，让青岛制造成色更足，新动能不断蓄积。2018年2月，由海尔自主研发、具有中国自主知识产权的工业互联网平台COSMO Plat获批国家发改委“基于工业互联网的智能制造集成应用示范平台”，成为全国首家国家级工业互联网示范平台。至此，在全球探索工业互联网的浪潮中，中国工业互联网正式有了“国家名片”。目前，该平台服务用户达3.2亿个，服务企业390余万家，实现平台交易额3133亿元，定制订单量4116万台。

3.推动汽车产业崛起。青岛市即墨区加快建设汽车产业新城，意图打造全国重要汽车产业基地、环渤海汽车产业核心基地、综合性的生态科技新城。包括一汽大众、一汽商用车、一汽新能源商用车三大龙头项目在内的120余个重点项目落地生根，助推青岛汽车产业新城节节拔高；莱西姜山新能源汽车小镇年内将实现新能源汽车产量15万辆，离“全国规模最大的新能源汽车产业基地”愿景渐行渐近。

4.引导旅游业高端发展。青岛加大旅游重大项目招商力度。建立旅游招商项目信息平台，对部分休闲度假、海洋旅游、文化演艺等“蓝色、高端、新兴”重大旅游项目采取“一事一议”的方式议定扶持政策。青岛旅游业呈现良好增长态势，2018年上半年接待游客总人数约3902.6万人次，同比增长9％；实现旅游消费总额约692.1亿元，同比增长15％。“上合”峰会以后青岛各旅游景点被全面激活，旅游格局向全域推进。五四广场的夜景灯光秀让“夜旅游”成为新热点，带动着住宿餐饮、休闲体验等产业的发展。

（三）立足增量崛起，新兴未来产业“茁壮成长”

新兴未来产业是培育发展新动能、赢得未来竞争新优势的关键所在，青岛正以信息化、智慧化、融合化为方向，实施跨代赶超和产业倍增计划，推动互联网、大数据、人工智能和实体经济深度融合，重点发展新一代信息技术、生物医药、高端装备、节能环保、文化创意5个产业，创建“中国制造2025”国家级示范区和国家影视文化消费先行体验区。

1.打造虚拟现实产业之都。极具未来感的虚拟现实技术被认为会成为改写人类历史的重要技术。目前，青岛虚拟现实产业依托良好的产业生态系统，如崂山区目前已经集聚了歌尔、海信医疗、黑晶等近40家国内外知名的虚拟现实企业，包括主要从事实战类VR消防培训、VR消防科普、消防领域相关软件设计、开发、销售的山东齐恒信息科技有限公司，致力于云计算技术研究、云系统构建及云计算行业解决方案提供的创新型科技企业——量子云未来（北京）信息科技有限公司青岛公司等。

2.人工智能为产业发展赋能。人工智能产业正成为青岛推进新旧动能转换、推动高质量发展的新动能。从智能家居、保姆机器人、社区安保机器人、消防机器人，到智慧健身房，人工智能的应用场景在青岛越来越丰富，为越来越多的传统产业和新兴产业赋能。青岛慧拓智能机器有限公司专注于平行驾驶与车联网技术，在自动驾驶技术方案、云端化网联自动驾驶、自动驾驶测试评估等方面处于领先地位。中译语通科技股份有限公司整合语音识别、机器翻译、语音合成等技术，推出了全球首款“机器＋人工”“面对面翻译＋呼叫/翻译”双模式在线翻译APP，推动行业颠覆性变革。

3.打造新兴生物医药产业基地。作为新经济的重要一极，生物医药产业在新旧动能转换中扮演着重要的角色。2018年5月25日，杰华生物集团CEO兼总裁、杰华生物技术（青岛）有限公司董事长刘龙斌在北京宣布，历经18年研究的成果——治疗乙肝生物新药“乐复能”全球上市。这是中国首个早于西方国家命名的生物新药，也是山东省14年来首个获批的国家一类新药。目前，青岛正聚焦具有重大临床需求的创新药物和生物制品，引进发展医疗仪器设备及器械制造，打造新兴生物医药产业基地。

4.打造世界级影视制作基地。青岛出台《关于在新旧动能转换中推动青岛文化创意产业跨越式发展的若干意见》，通过两项举措将打造青岛影视产业的核心竞争优势：一是引进和培育影视剧本、拍摄制作、发行放映、会展节庆、影视交易、影视体验等产业链各环节主体，打造全产业链的影视基地。二是搭建具有国际影响力的影视文化传播交流平台。目前，许多影视行业知名企业如青岛影立方电影科技有限公司、Base FX、Aircover Inflatables Inc.等参与影视产业基地建设，孵化影视文化类企业，提供影视人才支持等服务。

第二节　青岛市培育产业发展新动能面临的问题及原因

青岛市培育产业发展新动能面临诸多问题，而解决存在的问题需要探析其产生的原因。

一、青岛市传统优势制造业存在的问题及原因

(一)制造业稳增长的基础不牢固、发展质量和效益还不高

规模以上工业增加值增速已由 2011 年的 13.5%回落到 2017 年的 7.5%;增加值率由“十一五”时期的 25%左右回落到 2016 年的 19.7%,落后于深圳、广州、杭州、南京等大多数副省级城市;工业企业在内部挖潜提升、外部营商环境不断改善的推动下,盈利能力进一步提高。2017 年前三季度规模以上工业企业主营业务收入利润率为 5.2%,同比提高 0.2 个百分点,但利润增速仍低于全国平均水平(14.7%)3 个百分点。究其原因,既是市场环境整体偏紧与要素成本持续上升“双重挤压”的结果,也是青岛作为老轻纺工业城市长期积累的深层次结构性矛盾问题的集中凸显。

(二)产业结构升级任务较重

2017 年,石油化工、纺织服装、食品饮料、机械钢铁等传统产业产值占工业总产值比重接近 60%,新兴产业仅占规模以上工业总产值的 20%。传统制造业多以贴牌、代工为主,产业链条短,延伸度不够,本地配套率远低于国际产业园区的平均水平。类似家电产业“缺芯少面”、石化产业缺少“石化之母”乙烯等问题突出,导致家电、汽车、机车、船舶等重点产业本地配套率普遍低于 40%。

(三)资源环境约束日趋加剧

青岛市土地和水资源的承载能力日趋接近极限,资源环境约束不断强化。2017 年,全市规模以上工业综合能源消费量 1493 万吨标准煤,增长 3.3%;其中,煤炭消费量 1385 万吨,下降 4.1%;原油消费量 1524 万吨,增长 0.3%。近年来,环保搬迁、干旱缺水每年就影响工业产值数百亿元。企业“融资难、融资贵”“招工难、用工贵”“用地难、用地贵”问题依然突出。

二、青岛市战略性新兴产业发展存在的问题及原因

青岛市传统动能占主体和产业结构偏重的格局尚未根本改变,新产业总量偏小、比重偏低,在人工智能、车联网等领域实力整体偏弱,新业态新模式处于起步或跟跑阶段,战略性新兴产业、高技术产业领域未成长起领军企业。

（一）发展规模亟待提高

青岛市战略性新兴产业总体产业规模较小，市场竞争力不强，与深圳等先进城市差距较大，且近年来战略性新兴产业重点项目建设开工率较低、完成投资不足，2018 年上半年战略性新兴产业投资同比增长仅为 3.9%，低于全市总投资增速 3 个百分点；其中，战略性新兴产业工业投资同比下降 22.1%；全市规模以上工业战略性新兴产业新增企业数为零，没有新增企业的拉动，均靠存量支撑。

（二）产业集聚度不高

目前各个区市均在搞特色产业园，布局较为分散，仅生物产业就有崂山、黄岛、高新区、蓝色硅谷在重点布局建设，数字创意产业园在黄岛、市南、市北、城区等区市均进行了重点布局，并且青岛市大部分战略性新兴产业园区处于建设初中期，产业配套、政策配套、服务配套还未形成体系，招商引资、引智没有重大突破，入驻的企业少、产业关联低，尚未形成产业集群优势，比如生物产业中，崂山生物园区达到规模以上的生物医药企业仅有 1 家。

（三）科技支撑能力不强

2017 年青岛市全社会研发经费（R&D）投入 286.4 亿元，占 GDP 比重 2.86%，但青岛开展研发活动的企业只占 20.5%，且大多数研发经费来源于家电、轨道交通装备等少数行业的龙头企业，导致高端装备、关键配套、核心技术长期受制于人，核心技术对外依存度较高。企业新产品产值率持续下降，科技创新转化为现实生产力的能力低。科技型中小企业总量不足，2017 年青岛市科技型中小微企业总数仅为 10062 家，远远低于南京、天津等城市。

（四）人才集聚效应有待增强

青岛市尽管通过实施“青岛英才 211 计划”等多项引才计划取得了较大成绩，但人才数量差距依然巨大，青岛市人才总量目前仅为深圳 38%左右，外籍专家数量仅为深圳的 3.8%。人才政策扶持力度也同样有差距，比如深圳市 2016 年出台政策给予应届毕业生、新调入的在职人才、新引进的归国留学人才发放一次性租房补贴，可连续享受三年，青岛市虽然补贴金额超过深圳，但范围仍局限在应届研究生，本科生仍然没有补贴。

三、青岛市服务业发展面临的问题及原因

2017年青岛市服务业占生产总值比重达到55.4%,服务业对经济增长的拉动作用不断增强,但是与先进城市相比,青岛市服务业发展存在以下问题:

(一)服务业新业态、新技术、新模式发展不快

青岛市传统服务业比重仍然较高,交通运输仓储和邮政、批发零售、住宿餐饮三大传统服务业占服务业比重42.3%,比深圳、宁波高12个和3.6个百分点。科技服务(2.8%)、中介服务(7.8%)等高端服务业比重偏低。信息软件产业增加值仅占服务业的3.8%,远低于杭州(13.6%)、成都(7.1%)、深圳(7.9%)。交通运输业中传统物流企业居多,第三方物流和供应链管理等现代物流企业较少。传统商贸业仍占主导地位,连锁经营企业在社会消费品零售总额中的比重仅30%,比深圳低25个百分点。

(二)本土制造业对生产性服务业拉动不足

2016年,青岛市生产性服务业占服务业比重53.2%,低于北京(65.4%)、上海(60%)、南京(57%),与发达国家70%水平差距更大。从投资结构看,全市70%的服务业投资集中在房地产(44.1%)、交通运输(14.6%)、公共设施管理(11.9%)等三个行业,金融、科技、信息、租赁和商务服务等新兴行业投资仅占15.5%。生产性服务业规模以上企业占全市生产性服务业总数的4%左右,90%生产线服务业企业均为小微型企业。

(三)发展环境提升亟待优化

现行的制度环境主要适应以工业经济为主导的产业结构,出台的许多促进服务业发展的政策措施大多局限于对原有政策的完善,在服务业的深度改革方面做得不够。制度环境在从工业经济优先向工业与服务业平等发展、服务业适度优先的转变做得不够,对服务业发展的产业生态环境建设需要重视。服务业发展理念更新滞后,抓服务业角色转化方面做得不够,在运行中存在较强的政府主导倾向,制约了其服务功能和运行效率。

第三节 发展“四新”经济，打造新旧动能转换产业新体系

青岛市在推动新旧动能转换中虽取得了明显的成效，但取得新旧动能转换的新成就需要大力发展“四新”经济，打造新旧动能转换产业新体系。

一、构建产业新体系

新旧动能转换首先是要找到支撑青岛未来发展的产业体系。为此，应着力发展“四新”经济，建设未来指向产业新体系。

一是在做强做高优势产业方面，以智能化、集群化为方向，加快产业链延伸、创新链突破，重点发展现代海洋、智能家电、轨道交通装备、汽车制造、现代金融、现代物流、现代旅游、商务服务、健康养老等产业。首先，以智能化为方向，即突破发展智能制造装备行业，打造国内重要的智能制造装备产业基地。其次，以集群化为方向，建立创新龙头企业引领、高新技术企业助推、科技型中小企业协同发展的全产业链创新集群，打造海洋优势产业集群、轨道交通装备产业集群和智能家电产业集群、新能源汽车产业集群等产业集群。

二是在发展壮大新兴产业方面，以信息化、智慧化、融合化为方向，实施跨代赶超和产业倍增计划，推动互联网、大数据、人工智能和实体经济深度融合，重点发展新一代信息技术、生物医药、高端装备、节能环保、文化创意等产业。促进物联网、云计算、大数据、互联网、人工智能等新一代信息技术在经济社会领域的广泛应用和渗透融合，深入实施“互联网＋”行动计划，重点推广开放式研发、个性化定制、协同式创新等制造业新模式，支持企业建立服务业创新中心。

三是在充分发挥海洋优势方面，构建完善的现代海洋产业体系，培育具有核心竞争力的优势产业集群，打造国际海洋名城。发展现代海洋渔业，争取在境外建设海洋特色产业基地和综合性远洋渔业基地。做强海洋制造业，重点发展海洋工程装备、船舶及相关装备制造、海洋生物医药、海洋新材料、海水利用等产业，建设国家海洋工程装备及高技术船舶创新中心。

二、抓好产业链延伸

坚持用世界眼光布局产业链，立足青岛本土优势，加快“扩链、强链、补链”，形成具有规模优势、技术优势的产业链体系。

一是“扩链”，即把握产业变革方向，对接国家“十三五”战略性新兴产业发展规划，抓住具有重大引领作用的战略性新兴产业，超前布局，加快培育，抢占竞争制高点。

二是“强链”，即通过注入技术、创意、管理等要素，提高企业产品附加值和竞争力，将传统优势产业打造成为具有竞争优势的产业集群。

三是“补链”，即通过寻找产业链中缺失的高附加值环节，紧抓“微笑曲线”的两端企业，加快向终端、高端延伸，做大规模、做优配套、做强实力。

三、抓好创新链引领

继续把创新摆在制造业发展的核心位置，科学布局和培育创新链条，不断增强“青岛制造”的核心竞争力。

一是强化产业创新导向，加快建设高速列车、智能制造、新能源汽车等十大产业科技创新中心，延伸提升量子信息、人工智能、纳米技术与材料等十个面向未来产业颠覆性技术的创新能力，支撑和引领先进制造业突破发展。

二是突出企业创新主体，鼓励企业参与国家科研项目和创新工程，建设一批国家企业技术中心、工业设计中心、工程研究中心，组织实施一批企业技术改造和技术创新项目，提高企业自主创新能力。

三是畅通协同创新渠道，完善产学研合作促进机制，鼓励企业与高校、大院大所开展战略合作，共建大学科技园、研究院、重点实验室等创新平台和技术创新战略联盟，推动技术研究成果走出实验室，实现产业化。

四、抓好招商新产业

一是聚焦重点产业。要按照新旧动能转换重大工程的部署，围绕发展壮大新一代信息技术、生物医药、节能环保等五大新兴未来产业，围绕改造提升食品饮料、橡胶化工、现代农业等六大传统支柱产业，围绕做强做高现代海洋、智能家电、轨道交通装备、现代金融等九大优势特色产业，搞好专业化的产业链条设计，精准做好招商引资、招才引智工作，促进全市经济结构不断优化。

二是聚焦龙头企业。紧盯世界500强、央企50强、民营100强企业，以及能够给青岛带来更多财政收入的企业总部、销售中心、结算中心，加快引进一批规模大、实力强的大企业大集团，以龙头企业落地带动上下游产业链项目的聚集。

三是聚焦重点园区。园区是招商引资、招才引智的示范区、引领区。高水平打造西海岸新区、蓝谷、高新区、胶东临空经济示范区四大重点功能区，同时全力推进国家军民融合创新示范区、中国—上海合作组织地方经贸合作示范区建设，这样的园区条件在国内也是数一数二的。积极推进园区体制机制创新，突出园区产业特色化、个性化发展，每一个园区都要明确主导产业，形成集群化发展。

五、抓好营商新环境

一是要建设统一开放、竞争有序的市场体系，实现市场准入畅通、市场开放有序、市场竞争充分、市场秩序规范，加快形成企业自主经营公平竞争、消费者自由选择自主消费、商品和要素自由流动平等交换的现代市场体系。

二是深化“放管服”改革，全面实施并不断完善市场准入负面清单制度，破除歧视性限制和各种隐性障碍，降低创新创业成本。要打破行政垄断，放宽准入；打破政府管制，放开价格；防止企业垄断，强化竞争；打破市场垄断，形成统一市场。重视落实保护产权政策，激发和保护企业家精神，鼓励更多社会主体投身创新创业。

第三章

烟台市培育现代制造业产业集群的做法、成效及启示

推动新旧动能转换，关键是发展高质量的现代制造业，提升制造业的优势与竞争力。而现代制造业产业集群则是创新链、产业链、服务链、财税链交织融合的有效载体，代表着制造业发展新趋势，可以有效地促进优质资源集中，加快形成制造业的规模效益、特色品牌优势，全面提升制造业优势与竞争力。培育现代制造业产业集群，是有效推动制造业新旧动能转换的重要途径。

烟台作为制造业大市，近年来坚持比较优势的理念，结合自身基础和优势，抓住重点，突出特色，明确主攻方向，集中优势资源培育发展了一批规模体量大、延伸配套性好、支撑带动力强的现代制造业产业集群，有效地推动了制造业的新旧动能转换，为保持经济平稳健康发展提供了有力支撑。

第一节　烟台市培育现代制造业产业集群的做法

烟台市培育现代制造业产业集群主要采取以下做法：

一、加强宏观指导，完善工作推进机制

烟台市将培育现代制造业产业集群纳入到各级国民经济和社会发展规

划，并与土地利用总体规划和城市规划相衔接；制定实施了重点产业"三年行动方案"与"三年行动计划"；成立了烟台市实施制造业强市市委和市政府两个工作领导小组，市委书记、市长分别担任组长，形成23个推进机制。

烟台市制定实施重点企业"直通车"服务机制，筛选90户重点企业纳入市"直通车"服务范围，开辟"绿色通道"，为企业提供咨询、引导等优先服务。如蓬莱市持续开展了"百户干部联百企"活动，为企业提供"解读式"政策服务、"帮办式"审批服务和"上门式"协调服务。

烟台市强化对培育现代制造业产业集群的考核与引导，出台了《烟台市建设制造业强市工作考核办法》，将制造业强市战略推进情况纳入全市经济社会发展综合考核，与评先树优、干部奖惩使用挂钩。

二、实施"四大工程"，壮大龙头骨干

经过几十年的发展，烟台市制造业具有良好的发展基础，优势产业均有龙头企业，企业龙头带动格局凸现。新旧动能转换背景下，烟台市通过实施"三大工程"，进一步提升了骨干龙头企业的辐射与带动作用。

（一）实施重点企业支持工程

烟台市制定了《烟台市工业"双50企业"评价认定办法》，筛选50户龙头带动型企业，推动全面提升生产、销售、服务、人才和管理水平，加快国际化步伐；筛选50户创新引领型企业，发挥"四新"促"四化"的示范引领作用，进一步形成发展新动能的优势。同时，建立"专精特新"企业和单项冠军企业培育库，争创更多国家和省级单项冠军。烟台市中小企业局制定实施"34510"中小企业产业集群培育工程。重点企业，集成政策、土地、资金、人才等要素资源重点支持。每年新增用地指标优先用于工业，对省确定的优先发展、用地集约的工业项目，在确定土地出让底价时可按不低于工业用地出让最低价标准的70%执行。

（二）实施重点项目支持工程

对重点项目的资金支持，烟台市出台了前所未有的支持政策。一是设立年度10亿元的财政支持资金、总规模100亿元的产业引导基金和50亿元的信贷周转资金。二是对引进建设支撑新兴产业快速发展的国内首家具有国

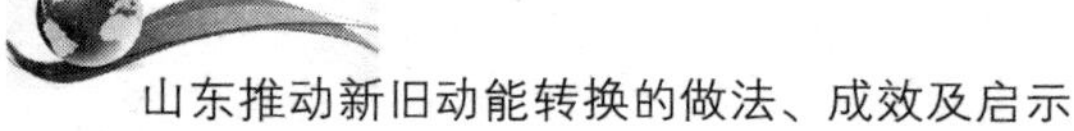

际影响力的技术研究机构，给予5000万元一次性补助。三是对省级唯一产学研综合公共服务平台建设给予1000万元一次性补助。四是设立1000万元专项资金支持鼓励和支持企业上云，鼓励电子信息产业高端化发展。

（三）实施工业品牌促动工程

烟台市每年安排2000万元专项资金，用于补助在央视等高端媒体开展“好品山东·烟台智造”等城市工业品牌宣传活动，推动个体品牌向群体品牌、企业品牌向城市品牌提升。开展消费品“三品”战略示范试点，引导企业增品种、提品质、创品牌。弘扬工匠精神，强化质量管理，参与标准制定，鼓励企业争创国家质量标杆企业、质量奖以及国内知名品牌和商标。

（四）实施企业家培训培养工程

在烟台市劳动模范评选中，增加企业家所占比例。对有特殊贡献的企业家，在医疗、住房保障等实行一事一议给予照顾支持。每年安排1000万元，用于企业家国内外高端培训。

三、构建“三大服务平台”，提供发展保障

烟台市通过构建“三大服务平台”为制造业发展产业集群提供保障。

（一）建设工业大数据平台

依托“烟台工业云”平台，结合“企业上云”工程，建立健全诚信企业大数据、品牌产品大数据、经济运行大数据等烟台工业产品基础和运行管理大数据资源库；联合全社会力量，建立工业技术及信息技术大数据、物流及供应链大数据、政策及项目申报大数据、金融及保险大数据及工商、税务、法律、认证、人才、培训等服务于工业企业的资源大数据。

（二）发展工业互联网平台

面向“烟台制造”重点领域与当地传统行业转型升级需求，鼓励企业打造与行业特点紧密结合的工业互联网整体解决方案，提升产品与解决方案供给能力；同时，促进融合应用，以大型企业为主，提升工业互联网创新和应用水平，并加快中小企业工业互联网应用普及，推动低成本、模块化工业互联网设备和系统在企业中的部署应用，提升企业数字化、网络化基础能力。

(三)推动建设分布式计算平台

依托烟台华颐融合,引进多模式分布计算平台,高度融合 Window 和 Linux,整体代码均为国产自主知识产权,推动烟台具有自主知识产权的、案例可控的基础软件发展。同时,加快创新中心在本地的多触角发展,在本地大中专院校建立创新中心,培养工业大数据人才以及基于分布式计算平台的软件开发人才,有效实现创新平台建设,增强烟台企业自主创新能力。

四、打造“三大生态圈”,完善产业生态体系

以电子信息产业集群发展为例,烟台突破原有单一、孤立式发展模式,注重建立生态圈发展范式,推动产业协同发展。

(一)打造信息生态圈

通过积极融入全国乃至全球电子信息产业链高端和价值链核心,垂直整合产业链,在全市规划形成“4+2+3”的电子信息产业总体布局,打造“硬件+软件+平台+N”的电子信息产业生态圈,促进电子信息产业内部互相协调和促进。

(二)打造要素生态圈

积极引导人才、知识、技术、资金、品牌等高端要素与土地、物流、资源等传统要素实现有机排列组合,促进本地电子信息产业可以通过完整的要素生态完成产业链自身配套、生产性服务配套及基础设施配套,形成产业自行调节、资源有效聚集。尤其是紧抓产业新变化和新机遇,适时发展区块链金融平台,引进和鼓励先进区块链和供应链金融平台企业,在电子信息制造业深度借助区块链技术破解供应链金融和中小企业融资难题,构建全新的要素生态。

(三)打造“两化”融合生态圈

充分发挥电子信息产业对其他行业尤其是制造业转型升级的支撑作用,在关键技术、重要产品、相关业务等方面,加快电子信息技术与其他产业的融合,衍生新的产业业态,提高行业融合创新能力,营造“两化”融合新生态。

五、推进园区化发展,搭建发展载体

从制造业发展的实际出发,烟台市通过产业园区的规划,积极创新产业

链带动、品牌带动、市场带动等多种模式，促进制造业产业集聚发展。

在电子信息制造业产业集群的发展中，烟台突出各个区县的优势与特色，围绕电子信息和软件两大核心园区，打造了一批电子信息园区和特色产业集群，构建错位发展、多点支撑、相互支持的空间布局。依托烟台现有的科技、产业、教育、人才等方面的优势，建立人工智能产业园、虚拟现实产业区、智慧软件产业园等新兴产业园区，引进和培育一批新兴技术企业，加快各类电子信息高新技术的研发和成果转化。如依托现有的富士康、浪潮乐金和、乐金显示等龙头企业的开发区电子产业园，和拥有华东电子、华颐融合等龙头企业的莱山区、高新区的软件园，壮大产业规模、丰富产业品类，完善产业链配套，推进园区企业的智能制造建设，提升智慧服务水平，形成有全国影响力的产业聚集区。

针对有色及贵金属加工产业发展的特点，建设循环经济园区。在有色及贵金属加工产业集群发展中，围绕采、选、冶、深加工等环节，推动现有园区大力引进金属资源综合回收利用企业、深加工企业以及链条互补企业，实现园区企业协同循环利用资源，建设具有影响力的循环经济产业园。加强园区基础设施及公共服务平台建设，建立“智慧环保和安全监管云平台”，打造金属再生利用智慧园区。争取国家有关部门支持，建设循环经济“保税区”和“无水港”。

六、引进培育高端人才，聚集发展潜能

烟台市将引进培育高端人才作为发展现代制造业产业集群的重要支撑点，多措并举以实现新突破。

（一）对新引进的高层次人才发放补贴

对新引进的高层次人才发放一次性购房补贴，鼓励和支持高层次人才购房，强化住房保障，有效吸引和留住各类高层次人才，让他们安居乐业。

（二）择优扶持高层次人才创业项目

对带有重大项目来烟台创新创业，而现行政策支持力度不够或按常规程序不能满足快速引进需要的顶尖人才（团队），采取“一事一议”的方式引进，经评审认定，给予最高 1 亿元的资助或 1.5 亿元的直投股权投资支持；鼓励

高层次人才携有创业项目来烟台考察洽谈，烟台市以外的高层次人才来烟台参加创业大赛、项目对接会以及入园考察等活动的给予交通补贴并提供优良的创业服务。

(三)强化人才的本地化培养

对主持重大科研项目、承担重点工程、推动先进技术成果转化、具有较大发展潜力的优秀本土人才进行扶持，每年选拔20名左右科技创新创业领军人才，其中青年科技人才不低于50%，给予最高100万元项目资助。通过不断加强本地科技创新人才中心建设，实施更具吸引力的国内外人才集聚政策，真正实现人才优先、高端引领，促进人才汇聚、活力迸发，让烟台真正成为人才高地和科技创新高地。

目前，烟台拥有“两院”院士3人、协议合作院士62人、千人计划专家123人、泰山学者和泰山产业领军人才148人，数量居全省前列。

第二节 烟台市培育现代制造业产业集群的成效

2018年，烟台市已培育形成了4个2000亿元级、2个千亿元级产业集群和17个百亿元级企业方阵。2017年，烟台市规模以上工业增加值增长5.58%，实现主营业务收入1.4万亿元、利润1043亿元。主营业务收入过千亿元、百亿元行业分别达到5个、15个，工业领域上市企业43家，数量均居全省首位。其中制造业占到全市规模以上工业的90%，提供近五成的生产总值和税收、六成以上的实际利用外资、九成以上的进出口。烟台市培育现代制造业产业集群发展取得一定成效，有力地推动了烟台市的新旧动能转换。

一、电子信息产业集群

2017年，烟台市电子信息产业规模位于全省第一位。电子信息制造业主营业务收入达到2739.75亿元、利税159.33亿元、利润129.23亿元。烟台市电子信息制造业形成了以通信设备、消费电子、智能终端为主导，拥有手机、游戏机、线缆、电力远程控制设备、智能计量以及电子元器件等产品门类，大型企业为主导、外资、合资、民营共同发展的现代产业格局。

龙头支撑作用强劲，产业带动明显。电子信息产业、龙头企业规模大、支撑作用明显。2017 年销售收入超过千亿元的企业有富士康，达到1260.45 亿元；超过百亿的企业有浪潮乐金和乐金显示两家，分别为 204.47 亿元和 302.9 亿元。富士康、浪潮乐金和乐金显示等龙头企业总产值接近 1800 亿元，占比超过总产值的 60%。龙头企业带动本地配套同步发展，目前已经初步形成围绕终端制造的产业集群，为烟台电子信息产业发展奠定雄厚基础。

创新型企业不断涌现，创新潜能逐步释放。烟台市电子信息产业发展旺盛，企业创新能力强，基于电子新兴产业发展方向不断推出新型产品，释放创新潜能。中惠创智无线供电技术公司推出新能源汽车无线充电方案，目前已经在无线充电方向申请专利 200 多件；山东智慧生活数据系统有限公司从事智慧生活运营，自主研发智慧家庭协议，构建了“爱悠”智慧家庭物联网平台。

二、有色及贵金属加工产业集群

烟台市是我国有色及贵金属大市，贵金属产业具有重要地位，产业规模位居国内前列。2017 年电解铝、铝材、精炼铜、铜材、黄金产量分别达到83 万吨、220 万吨、33 万吨、25 万吨、166 吨，其中黄金产量占全国比重近 40%。截至 2017 年，烟台市已经形成氧化铝产能 120 万吨，电解铝产能 81.6 万吨，铝材加工产能 220 万吨；铜加工产能 31 万吨，黄金加工产能 300 吨。2017 年，烟台市有色及贵金属加工产业完成主营业务收入 2850 亿元，其中有色金属加工产业完成主营业务收入 1180 亿元，黄金等贵金属加工产业完成主营业务收入 1670 亿元。

高端产品特色显现。航空航天、轨道交通等领域用高端铝材在国内占有一席之地，形成了车体、罐体等高端铝材的系列化、规模化、集约化的产业格局，其中轨道交通车体型材国内市场占有率达到 60%。2015 年，烟台龙口市被中国有色金属工业协会命名为“中国交通铝材名城”。高端覆铜板、铜箔、紫铜管锭排、铜铝复合材料、高强高导高弹高纯耐磨耐蚀特种铜合金新材料等产品在国内有较强竞争力。键合金丝、金盐、靶材、首饰等产品已具备一定

规模，其中，山东鲁鑫贵金属有限公司生产的键合金丝国内市场占有率达到60％。高性能烧结钕铁硼磁性材料及其他磁性材料元器件生产居全国前列。东海新材料有限公司生产的新能源动力电池壳体的铁镍基酣蚀合金材料质量已达到国外同类产品的先进水平并替代进口，产能居全国首位。

三、高端化工产业集群

化工产业是烟台市五个千亿元级产业之一，已形成基础化学原料制造、合成材料制造、专用化学品制造及橡胶制品业、冶金副产综合利用等多门类产业体系，规模总量大。截至2017年底，烟台市化工产业完成主营业务收入1108.9亿元，同比增长21.1％；利润212.7亿元，同比增长129.9％。产业集中度高，汇聚了一批国内外知名的大型化工企业。综合实力强，如万华化学集团股份有限公司是国内唯一同时拥有二苯基甲烷二异氰酸酯（MDI）、甲苯二异氰酸酯（TDI）、脂肪族和脂环族二异氰酸酯（ADI）全系列异氰酸酯制造技术自主知识产权的企业，是全球产能最大的MDI供应商。山东玲珑轮胎股份有限公司是山东省轮胎产能最大的企业，属行业龙头企业之一。烟台泰和新材料股份有限公司是国内规模最大的高性能纤维研发制造企业，生产规模和技术水平均居于国内领先地位。烟台巨力精细化工股份有限公司TDI生产技术和工艺设备水平均达到国内领先水平。

四、装备制造业集群

装备制造产业形成了海工装备及高技术船舶、核电装备等产业集群。2017年，全市规模以上装备制造企业达到669家，实现主营业务收入2178.5亿元、利润175.6亿元，占全市规模以上工业的比重分别达到15.5％和16.8％。

拥有一批优势产业集群。形成一批在国内外具有较强影响力的装备制造业产业集群，包括以中集来福士、蓬莱中柏京鲁船业等为代表的海洋工程装备及高技术船舶产业集群，以山东核电、台海集团等为代表的核电装备产业集群先后被认定为“山东省高端装备产业（船舶及海洋工程装备）制造基地”“省级核电装备制造园区”。

创新能力显著增强。近年来烟台市装备制造企业不断加大研发投入，创新能力快速提升,打造了一批国内外知名的研发创新平台。截至2017年底,全市装备制造业已有国家级企业技术中心3个、工程技术中心1个,省级技术中心40个、工程技术中心26个、重点实验室6个,市级企业技术中心达58个,数量均占全市工业企业的四成。

五、汽车产业集群

汽车产业规模稳步上升。烟台市拥有汽车及零部件生产企业440家,其中规模以上企业218家,有11家汽车生产厂家。2017年,汽车产业实现主营业务收入1426亿元,占全市规模以上工业企业主营业务收入10.2%。

骨干企业实力突出。2017年,上海通用东岳汽车有限公司乘用车产量41.9万辆,主营业务收入654亿元。玲珑轮胎、隆基机械超百亿,东海新材料、胜地企业零部件、矢崎汽车零部件主营业务收入分别达到32亿元、31亿元、16.5亿元。蓬翔汽车、舒驰汽车和海德汽车分别实现18亿元、17.5亿元和8.2亿元。

第三节　烟台市培育现代制造业产业集群的启示

烟台市培育出一批现代制造业产业集群,并形成了可资借鉴的经验,对发展现代制造业产业集群具有启迪意义。

一、持续用力,一届接着一届干

烟台市是工业大市,拥有良好的制造业基础,发展现代制造业产业集群具有良好的物质条件和管理基础。这与烟台市历届市委、市政府高度重视工业发展,实施"工业立市""工业强市"战略,持续推进政策支持和环境优化密不可分。

1995年,烟台市工业增加值首次超过农业,成为第一大产业,这奠定了工业在烟台市国民经济发展中的地位。从那时起,烟台市历届市委、市政府都把发展工业作为强市战略来实施与推动,从实际出发,制定与出台了一系列切合实际、针对性强的有效举措，工业特别是制造业实现了持续健康发展。从烟台市第十一次党代会到烟台市第十三次党代会，烟台市经济社会发展目标表述随着时代的变化有不同的表达，但是坚持烟台制造、坚持制造业兴市、强市战略始终是烟台不变的追求。近5年来，在我国整体经济大环境不容乐观，产业结构、产业重点面临转换和转型，新技术、新经济、新模式、新产业、新业态成为各地发展的热词的发展背景下，烟台市委、市政府始终一如既往地坚持发展制造业、发展现代制造业。

当然，随着经济形势发展的不断变化，产业结构的不断调整，烟台制造业的发展战略与重点也在进行不断的调整。从“十五”期间开始，烟台市就明确提出并制定了推动现代制造业产业集群发展的思路和举措，通过推动“烟台制造”向“烟台智造”转变，突出创新引领，烟台制造业现代产业集群发展格局已初步形成。目前，烟台拥有全市4个2000亿元级、2个千亿元级产业集群和17个百亿元级企业方阵，支撑了全市80%的制造业规模。可以讲，如果没有烟台市历届市委、市政府持续用力，没有“咬定青山不放松”的韧劲，就不会有今天烟台制造业发展的规模，更谈不上现代制造业产业集群的发展。

二、引进一个企业，带动一个产业

这是烟台制造业产业集群发展的重要经验之一。“十五”期间，烟台电子信息产业引进了一个富士康，汽车行业引进了一个上汽通用东岳汽车。直到今天，烟台工业收入、全市三产发展始终深受其益，并带动了经济技术开发区和福山区两个区域经济的崛起。“两个企业带动两个产业”，这是烟台工业领域始终在说的一句话，而这也是一种不争的事实。

以汽车产业集群为例。东岳因大开放而落户烟台，1996年总投资6.87亿美元的一汽一大宇（烟台）汽车发动机项目在烟台落户。2002年由上汽集团、通用汽车、上汽通用汽车联合实施对原烟台车身有限公司和原山东大宇汽车发动机有限公司的战略重组，组建上汽通用东岳汽车有限公司和上汽通用东岳动力总成有限公司，一举激活了烟台整车和发动机项目沉寂数年的巨额企业资产，填补了烟台轿车工业的空白。

上汽通用东岳基地整车产量从2003年的3.8万辆到2017年的42万

辆，激增了10倍，动力总成产量从2005年的13万台到2017年的114万台，增长了近8倍。在过去15年中，一个上汽通用东岳基地带动一个千亿元级产业集群——464万辆整车、1329万台动力总成、4658亿元总产值、336亿元实缴税金，带动72家一级供应商在烟台建厂、1000亿元级汽车及零部件产业集群、从事汽车行业人员达20万人。目前，烟台市拥有汽车及零部件生产企业440家，其中规模以上企业共218家，包括汽车生产企业11家。2017年，全市共生产汽车整车43万辆，汽车产业实现主营业务收入1426亿元，占全市规模以上工业主营业务收入10.2%。汽车产业已成推动烟台市经济发展的重要力量。

不仅如此，2001年3月浪潮LG烟台数字移动通信技术研发有限公司注册成立，开始研发"浪潮—LG"联合品牌CDMA手机，伊诺特、特博泰克、普莱斯特等大型配套企业相继入驻；2005年7月烟台与韩国大宇造船正式签订合作协议后，相继引进中集来福士、巨涛重工等大型企业，烟台海工装备制造基地的框架初步构建。有了"龙头"引领，汽车、造船、手机、电子、车用空调器等产业从无到有、从小到大不断发展，烟台市成为汽车生产基地、电子信息产业基地、高分子聚氨酯基础化工材料基地、氨纶生产基地等。

三、重视创新，强化科技引领作用

创新是民族进步的灵魂，是国家发展的不竭动力，也是推动一个企业、一个产业从弱小走向强大的关键动力。20世纪80年代初建厂的万华化学集团有限公司（以下简称"万华化学"），前身是一个合成革生产企业，而今已发展成为国内最大的聚氨酯生产基地，拥有自主知识产权的跨国型现代化的大企业，全球化运营的化工新材料公司，亚太最大、全球第五的MDI生产供应商，是国内唯一的MDI生产企业。万华的标签很多，所有的标签都离不开两个字：创新。

在烟台制造业领域，不仅是万华化学，重视创新、推动创新已成为烟台市骨干企业的普遍做法。烟台市四次获得国家科技进步一等奖，是全国地市级城市中最多的。如烟台市食品行业建有6个国家级企业技术中心，国家级工程技术研究中心1个，省级企业技术中心16个，省级工程技术研究中心20个，市级企业技术中心 11 个，设立院士工作站 6 个，国家认可实验室16 个，高新技术企业 23 户。汽车行业，建成国家机动车配件产品质量监督检验中心 1 个，现代企业研发中心 1 个，汽车轮胎噪声实验室 1 个。装备制造业拥有国家级企业技术中心 3 个，工程技术中心 1 个，省级技术中心40 个，工程技术中心 26 个，重点实验室 6 个，市级企业技术中心 58 个。有色及贵金属加工方面，建有全国铝合金加工行业唯一的工程技术研究中心，孚信达双金属公司自主研发的高性能铜铝复合材料连铸直接成型技术与应用项目获得 2014 年国家技术发明二等奖，填补国内外空白。正海磁材承担的国家“863”课题“稀土永磁产业技术升级与集成创新项目”获得国家科技进步二等奖。

四、坚持以技术创新，实现“四新”促“四化”

推动新旧动能转换，其核心是通过“四新”促进“四化”，实现传统产业提质效、新兴产业提规模、跨界融合提潜能、品牌高端提价值。在培育现代制造业产业集群中，烟台市鼓励龙头企业坚持以“四新”“四化”为主攻方向，加速推动企业做大、做强、做特、做优，以产品的创新推动企业的多元化发展，以品牌的建设推动企业的高质量发展。

万华化学集团股份有限公司作为一家全球化运营的化工新材料公司，始终坚持以科技创新为第一核心竞争力，成为中国唯一一家同时拥有 MDI、TDI、ADI 全系列异氰酸酯制造技术自主知识产权的企业。凭借领先的技术储备优势，万华化学持续优化产业结构，目前公司的业务发展已涵盖 MDI、TDI、聚醚多元醇等聚氨酯产业集群，丙烯酸及酯、环氧丙烷等石化产业集群，水性 PUD、PA 乳液、TPU、ADI 系列等功能化学品及材料产业集群。公司所服务的行业主要涉及生活家居、运动休闲、汽车交通、建筑工业和电子电器等。同时，依托不断创新的核心技术、产业化装置及高效的运营模式，为客户提供更具竞争力的产品及解决方案。发布的 2018 中国品牌价值中，烟台万华化学在能源化工 9 家中排名第 5 位，品牌强度 924，品牌价值 209.71 亿元。

五、提升服务效能，强化营商环境打造

推动现代制造业产业集群发展是一项系统工程，需要通过“放管服”改

革、优化政府服务、打造良好的营商环境等，吸引优质项目集聚发展，进而驱动产业实现“集群效应”。烟台市牢固树立“对企业好就是对烟台好，为企业服务就是为发展服务”的理念，严格兑现政策，高效服务企业，全力推动发展；通过把制造业强市建设纳入经济社会发展综合考核，进一步强化倒逼机制，迅速形成部门联动、政企互动机制；建立重点企业直通车服务、联席会议等制度，完善企业困难解决机制，推行“一次办好”，全力打造最优营商环境。

（一）持续推进“放管服”改革

烟台市扎实开展削权减证、流程再造、精准监管、体制创新、规范用权“五大行动”，市级行政许可事项由 260 项压缩到 96 项，取消调整市级实施行政权力事项 53 项，投资建设项目从立项到施工许可压缩到 27～32 个工作日，市县乡三级“零跑腿”和“只跑一次”事项达到 80％以上，政务服务平台“一级建设、三级应用”模式在全省推广。

（二）持续优化营商环境

烟台市提出争做审批材料最少、办事流程最简、办理时限最短城市的目标，市直各部门对申请政务服务事项进行全面梳理审核，确定市级一次办好事项 1701 项，形成了烟台市政务服务事项一次办好事项清单，让企业充分感受改革带来的便利和快捷，提高企业幸福感和满意度。

（三）持续优化投资环境

一是在龙头企业的引进上采取优惠政策。对那些投资大、科技含量高、市场前景广的大项目、好项目，以“谈成进入”为目标，在土地供应和物流、人才支撑等方面给予比其他城市更具吸引力的政策。二是在龙头企业膨胀发展中给予更大的支持。根据企业发展需要继续在有关方面给予支持，吸引其不断追加投资、扩大生产规模。三是在产业集群发展导向上采取了有效的政策措施。在围绕培植支柱产业龙头企业中，烟台市建立了发展引导资金，用于支持三大产业集群重点项目、核心技术项目研发，对带动力强的龙头企业所在地和规模较大的专业生产基地给予重点倾斜。

第二编

依靠创新推进产业集群化、智慧化

第四章

滨州市培育“群狼经济”助推新旧动能转换

在2018年年初全省全面展开新旧动能转换重大工程动员大会上，省委书记刘家义在讲话中明确指出，现代优势产业集群代表产业发展新趋势，集群式发展可以促进优质资源集中，加快形成产业规模效益、特色品牌优势，全面提升产业、区域的竞争力。在推动新旧动能转换中滨州市探索符合本市实际的新旧动能转换路径，通过培育“群狼经济”做大做强高端铝产业、新型化工、粮食加工、家纺纺织、畜牧水产五大千亿元级产业集群，形成了有特色的改造提升传统产业、发展壮大新兴产业的新模式，有效延伸了产业链、价值链和供应链，提升了区域竞争力，推动着全市经济的持续健康发展。

第一节　滨州培育“群狼经济”的优势和特色

“群狼经济”是在拥有普遍较强实力的成员之间或产品同质共创市场，或分居上下游共组流程，或相互配套共荣共生，群体协作组成产业集群所产生的威力可以战胜强大的单个对手，从而形成强大的产业竞争力。“群狼经济”的本质是规模经济、范围经济和外部经济共同作用的结果，规模经济导致经济集聚产业点，范围经济产生集聚产业区，规模经济、范围经济和外部经济共

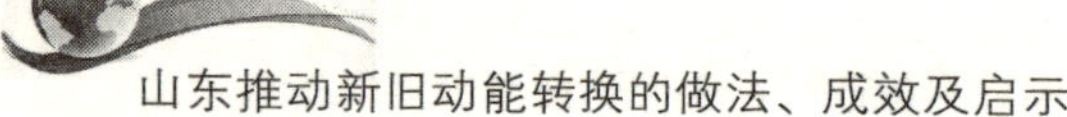

同作用产生经济集聚核心区。滨州依托五大优势产业集群，既有培育发展“群狼经济”的优势，也初步形成了自己的特色。

一、滨州培育发展“群狼经济”的优势

滨州培育“群狼经济”具有诸多优势，主要表现在以下几个方面：

（一）具有雄厚的产业优势

近年来滨州市致力于打造五大千亿元级产业集群。如在铝产业方面，形成了以魏桥集团为龙头，以邹平县、滨州经济技术开发区、北海经济开发区为核心，辐射沾化、惠民、阳信、无棣、博兴等县区的铝产品加工特色产业集群。滨州高端铝产业集群被省经信委、省财政厅列为全省重点支柱产业集群，被科技部列为国家创新型产业集群。在化工产业方面，形成了以石油化工、煤化工、盐化工“三大系列”为主体，石油化工、盐化工、精细化工、医药化工、煤化工“五大板块”相互配套的产业体系。在粮食产业方面，创出了大循环、全利用、可持续发展的“滨州模式”。在纺织产业方面，培育形成了完整的产业链条，年加工原棉 150 万吨，纺纱 1100 万纱锭，布 30 亿米，纺织品和服装出口额占全市出口额的 1/3。畜牧水产形成了一批龙头企业，其中市级以上的 119 家。不少重点产品的年产量在全省、全国名列前茅。氧化铝境内产能占全省的 70％、全国的 20％，电解铝占全省的 70％、全国的 18％，强大的原铝供给能力在全国甚至全世界都是独一无二的；活塞 3000 万支，占全省的 70％、全国的 35％；纺纱 1100 万纱锭，占全省的 25％、全国的 10％；玉米加工能力 500 万吨，占全省的 50％、全国的 3.5％；大豆加工能力 360 万吨、小麦加工能力 232 万吨，分别占全国的 4.1％、1.4％；西王集团的药用无水葡萄糖国内市场占有率达到 85％；香驰控股有限公司的大豆分离蛋白和大豆膳食纤维总产量均位居全国第一位；环氧丙烷 70 万吨，占全省的 65％、全国的 31％；烧碱 115 万吨，占全省的 10％、全国的 3.4％；原盐 550 万吨，占全省 40％、全国的 8.8％；沥青 470 万吨，占全省的 25％、全国的 11％。雄厚的产业优势为在产业的上下游、左右链、高低端发展配套项目，特别是培育“群狼经济”提供了坚实的产业基础。

(二)具有独特的区位优势

滨州濒临渤海,处于黄河三角洲腹地,系京津冀和山东半岛两大经济区的连接地带,是环渤海经济圈与济南都市圈的交汇点;距天津滨海新区80海里,与河北曹妃甸海上直线距离90海里,是济南都市圈的海上门户,是集聚生产要素、吸引各方投资、加快开放开发的重要经济区域;随着滨州港一类开放口岸获得国务院批复,港口对全市经济的带动作用将会日趋明显。继续加快滨港铁路二期、黄大铁路等工程建设,争取济滨城际铁路、京沪高铁二线尽快开工,滨州的交通状况将发生巨变。区位优势为培育"群狼经济"提供了联系合作、交通运输便利。

(三)具有丰富的资源优势

滨州市盐碱荒地多,有荒地近300万亩,在土地供给紧张的今天能承接国内外产业的转移;海岸线长240万公里,滩涂17万公顷,制盐业和水产养殖潜力巨大,设计能力年产原盐1000万吨,是山东省重要的原盐生产基地;拥有3394平方公里的风场资源,且投资成本较低,是山东省最具开发价值的主要风能地区之一。滨州所具有的这些资源优势,为培育"群狼经济"提供了资源保障。

二、滨州培育"群狼经济"的特色

滨州已经认识到了"群狼经济"对提升壮大产业集群、推动新旧动能转换的作用,在实践中发挥优势,初步形成了自己的特色。

(一)"有中出新",初步形成全产业链模式

企业按照"有中出新"思路对传统产业进行改造升级,不断开发出新的产品,使产品向上下游延伸,逐步向终端产品迈进,初步形成了全产业链模式。泰义金属科技的建筑铝模板生产和装配式设计、邹平市好生街道的全铝家具,是滨州铝深加工的亮点。滨州铝产业已形成了"铝矿石—原铝—工业铝型材—铝精深加工制品"上下游配套、较为完整的产业链条。从铝土矿到最终制成品,采取铝水不落地,直接运到下游生产企业进行深加工,形成了全球无法复制的集约型、节能型发展模式。京博控股推出了90#沥青、防水卷材沥青等产品,重点开发了三苯三烯为原料的下游产品。在石油加工和炼化行

业，已拥有常减压、催化裂化、延迟焦化、加氢精制、橡胶以及石脑油精制等装置，产业链进一步延伸，产品质量显著提高，市场净增量明显增强。香驰粮油在黑龙江嫩江县建立了20万亩大豆种植基地和博兴20万亩、黑龙江10万亩玉米种植基地，构建了从田间到餐桌的全产业链发展模式。愉悦家纺在乌克兰投资建设中国—乌克兰亚麻资源开发与利用科技产业园，从根本上解决了亚麻原料基本依赖进口的“瓶颈”问题，完善了集亚麻育种、种植、加工到国际贸易于一体的亚麻纤维家纺产业链条。

（二）“化废为利”，初步形成循环经济模式

香驰控股“吃干榨净”每一粒大豆和玉米，全年利税的50%来自循环经济，建成了原料、副产品、水、废弃物、能量五大循环利用圈。中裕食品“以小麦加工为主导，种养加一体化绿色高效生态农牧循环模式”被列为山东省25个具有推广价值的循环经济典型模式之首。目前滨州全市小麦、玉米、大豆原料综合利用率均达到98%以上，小麦精深加工形成了覆盖一、二、三产业的完整循环产业链，玉米、大豆实现了深度梯次开发，初步形成了粮食产业的大循环、全利用、可持续发展。国家粮食局授予滨州“全国粮食产业经济发展示范市”称号。龙福环能科技股份有限公司年回收利用废旧塑料瓶20万吨，生产涤纶长丝、瓶片、毛毯、地毯四大类200余种产品，可节约石油120万吨，节能折合标准煤170万吨，引领化纤行业向国际领先水平不断发展。目前，全市已形成了以西王集团、香驰集团、滨化集团为代表的玉米、大豆及盐化等15条各具特色的企业循环经济产业链条。

（三）“聚企成会”，初步形成行业联合模式

2014年由魏桥铝电、创新集团等企业联合发起成立的滨州市铝行业协会，每年举办年度工作会议聚集企业共谋发展，组织举办国际国内铝产业论坛，和兄弟协会及企业家交流协作、招商引智吸引更多高端上下游企业加入产业集群，为产业集群和会员企业发展服务。纺织行业协会及时反映企业生产运行中的问题、困难与诉求，引导企业落实产业政策，加强企业自律，营造和谐产业环境，促进行业有序发展。新型化工行业协会积极发挥在服务、咨询、沟通、培训、自律、协调、招商等方面的作用，搭建了联系企业、提供服务、反映诉求的平台和技术合作平台，共同开拓国内外市场，全面提升滨州化工行业企业的品牌。聚企成会,行业联合模式使单一力量汇成集体力量,集聚抱团发展壮大产业集群,增强了区域经济的市场竞争力。

第二节 滨州市培育"群狼经济"面临的问题与原因

滨州市的"群狼经济"虽有一定发展,但规模不大活力不足,未发挥应有的作用,根本的问题是产业结构层次总体偏低。从产品结构看,传统型产业所占比重偏大达到80%以上,先进制造业发展滞后,企业发展层次偏低,处于产业链低端的初级产品和中间产品总量较大,科技含量和附加值不高。如占全市1/3强的铝产业深加工率不足20%,化工行业高端化、专用化、精细化产品占比不到40%,家纺纺织行业中纱和布产值占70%以上。高新技术产业产值占规模以上工业总产值比重仅为26.8%,深加工、高附加值、高科技含量、市场竞争力强的产品和名牌产品少,适应市场波动或政策调整的能力较弱。从企业结构看,大企业占比较大。五大产业集群中,"大象经济"强,"群狼经济"弱,全市排前10位的大企业主营业务收入占全市规模以上工业比重为77.7%,仅魏桥创业集团就占到全市的42.9%。大企业"船大调头难",遇到环境、政策制约时,转型升级的难度也大,对全市经济的影响严重,中小企业带动能力薄弱。具体说,培育"群狼经济"壮大产业集群存在的问题至少有以下四个方面。

一、产业规划引领有待强化

粮食加工、畜牧水产两个产业的中长期发展规划还未形成。高端铝、新型化工、家纺纺织三个产业的中长期规划刚刚形成,对产业的协调发展引导不够,生产企业空间布局过于分散,不利于园区化集中统一管理,制约了集聚集群作用的发挥。这一问题化工产业表现更为突出,京博、滨阳、中沥、森岳、中海精细等大型骨干企业分布在不同的县区,龙头骨干企业没有对"群狼"企业形成很强的辐射拉动力。按产业链引导发展不够,企业关联度比较松散,比如化工企业规模以下企业占比达到70%,低水平重复建设较多。

二、创新驱动发展能力不足

全市工业经济发展仍然主要依靠产能扩大，盈利主要依靠廉价劳动力、低价能源和资源等途径。比如，铝产业自主开发投入不足，大部分属于跟踪开发，在高端产品竞争中还处于劣势地位；化工产业生产装备工艺总体落后，科技研发能力不足，高新化工企业产值比重依然较低；家纺领域大部分企业没有专门的研发机构，对产品认证、质量管理、品牌培育不够重视。对以资源型、劳动密集型和组装业为主的制造业技改投入少，2017 年全市仅投入 848.5 亿元，低于全省平均水平 5.2 个百分点，总量仅占全省的 5%。科技研发能力不足，全市高新技术企业仅 84 家，占全省的 1.8%；2017 年上半年高新技术产业产值总量 1063.29 亿元，占规模以上工业总产值的 27%，低于全省平均值 7 个百分点。

三、体制机制有待完善

政府培育市场不够，营商环境不够优化，“放管服”改革、简政放权不到位，企业和群众办事多头跑、来回跑的问题依然存在，行政审批事项入住不到位、效率不够高，有的部门卡死条条、硬杠杠，该办的事不办或慢办，该落实的打折扣，与南方先进地区“政府负责阳光雨露，企业负责茁壮成长”的理念比还有较大差距。政府培育市场主体力度不够，“群狼经济”发展缓慢，企业注册数量少，不但远远落在了南方先进地区的后面，也不如省内的一些地市。其中，全市规模以上企业户数 2016 年为 1314 户，与德州、聊城、菏泽相比分别少了 1827 户、1500 户和 1872 户。缺乏产业培育机制，大多数企业特别是“群狼”企业各自为战、自谋发展。

四、“双招双引”质量有待提高

与先进城市水平及自身发展需要相比，当前滨州在推进新旧动能转换的新形势下，招商政策针对性不强，没有突出以“建链”“强链”“补链”为目标进行“双招双引”工作，助推培育发展“群狼经济”力度不大。市直各部门、各县区跳不出“一亩三分地”思维，不能共享“双招双引”信息资源，没有形成培育发展“群狼经济”的强大工作合力。没有发挥园区“双招双引”的作用，虽然全市各类开发区、园区众多，但在全国、全省叫得响的寥寥无几，也没有形成有效的“双招双引”模式。“双招双引”激励机制不足，容错纠错机制不完善。

第三节 进一步培育“群狼经济”，加快实现滨州市的新旧动能转换

滨州在优化产业结构中推动新旧动能转换，必须多方施策。但从实际出发，采取措施加快培育“群狼经济”壮大产业集群，是新旧动能转换的重要突破口。

一、要重视规划落地，引领“群狼经济”加快发展

规划是旗帜，是方向，要以规划引领“群狼经济”加快发展。一要加快粮食加工、畜牧水产两个产业中长期发展规划的制定。制定规划要有前瞻性、系统性，不仅要分析产业集群目前的现状、存在的问题，客观描绘未来行业发展规模和方向，而且要有具体企业和专门项目作支撑。相关部门要积极行动，舍得拿出精力物力财力，充分发挥骨干企业的主导性、主动性，聘请高层次研究机构为产业发展把脉定向，以全球全国最先进的理念和成果作为标准，分年度规划实施，把产业集群的发展目标落到实处。二要对已有规划加强宣传，切实落实好规划。对 2018 年 9 月印发的《滨州市高端铝产业中长期发展规划(2017～2025 年)》《滨州市新型化工产业中长期发展规划》《滨州市家纺纺织产业中长期发展规划(2017～2025 年)》，要通过多种途径、采取多种形式宣传，结合论坛、考察、科技创新对接等活动，邀请专家解读，强化顶层设计和硬性约束，统筹考虑做好项目布局，真正把规划落地。对接规划中谋划的产业集群链条和重点项目，找准产业集群发展的目标和方向，以此为引领，培育发展“群狼经济”，增强协调发展和配套能力，切实把规划转化为发展的动能和效益。三要以编制规划专家为班底，吸收该专业领域国内外知名专家参加，成立产业集群专家咨询委员会，组织专家坚持问题导向，加强前瞻

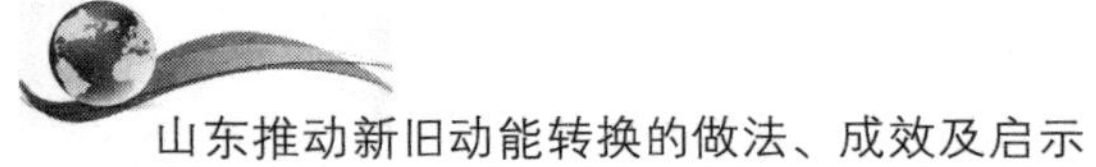

性、战略性、长远性问题研究，提出高质量的咨询意见，做好产业的规划细分，引导产业向中高端发展，不断延伸产业链条。

二、要突出创新活力，拉动“群狼经济”加快发展

新旧动能转换重在创新，新兴产业是工业新动能的重要载体，但创新也表现为对传统产业的改造提升，还表现为对产业的跨界融合。因此，以创新激发活力，拉动“群狼经济”加快发展，要在三个方面下功夫。

（一）创新改造提升传统产业，激活“群狼经济”，助推新旧动能转换

全市传统产业占工业的比重达到80%以上，如果实现改造升级，激活“群狼经济”，助推新旧动能转换的威力不可小觑。一是把投资重点放在技术改造上，瞄准市场紧缺的产品，提高新产品研发和技术整合能力，建设国家级或省级企业技术中心，增强市场核心竞争力。搭建行业技术服务平台，以企业为主体组建技术联盟，促进企业间技术交流，加快改造提升传统产业。充分利用创新资源和载体，实现技术研发到成果转化环节的无缝对接。比如深化魏桥与中航工业集团、苏州大学合作，建设高端铝材料制造及应用技术研究院，提升企业竞争力；推进渤海活塞与山东大学、盟威戴卡与北京航空航天大学合作，大力发展高端新材料产品，提高产品技术含量和附加值，使传统产业去除层次低、资源消耗大、污染大等沉疴，释放巨大发展新动能，推动产业链向高端和终端迈进。二是积极创造条件，促使“群狼”企业进园区集群化发展，实现信息、技术、劳动力等各种要素的聚集，促进区域技术创新能力的提升，形成上下游企业、配套企业、关联企业间创新与改造提升相互促进、协同发展。三是促使企业联合，打造行业品牌。以创新产品的品牌效应为引领，参与制定国家或行业标准，像亚光承担全国家用纺织品分技术委员会秘书处工作，累计制定国家标准4项、行业标准10项，标准项目完成率达到100%，发挥了行业引领作用；构建行业公共技术服务平台，借助行业协会的力量开展行业标准制定，推动产业做专、做强、做优，促使“群狼”企业联合，对内避免恶性竞争，对外树好“形象”，抱团打造“滨州铝”“滨州化工”“惠民绳网”“滨州毛巾”等行业品牌，在国内外市场形成竞争优势。

（二）以创新培植发展新兴产业，壮大“群狼经济”，助推新旧动能转换

针对产业链条缺口和薄弱环节，加大研发力度，在前期研究与试验发展经费占国内生产总值的比重达到2.63%，高出全省平均水平0.29个百分点，连续四年位居全省第三位的做法基础上提升研发投入强度，支持新兴产业发展壮大、培育“群狼经济”，成为新动能的有力支撑。一是培育壮大特色新兴产业。大力发展大数据、云计算、物联网、移动互联网、工业互联网等新兴产业，支持智能制造、绿色制造、增材制造等关键装备创新应用，推动特色新兴产业迅速壮大规模。二是加快发展未来产业。紧盯科技进步和产业变革趋势，积极发展虚拟现实、生命健康、人工智能等未来产业，抢占未来产业发展的制高点。三是积极发展智慧产业。把精英和草根、线上和线下、企业和科研院所的创新活动融合起来，大力发展工业设计、智慧能源、智慧物流等产业，建设双创基地、众创空间，汇成产业化发展的强大力量。

（三）以创新推动产业跨界融合，拓展“群狼经济”，助推新旧动能转换

推动产业跨界融合，形成一批新的“群狼”企业，挖掘新的经济增长点。一是推动制造业与互联网融合发展。充分发挥互联网聚集优化各类要素资源的优势，推动制造企业与互联网企业在发展理念、产业体系、生产模式、业务模式等方面全面融合，大力发展云制造、互联网制造等新型制造模式。二是推动制造业与服务业融合发展。将制造环节向价值链的两端延伸，增加制造业企业服务环节投入和产出的比例，培育个性化定制、总集成总承包、全生命周期管理等新业态新模式，发展研发设计、科技咨询、信息技术服务、第三方物流等专业化服务，促使企业从单纯生产型向服务化转型，成为集成服务提供者，实现产品附加值的提升。三是挖掘新经济形态。面向工业转型升级和产业基地建设的需求，加快对上下游环节、企业和创新资源的整合，打通产业链条，鼓励有条件的大型企业向平台化转型，吸引更多“群狼”企业利用平台创新创业，放大平台企业的共享能力，形成“平台＋‘群狼’企业”的经济形态，提高供给能力，满足大量“小多快”的需求。

三、要改革体制机制，促动“群狼经济”加快发展

体制机制改革的成效，决定着一个地区的发展活力。

（一）加快行政审批制度改革，培育市场，营造一流营商环境

营商环境是社会经济文化各方面的综合反映，是招商汇才、释放发展活力、提高区域竞争力最有效的抓手。滨州营商环境在全省创下多个第一的情况下，仍需大力推进“放管服”改革，培育市场。一是进一步完善提升市县政务大厅功能，将所有审批事项全部进入大厅，实现一厅办理。二是加快信息整合，尽快实现信息互联互通共享，为实现不见面审批打下基础。三是加大监督问责力度，放管服改革，审批事项归并，是政府自身刀刃向内的一次改革。加快改革步伐，需要各级各部门增强大局意识，主动积极配合支持，对不作为、乱作为或不积极主动影响改革的，要严肃问责，以问责倒逼倒推改革。要真正做到像南方先进地区的政府那样“企业需要时无处不在，不需要时无声无息”，不缺位、不越位、及时到位。

（二）改革产业培育机制，培育市场主体，推动产业集群公共服务平台建设

由政府引导企业参与，成立产业集群公共服务平台，采取“1＋N”模式，“1”即滨州工业大数据服务中心，“N”即分散在各企业的信息系统、技术中心、研发中心、检测中心、中小企业云平台及其他可用来提供行业服务的机构等。通过工业大数据服务中心，把其整合到一个平台上，实现企业之间、部门之间现有信息系统的互联互通，为企业提供政策、信息、法律、人才培训、品牌推广、管理咨询、原料采购、市场开拓、价格走势、检验检测、质量认证等共性需求服务。鼓励滨州经济技术开发区建立滨州铝产业技术创新战略联盟、公共检测服务平台，为企业提供技术咨询、公共检测和鉴定服务，提升企业研发、生产和服务的智能化水平，提高产品性能稳定性和质量一致性。创建“群狼”企业创业辅导基地，给予初创企业服务和政策支持，帮助创业者加快成长，规避风险，复制催生成千上万“群狼”企业，增强市场主体活力。

（三）改革强化督导调度机制，解决问题，加快推进产业集群建设

成立滨州市“千亿元级产业集群”暨新旧动能转换推进工作领导小组，实行市级领导带领部门包重点企业、重点项目制度，明确责任分工，贯彻落实市委、市政府关于促进产业集群建设的各项工作部署，协调组织制定推进产业集群发展的相关配套政策和文件，调度产业集群发展的相关工作进展情况。要深入企业一线，切实帮助企业解决困难，急企业所急，解企业所忧，化解中小企业贷款难问题。学习魏桥创业集团创新成立的重庆魏桥金融保理有限公司做法,运用新的金融工具缓解中小企业融资难、融资贵难题,有效降低融资成本;学习德州经验,市政府分管领导亲自靠上抓,银行、银监分局和中小企业局共同做好中小企业无还本续贷工作,解决中小企业续贷时间长、过桥融资成本高难题,加快培育"群狼经济"打造千亿元级产业集群步伐。

四、要借助"双招双引",推动"群狼经济"加快发展

实施新旧动能转换,向高质量发展进军,根本落脚点在项目。抓项目,一个很重要的方面是借助"双招双引"推动"群狼经济"加快发展。要从全市层面进行统筹,树立"双招双引"的"一盘棋"意识,实现招商信息共享,杜绝因局部利益耽误项目落地甚至出现项目流失,或因争抢项目比拼政策出现恶性竞争。围绕五大产业集群,立足产业和资源优势,抓住交通物流条件加快改善的机遇,整合主管部门和各部门、各产业协会、大企业的招商力量,综合运用产业链招商。一是围绕产业链增强分类招商。首先,要注意利用投资扎堆效应,大力引进同质型企业,尤其是行业中的领袖企业。力求在重点环节、关键节点上,吸引几家国内外一流的大企业,重点招世界 500 强和行业隐形冠军,引进一批技术水平高、产业关联性强、发展空间大的大项目、好项目,打造产业链条中的制高点,带动整个链条升级换代。其次,要注意研究产业生产流程,大力引进流程型企业,争取产业链上的中高端企业落户,增强产业集群的关联度、集聚度。再次,要利用沿海地区产业升级转移的机遇,争取整体承接转移的产业,大力引进共生型企业,增强产业集群的协作配套。二是围绕产业链实施定向招商、精准招商。比如,北京市疏解非首都功能,三年内将退出一般制造业企业 1000 家,疏解提升市场和物流中心 176 家,对这样的招商信息,要及时跟进、逐条研究,结合滨州产业链情况积极对接争取。三是研究政策,借势引进。比如抓住国家鼓励军民融合的有利时机,引导涉铝企业积极参与军民融合,研发生产更多的高端军工产品,引进能够就地消化初级铝产品的军工、军转民和军民融合型项目,借势发展。通过围绕产业链延伸做好"补链""强链"文章,努力实现产业的存量变革和增量崛起,推动"群狼经济"加快发展。

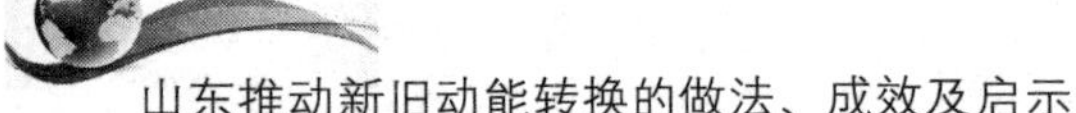

项目建设和先进的生产设备要求专业技术人才集聚，要加大“招才引智”力度。一是用“一个意见、三个办法”(《关于深化提升“渤海英才·海纳工程”支撑引领新旧动能转换的实施意见》《滨州市高层次人才引进管理办法》《滨州市用人单位和社会力量引进高层次人才奖励支持办法》《滨州市“海纳工程·百企引智”示范引领行动实施办法》)全面升级人才政策，提高竞争力和吸引力，集聚更多高层次人才来滨州创新创业。二是瞄准院士、国家“千人计划”专家、泰山学者等高层次人才，发挥“企业博士后科研工作站”载体平台作用，下大力气把海内外高层次创业创新型人才、领军人才和领军团队引进来，为培育“群狼经济”壮大五大产业集群发展提供坚实智力支撑。三是搭建高水平技术研发平台和新产品开发平台，形成符合需求的激励机制，打通人才发展通道，把人才留下来。四是通过柔性引才、项目合作、产学研合作等多种渠道引才，使招商引资与招才引智同频共振，争取招来一个项目、引进一批人才、引来一支团队。大力探索“园区＋产业”招商，采取“园区管委会＋公司”模式，紧紧围绕五大产业集群，着力引进一批规模大、带动强、贡献高的优质项目和带资金、带项目、带技术的创业创新人才，为培育“群狼经济”加快滨州新旧动能转换提供项目和人才支撑。健全完善容错纠错机制，为勇于担当、敢于负责的干部撑腰壮胆，引导干部放下包袱、轻装上阵，积极投身“双招双引”大潮。

培育“群狼经济”推动新旧动能转换是个系统工程，要注意处理好四个关系：一是处理好大和小的关系，把大企业拉动和中小企业协作配套结合起来；二是处理好新和旧的关系，把改造提升传统产业和发展新兴产业新型业态结合起来；三是处理好政府和企业的关系，把政府服务和企业主体结合起来；四是处理好政府和市场的关系，把政府引导和市场配置资源结合起来。

第五章

创新引领潍坊市传统产业改造提升的做法、成效与启示

当前，我国经济社会发展正处于新旧动能接续转换的关键期、阵痛期。新旧动能转换成功与否直接决定和影响着我国经济高质量发展步伐。2018年1月国务院正式批复《山东省新旧动能转换综合试验区建设总体方案》后，一场新旧动能转换攻坚战已然在山东打响。齐鲁海岱之间渐起千帆竞发、百舸争流之势。潍坊市作为山东半岛新兴沿海城市迅速行动，围绕贯彻落实全省全面展开新旧动能转换重大工程动员大会精神，将加快推动新旧动能转换作为全市"一号工程"，扎根传统产业，立足优势特色，紧跟科技革命趋势，实施创新驱动。一年来全市不断创新办法举措，通过改造提升传统产业在新旧动能转换方面取得初步成效，也为今后更加高质高效推动产业转型升级、新旧动能转换提供了有益的启示。

第一节　潍坊市依靠创新改造提升传统产业的做法

全省新旧动能转换的进军号吹响后，潍坊市始终以实体经济为着力点，立足传统产业优势，以创新为第一动力，瞄准高端化、智能化、绿色化、服务化、在线化、数字化等方向，在体制机制、科技应用、发展平台、发展模式等方

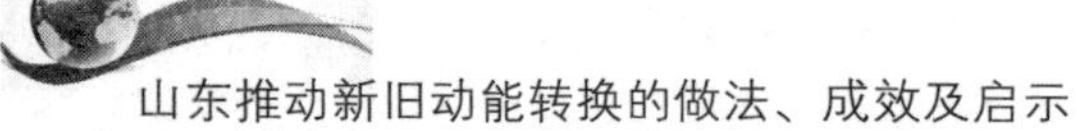

面不断突破，形成了一系列富有成效的做法，实现了新旧动能转换的良好开局。

一、体制机制创新

潍坊市重视在体制机制创新方面寻找突破口，其主要做法如下：

（一）创新工业用地利用机制

工业化进程中，工业用地一直是掣肘各地工业加快发展的制约因素。在加快新旧动能转换的进程中，作为传统产业大市的潍坊，用地空间不足、用地效率低的问题更加突出。为破解此难题，潍坊市进行了首创式的创新探索。

一是实行竞争性用地办法。在产业转型升级中，为让那些符合经济社会发展需要的重点项目得到保障，潍坊市出台了《现代产业重点项目建设竞争性用地管理暂行办法》，将之前粗放型的工业用地审批改为市场化竞争性用地办法，只有那些符合发展方向、获地标准的重点项目才能够获得土地使用权，由此，不仅确保土地合理高效利用，而且通过这种竞争性办法杜绝了“三高一低”项目落地进园，为“腾笼换鸟”创造了土地条件。

二是进行以“亩均论英雄”改革。潍坊市出台了《关于在全市开展工业综合评价的指导意见》，在全省范围内率先开展工业企业综合评价，建立了以亩均税收、亩均工业增加值、研发投入占主营业务收入比重、全员劳动生产率、单位排污权工业增加值、单位水耗工业增加值、单位能耗工业增加值等七项指标为重点的综合评价体系。通过综合评价体系，将企业分为优先发展、鼓励提升、帮扶转型、倒逼整治四类，分类施治，用正向激励和反向倒逼带动现有工业用地的集约高效利用，令其发挥最大效能。

三是探索出“零增地”发展模式。2015年，诸城市制定出台了《关于建立倒逼机制推进土地节约集约利用的意见》及6个配套办法，初步探索形成了“五管五引”的土地节约集约利用管理体系。目前，这一思路与做法更加明确清晰。第一，推行“零增地”技改。引导企业引进新的生产设备和工艺流程，在现有土地上实现技术改造升级。第二，开展“零增地”扩产。引导企业整合现有土地、厂房、设备等低效闲置资产，在不增加用地的前提下，原地新上或改建单层厂房为多层厂房，实现增资扩产。第三，进行“零增地”转型。建立二级市场网上交易平台，鼓励低效闲置土地厂房通过出租、转让、兼并、主动腾退、引导企业通过兼并、重组等方式实现“零增地”转型。第四，开展“零增地”招商。诸城市政府首先出资整合低效用地，建设标准化厂房“筑巢引凤”，企业可先期租赁使用，如约达效后办理产权转移手续。通过这种“零增地”招商，吸引市场前景好、科技转化速度快的优质产业落户，并有效缩短了企业投产周期，解决一次性投入时间长、投资成本高的问题。

（二）深化“放管服”改革

改造提升传统产业，向新动能转变，需要破除传统体制机制障碍，构建更加规范有序、宽严相济的外部体制机制环境。潍坊市以放管服领域的改革创新为抓手，大力推动政府职能转变，构建服务型政府，为新旧动能转换和产业转型升级营造良好环境。一是对审批事项进行清单管理。潍坊市梳理公布了第一批市县两级4889项“零跑腿”“只跑一次”事项清单，凡没有法律法规依据的、能通过个人现有证照来证明的、能采取申请人书面承诺方式解决的“烦民”的证明和手续，争取一律取消，实现清单事项审批服务全流程网上办理。二是改革传统审批体制，创新审批证照办理方式。例如滨海区首创“一门办理、一章审批，一窗受理、一次办好”的“四个一”审批模式，实现“最多跑一次”，群众满意度达到99.8%以上。针对证照管理，高新区全面推进审批分类改革，在注册便利化、登记电子化、退出简易化、“多证合一”“一照一码”等方面不断取得创新性进展。2015年6月，潍坊市颁发了全省首张“一照一码”营业执照。2016年1月实施山东省全流程电子化登记及电子营业执照试点，成为全国31家“证照分离”改革重点关注单位之一。三是进行政府机构自身机制改革。2017年5月以来，潍坊滨海区按照“企业化管理、市场化运作、专业化服务”和“法定机构＋市场主体”的思路，推动政府部门整合、全员岗位竞聘、KPI绩效考核、分配激励四大领域改革，构建了“大审批”“大执法”，培育出符合新体制机制的干部队伍、人才队伍，形成了具有自身特点的潍坊滨海体制机制改革模式。

二、推动科技创新

科技创新是推动传统动能改造升级、化蛹成蝶的不竭动力。2017年，潍

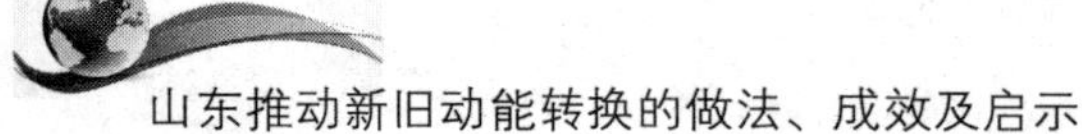

坊市科技进步对经济增长的贡献率达到58%，高于全国0.5个百分点，这得益于潍坊市在科技创新方面做出的努力。

（一）顶层设计，凸显政策引导

为进一步提升潍坊市优势传统产业竞争力，潍坊市制定出台了《实施工业提升计划加快产业转型升级的意见》《潍坊市人民政府关于加快科技创新推动经济转型升级的意见》等较为完善的产业转型升级规划和工作推进安排，颁布了支持创新创业财税政策30条、潍坊市科技奖励办法、小微企业创新券管理使用办法等一系列针对性政策措施，为传统产业转型升级、提质增效提出了明确要求和政策安排。

（二）集聚人才优势，加强科研合作

人才是发展的第一资源，加强科技创新必须在人才上做好文章。一是加大科技人才储备，不断引进更多高校、科研院所、高端人才。目前集聚国家"千人计划"专家32人、省"泰山学者""泰山产业领军人才"52人、市"双创人才"48人，海外高层次人才400多人。二是搭建科技创新平台。按照省重大办统一部署，梳理重点项目、企业、平台技术创新需求，支持龙头企业单独或联合高校院所组建研发平台。创建工程塑料国家工程研究中心潍坊基地，建成了5个国家级、7个省级孵化器，拥有9个公共技术平台、11个院士工作站。三是加强政产学研用多方合作。目前，高新区已与138个大院大所建立合作关系，形成了7个产业技术创新战略联盟。

（三）加强知识产权保护，推动成果转化

科技创新的成果最终要走出实验室，成果转化是关键一步。潍坊市在推动重大科技成果转化方面，一是强化了知识产权创造、保护和运用，建立与完善市级技术交易平台功能，探索推行重大科技成果限时转化机制；二是畅通成果转化渠道，制定了《潍坊市进一步促进科技成果转移转化的实施意见（征求意见稿）》，建立了市技术交易中心、中科院山东综合技术转化中心潍坊中心等科技服务机构，组建了省级以上产业技术创新战略联盟20家，设立了市科技创新基金，对企业科技成果转化进行定向扶持。潍柴动力获科技部氢燃料电池重大项目定向支持资金2亿元。2017年，全市新增发明专利授权1250件，转化重大科技成果80项。

三、打造创新型平台

创新型平台建设是传统产业实现改造提升的重要途径，潍坊市以此为着力点，从资金支持、中心平台建设以及发挥企业主体作用方面为平台创新提供了全方位支撑。

资金支持方面，潍坊市围绕构建与“十大产业”发展相匹配的创新服务体系，设立了科技创新平台培育专项资金，支持市级以上创新平台研发项目，目前已立项 33 项、扶持资金 800 万元。

中心平台建设方面，潍坊市积极争创省级以上产业创新平台，推荐了 10 家企业申报省级工程技术研究中心、49 家企业申报省级企业技术中心。针对全市重点项目、企业、平台技术创新需求，潍坊梳理上报山东省生物制造产业创新中心、工程塑料国家工程研究中心潍坊基地。拟与中国科学院、中国工程院等 12 所科研机构、高校院所对接事宜 27 项，分头调度推进。另外，潍坊积极搭建对外开放平台，充分利用国内国外两个市场、两种资源，为潍坊新旧动能转换提供广阔的新空间。

在发挥企业主体作用方面，潍坊市依托龙头企业，支持通过自建、联合建、在海外建等多种形式，搭建各类创新平台。目前，北京大学现代农业研究院已开工在建，北航歌尔机器人与智能制造研究院加快推进。截至目前，潍坊共建成国家级研发平台 20 家，省级研发平台 166 家，高校院所分支机构 146 家。

四、积极运用新模式

互联网时代，以互联网为技术支撑的新模式打破原有产业链、供应链要素整合方式，以互联网为媒介，焕发出新模式带来要素重组的新活力。在传统产业发展动力普遍不足的情况下，积极运用新模式，成为潍坊市改造提升传统产业的有效路径。

（一）创新发展农商互联“潍坊模式”

2017 年 5 月，潍坊市出台《潍坊市深入推进农商互联工作实施方案（2017～2019 年）》，致力于打造在全国可复制可推广的“政府主导，企业主体,行业推动,全民参与,创新发展”的农商互联“潍坊模式”。一方面,依托优良的农产品品质,大力发展农产品电子商务、推动农产品上网。在淘宝等平台开设了潍坊特色馆,培育了麦壳网等30多个本地电商平台,在6个县市设立了县级电商服务中心,在600多个行政村设立了服务站,构建起完备的农村电商发展促进体系。与中国电商委合作建设了智炎电商孵化中心、雁阵电商实训基地,推动农业经营主体借助电商加速转型,改变了农产品流通的传统模式,带来农产品流通方式的一次新飞跃;另一方面,精准对接市场。依托出口农产品质量安全示范市优势,大力实施“一个标准、两个市场”“同线同标同质”工程,建立了“三同”企业与商超对接机制,30多家蔬菜、禽肉出口企业在市区商超设立了销售专区,形成了内外贸联动发展的格局。此外,潍坊市还相继启动了创建国家农业开放发展综合试验区、自贸协定出口示范区、山东省(潍坊)跨境电子商务综合试验区等建设,不断推动全市农商互联向纵深发展。

(二)积极探索平台经济模式

平台经济是伴随互联网技术的大规模推广应用而来的一种新经济模式。潍坊市支持企业积极拥抱互联网技术和运用互联网思维,进行大胆的模式创新。潍坊市全影网络有限公司是近年来平台经济模式的突出代表。全影网借助互联网技术,对全国现有的婚纱影楼资源进行重新整合,实现了线上线下供需精准对接,完成了婚嫁产业电子商务化变革,成为覆盖互联网+婚嫁的全产业链电商平台,开创了“互联网+婚纱摄影”模式。在此基础上,成立了全国首个婚嫁产业研究院,将互联网与婚嫁产业的供应链向两端拉长,形成更加有竞争力的平台型企业。2017年完成了新三板挂牌,成为全国摄影行业、婚嫁产业平台第一股。

第二节　潍坊市依靠创新改造提升传统产业的成效

潍坊市依靠创新改造提升传统产业取得了明显的成效,为传统产业改造提升创造了新空间、提供了新动力、搭建了新平台和开辟了新途径。

一、为传统产业改造提升创造了新空间

潍坊市通过创新土地利用模式、加强放管服改革等一系列举措，不仅为潍坊自身企业发展营造了良好氛围，提升了商事制度，也带来营商环境的不断优化。体制机制方面的创新，也敦促潍坊加快政府职能转变、构建服务型政府的步伐向前迈进了一大步，从而为传统产业的改造升级盘活了资源，改善了环境，营造了氛围，创造了新空间。

截至目前，仅诸城市就有400多家企业转型升级实现“零增地”，节约用地2600亩，降低用地成本3亿多元。2016年被授予“全国节约集约用地模范县(市)”称号，2017年获评全国首批国土资源节约集约“四个创新”示范点。用土地换效能，通过土地的合理利用，探索解决传统产业改造提升过程中建设用地供需不平衡的问题，为改造升级腾出了空间，降低了成本，提高了效能。

二、为传统产业改造提升提供了新动力

科学技术是第一生产力。科技创新为传统产业改造提升插上腾飞的翅膀，企业获得了新机会，增强了竞争力。潍坊在科技创新上的探索，也孕育出了一批科技创新型企业。利斯集团“两百种重要危害因子单克隆抗体制备及食品安全快速检测技术及应用”进入国家科技进步二等奖公示。盛瑞传动公司坚持“以老养新，以新促老，共同提高”的改造升级模式，开发了前置前驱8AT、四驱8AT、带启停功能8AT、混合动力8AT等系列产品，率先实现了国内高端自动变速器的产业突破，获得行业第一个中国专利金奖和国家科技进步一等奖。歌尔集团加快推进新旧动能转换，致力于打造以“数字化工厂”和“C2M个性化制造”为核心的智能制造新模式，积极布局以人工智能为核心的虚拟/增强现实、智能穿戴等新兴产业，申请专利累计超过12000项，授权专利5600项(包括授权发明专利972项)。潍坊力创电子科技有限公司为保证产品持续的技术研发优势和行业领先优势，成功研发了目前国际上最大流量的高速响应电磁喷射阀，流量较国外喷射阀大10倍左右，已累计申请知识产权74项，其中发明专利18项，国际专利1项，软件著作权20项。

三、为传统产业改造提升搭建了新平台

传统产业改造提升需要建设大量的创新型平台为之提供强有力的支撑。目前，潍坊市为传统产业改造提升打造了大量平台。如潍坊东亚畜牧交易所的正式运营，打造了畜牧产业投融资服务中心、畜牧产品保税物流中心、畜牧产业国际交流合作中心“三大服务中心”，成为带动全国，辐射东北亚的国际畜牧产品交易综合平台，为传统畜牧业的发展搭建了走向世界的新平台。

潍坊国际风筝会已经举办三十五届，架起了潍坊与世界沟通合作的桥梁，成为潍坊对外开放的重要窗口。中日韩产业博览会已成为中日韩乃至东亚合作交流平台，为中日韩自贸区建设打下了基础。鲁台会成为两岸各界人士对话、经贸交流的平台，更成为潍坊市乃至山东省开展对外开放合作的重要平台。

潍坊综合保税区北区顺利通过国家验收组验收，成为全国首个转型升级之后获批“一区两片”的综合保税区，让潍坊对外开放有了新平台，对于推动保税区与潍坊港联动发展，搭建全市走向海洋、融入世界大通道，加速推动潍坊乃至全省新旧动能转换都具有重要意义。

四、为传统产业改造提升开辟了新途径

新模式不仅创造新动力，也为传统产业改造提升开辟了崭新的途径。借助“互联网＋农业”新模式，潍坊从 2014 年开始举办中国农产品电子商务大会，2016 年升级为世界食品农产品电子商务大会，初步树立起“中国农产品电商之都”的品牌形象。目前，已发展国家级、省级“一村一品”特色示范村镇 17 个，“三品”品牌 768 个，农产品地理标志产品 28 个。注册农产品商标 6750 个，其中中国驰名商标 19 个，山东省著名商标 86 个。

加强模式创新，使得新经济发展迟缓的潍坊市诞生了以平台模式著称的全影网。伴随着互联网、大数据、云计算技术的推广应用，更多类似全影网的企业通过细分市场需求的深入挖掘而涌现出来，形成以互联网为支撑的新经济板块。

第三节 潍坊市依靠创新改造提升传统产业的启示

从目前看,新旧动能转换还在路上,潍坊市传统产业改造提升的成效是初步的,但是在诸多领域中的探索与创新,给我们带来了重要启示。

一、"双轮驱动"新旧动能转换是现实需要和必然选择

新动能和传统动能犹如鸟之双翼、车之双轮,成为推动中国经济实现持续健康平稳发展的"双引擎"。实践告诉我们,两条腿走路,才能行稳致远。新旧动能转换中,要正确认识新动能与旧动能的关系。新与旧,本就是相对而言,二者是动态转化的。新动能中的"四新"经济,也不是凭空而成,其中有很多"新",不过是"旧"的转型升级带来的华丽变身。例如电子商务作为新经济新模式,其前身是大家司空见惯的一个个店铺,当商品零售运用互联网技术将店铺搬到网上,运用互联网思维、技术、平台,跨越时空限制,将供需精准实时对接,大大提高了经营效率、降低了成本、节约了资源、增加了效益、提升了竞争力的时候,我们此时说传统零售业转变为新经济新动能。

潍坊市在大力推动传统产能改造提升中,从来没有忘记培育壮大新动能。而且潍坊市一些新动能就是在传统产业基础上发展起来的,像豪迈机械科技股份公司的"汽车高端轮胎模具智能化产业模式"是传统装备制造高端化、智能化的样本。全影网从无到有再到优的变身,也不过是婚纱影楼传统服务业与互联网平台思维融合发展形成的模式创新。传统产业正是加入了新的技术、新的模式,其产品质量、效益、竞争力和影响力则不可同日而语,通过新动能带动,传统产业开拓了新发展空间,焕发出新生机活力。同时,也催生出了一大批高技术产业和新兴产业,新旧动能转换就在这种实事求是、尊重规律、踏实稳健的双赢中,有条不紊地推进,不断取得更大成效。

在推动新旧动能转换中潍坊市还应继续坚持两条腿走路,一方面立足传统优势,高质量实施创新驱动,将科技创新摆在核心位置,运用好科技创新的决定性力量。同时沉下心来,深度挖掘传统动能中蕴藏的空间与价值,为传

统动能插上“互联网＋”和“四新”的翅膀，加大机制创新、模式创新、应用创新等，嫁接新技术、新模式，创生新产业、新业态，实现传统动能向新动能的蝶变；另一方面，要加大探索、研究新经济的力度，构建完善科学合理的统计指标体系，准确把握新经济在国民经济中的规模增长、发展速度等基本情况，在积极培育中促进其发展壮大。要用包容、审慎监管的态度，加大对新经济力量的政策扶持。大力推动网络经济、数字经济、大数据产业、人工智能等，将“无中生有”和“有中生新”结合起来，以“四新”促“四化”。要用开放的视野和胸怀，拥抱新时代新变化，迎接新挑战新要求。

二、创新驱动是改造提升传统产业、实现新动能蝶变的根本动力

回顾潍坊市传统产业转型升级取得的成效，创新驱动功不可没。实践证明，创新驱动是改造提升传统产业实现向新动能转换的根本动力。通过体制机制创新，为传统产业改造提升、运用新技术创造优质制度供给；通过科技创新的引领，为传统产业提质增效提供强大科技动力；充分运用新一代互联网信息技术进行平台和模式创新，为传统产业发展提供崭新发展思路。没有创新驱动的强大力量，传统产业中蕴含的新动能潜力将无法得到有效激发，更无法实现新旧动能的顺利转换。

但是，与新旧动能转换所需的密集的创新与变革需求相比，潍坊市的创新动力不足、创新实力不强、创新水平不高、创新生态还有待提升等问题还不同程度存在，为此，围绕进一步加大创新驱动和创新引领。首先，全市上下要树立创新意识。思想是行动的先导，不敢创新、求稳求安的文化影响要破除；故步自封、墨守成规、不敢担当的官本位思想要抛弃；在学校教育中要增强创新思想意识的培养、创新能力的锻炼，营造想创新、敢创新、能创新的良好氛围，培育创新基因、增强创新潜力。其次，要提高人才政策的吸引力。人既有俗世愿望，又有理想情怀，尤其是专业人才。因此，人才政策的制定既要贴地气、有人气、科学合理、人性化，如此才能温暖人、留下人，又要敢于真金白银地投入，为其家国情怀、专业梦想、个人发展提供适宜的沃土。“筑好巢”，才能“引来凤”，才能发挥人才第一资源的威力，铸就创新实力。第三，要整合产学研用环节。整合高校和研发机构的研发能力，实现成果快速转化，形成转

化机制。特别要注重提高自主研发能力。企业是创新的主体，要找准薄弱环节，重点是自身发展存在的不适应和困难，有针对地开展创新。关键核心技术最终还需自己完成，要加大基础领域和关键环节的研发投入，建设自身研发队伍，牢牢掌握主动权。最后，创新作为第一动力，作用突出，但是充其量它只手段，不是目的。为了创新而创新是创新的异化，只有以产业为基础，以市场为导向，以需求为指针，遵循创新规律，才能迸发出创新作为经济社会发展根本动力的风采。

三、加快新旧动能转换，激发新动能要有新体制

通过创造更好的体制机制，提供更加优质的制度供给，大幅度提高全市商事制度和营商环境质量，将潍坊打造成吸引资源要素的洼地，是促进传统产业改造提升、有力推动全市新旧动能转换的重要方面。潍坊市在传统动能激发、新动能培育方面的初步成效，恰恰说明构建新体制是新旧动能转换顺利推进的要件。

但是，总体来看，与南方一些先进地区相比，潍坊市体制机制创新的力度和幅度还有很大提升空间。中央和省市要求的“放管服”改革远未完成，营商环境在全国乃至全球缺乏竞争力以及产业创新发展中的融资、成果转化等政策和相关体制机制尚未理顺，由此，仍需在体制机制方面加大改革创新力度，着重构建完善新旧动能转换的“制度供给”。首先，各地要分析研究与新旧动能转换相适应的新体制是什么样的，有哪些基础性的关键领域改革是紧要的？其次，继续深化政府“放管服”改革，加强政府职能转变。实践证明“放管服”改革是激发市场活力、增强内生动力、释放内需潜力的重要举措。将“放管服”改革的各项举措落在实处，需正确处理政府和市场的关系，要“放得开”“管得住”“服务好”，政府应进一步简政放权，转变思想观念，坚定市场思维，进一步尊重市场规律，既不越俎代庖，也不缺位无为。再次，构建一流营商环境标准体系，营造一流营商环境。将潍坊市打造成一个有吸引力汇聚资源要素的洼地。第四，要深化商事制度改革，建立清亲型新型政商关系，推进投资项目审批改革，大力破除市场准入壁垒。进一步推进减税降费行动，尽快实现“互联网＋政务服务”大数据资源库共享共用，创新工作方法和机制，大胆

探索建立容错纠错机制，建立一套适合新旧动能转换和高质量发展的新制度供给。

四、借助“互联网＋”深化融合发展，激发融合活力

推动新旧动能转换需要充分发挥“互联网＋”的特有作用，为融合发展注入活力。

（一）“互联网＋”为旧动能向新动能的转换开辟了广阔空间

潍坊的实践充分体现了“互联网＋”已经成为互联网时代产业创新与变革的基本特征和重要路径。“互联网＋”中的“＋”，可以简单理解为融合，“互联网＋”就是互联网等新一代信息技术与传统产业行业深度融合。通过两个事物融合的化学反应，产生出新模式、新业态、新产业、新技术等产业发展新形式、新样貌，形成产业的升级换代与创新变革，由此形成产业发展新动能。如“互联网＋农业”，通过对互联网、大数据、物联网等新一代信息技术的应用，重组供应链要素，打造农产品流通新模式，强化包括分销、质检、包装、冷链、物流等在内的农产品服务体系的完善和品牌打造，形成农业农村发展的新产业体系。“互联网＋制造业”，实现智能制造、线上研发、机器换人等变革，推动制造产业走向高端化、智能化、数字化、服务化，满足供给侧结构性改革要求。“互联网＋服务业”，实现与国计民生密切相连的教育、医疗、养老、健康、旅游、金融等领域实现互联网化、智慧化，带来全方位的服务业提升改造，催生出高端优质服务产品，改善服务体验，在满足百姓美好生活需要的同时，企业获得长足发展。因此，互联网时代的“互联网＋”为旧动能向新动能的转换开辟了广阔空间，引领经济社会更高质量发展。

（二）以“互联网＋”助推高质量发展

伴随着新旧动能转换持续推进，潍坊市应坚持正确思路，继续以“互联网＋”为路径和平台，加快产业转型升级，提高融合发展水平。一是以“创新＋改革”推动融合发展。融合发展涉及诸多主体、环节、部门、领域，而产业融合推进，必然需要打破甚至颠覆一些传统观念、思路、方式方法等，冲破原有规制政策，因此，伴随融合发展，必然需要进行多项配套改革。离开了改革，创新成效也会大打折扣。因此，下一步必须树立全方位创新意识，加大改革力

度，以配套协调的融合发展举措来推动新产业、新业态、新模式、新技术的涌现。二是要积极探索“互联网＋”产业的融合发展模式。要积极发展平台经济。平台经济的实质与核心是运用开放、共享、共赢的思维，整合现有资源，打造一个多方互利共赢的生态圈，为价值和财富创造者提供创造财富的机会。以平台为载体，为产业链各方提供资源耦合、实现供需精准对接和要素高效配置，带来成本的节约、效率的提高、效益的增加，从而让传统产业获得新动力，焕发出新生机。潍坊市全影网的发展不仅带来婚嫁市场供应链的重组与衍生，展现了平台经济的力量，而且也为全市大力发展平台型经济树立了标杆、提供了经验。下一步潍坊市要结合产业发展、百姓生活需求，一方面树立互联网思维，高度重视发挥互联网等新一代信息技术在产业变革、创新中的作用，积极探索更加适合互联网技术的产业发展模式；另一方面，要制定相关配套政策，加强新规制建设，为平台型企业等新生事物的形成与发展提供顺畅的良好环境。同时，还要通过加强通用技术和共性技术的开发研究，为新兴产业的培育与壮大提供技术支撑。

第六章

东营市培育石化产业新动能的做法、成效与启示

东营市是胜利油田的发祥地和主产区，自上世纪70年代开始发展石化产业。目前石化产业是东营市第一大主导产业，2017年规模以上石化产业实现主营业务收入4888.3亿元、利税313.8亿元、利润181.4亿元，分别约占山东省的三分之一，是全国石化产业最集中、规模最大的地级市。近年来，东营市紧紧抓住供给侧结构性改革历史机遇，加快推进石化产业优化升级改造，特别是山东省全面展开新旧动能转换重大工程动员大会后，东营市立足优势，快速行动，加快编制石化产业"三规划一方案"，强力推动石化产业向高质量发展，石化产业新动能转换迈出新步伐。

第一节　东营市培育石化产业新动能的主要做法

东营市培育石化产业新动能主要采取以下做法：

一、高起点规划，优化石化产业新旧动能转换空间

聘请日本三菱化学技术咨询株式会社等三家咨询机构组成联合体，编制了全市化工产业、临港石化产业基地、重点化工企业的五年发展规划和新动

能三年行动方案等“三规划一方案”，推动石化产业从燃料型向化工型转变，引导石化产业创新、集约、生态发展。出台《关于调整化工产业布局的意见》，石化产业采取“1＋N”模式布局。“1”即打造1个临港高端石化产业基地，包括东营港经济开发区、河口蓝色经济产业园、利津滨海新区3个园区，推动石化产业向基地集中，打造东营市北部沿海石化产业隆起带，融入山东省鲁北环渤海湾高端石化产业基地。“N”即对在临港高端石化产业基地以外、符合条件的35个园区进行重点打造，促进园区内石化产业进行资源整合、提质增效。主营业务收入过百亿的石化企业参见图1。

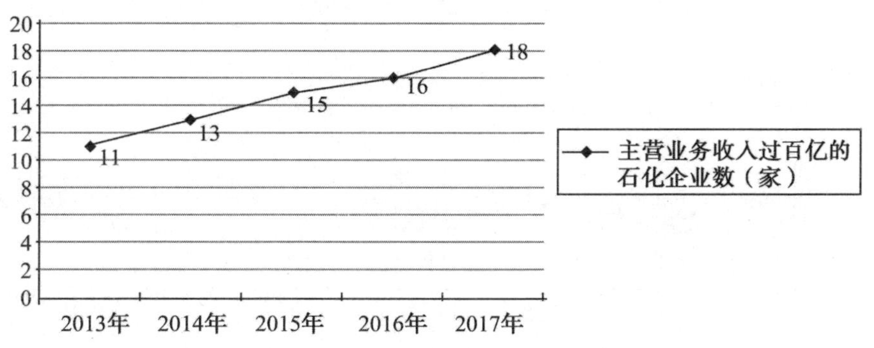

图1　主营业务收入过百亿的石化企业数

二、增强内生动力，提升综合实力

一是培育骨干企业。企业是产业发展的根本，东营市紧紧抓住这一根本，通过政策扶持，引导企业做大做强，培育发展了129家规模以上石化企业，其中18家石化企业主营业务收入超过百亿元。这些石化企业以民营企业为主，经营机制相对灵活，发展活力强劲。目前，7家企业入围中国石化民企百强，25家企业入围中国石油和化工企业500强，29家企业入围山东省石油和化学工业百强。二是建强企业家队伍。大力实施企业家培养“5121”工程，全力提升企业家素质，培育造就了一支事业心强、敢想敢干、具有战略眼光的企业家队伍。每年遴选一批优秀企业家瞄准世界500强和国内外行业领军企业，开展高端对标学习和精准化专业培训。2017年实施了企业家培养“3＋3”行动计划，先后组织60家企业赴沪赣粤化工产业园、沪浙化工智慧园区进行了对标学习，组织了3期海外对标培训。三是整合优势资源。东营市积极研究整合石化产业发展思路措施，以建设具有规模效益的大型高端石化项目为切入点，整合企业优势资源，推动企业抱团发展，提升产业核心竞争力。规模以上地炼企业历年综合开工率参见图2。联合石化、垦利石化等8家企业联合组建东营威联化学公司推进200万吨/年对二甲苯项目，天弘化学、齐成石化等7家公司联合组建山东明宇化学公司推进120万吨/年乙烯项目，石大科技、富海集团、齐鲁交通共同出资建设石大科技产业园高端石化新材料项目，中国能源集团已与广饶县签署《广饶石化产业整合升级项目合作框架协议》，强力推动广饶县地炼企业整合。

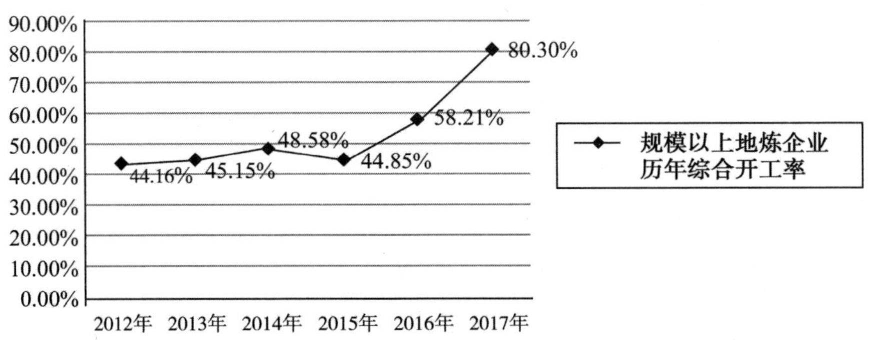

图2　规模以上地炼企业历年综合开工率

三、保障原料供给，打造成本优势

一是争取进口原油指标。长期以来，东营市多数企业依靠高价低质的进口燃料油生存，原材料一度成为东营市石化产业向全链条发展的最大制约因素。国家发改委放开地炼企业进口原油使用权后，东营市积极帮助企业争取进口原油使用指标，解决困扰企业发展的原料供给问题，已审批或已正式申请的16家企业原油进口权、进口原油加工权总资质达3831.8万吨，是全国争取数量最多的地级市。二是优化原油一次加工能力。东营市积极响应上级政策，通过一系列措施，优化原油一次加工能力，压减、淘汰落后炼化装置1000余万吨，地炼企业综合开工率明显提升，2017年地炼企业综合开工率达到80.3%。目前，原油一次加工能力优化到6900万吨，且全部为高效、环保炼化装置,约占山东省地炼企业的二分之一、全国地炼企业的十分之一。东营港油品及液体化工品泊位数参见图 3。

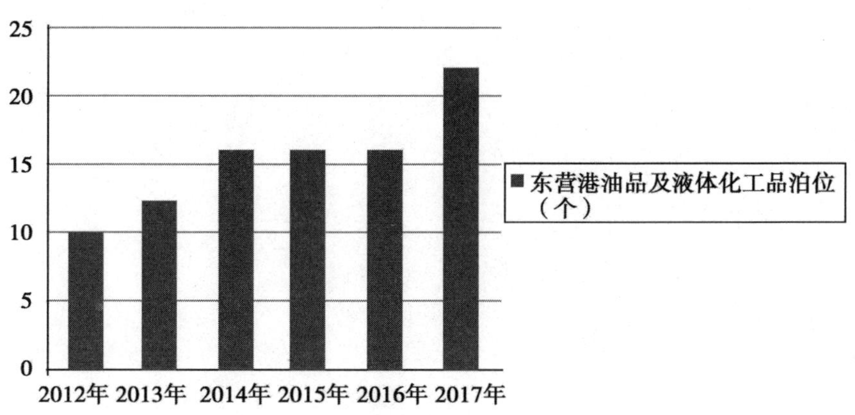

图 3　东营港油品及液体化工品泊位数

四、配套基础设施,提升支撑能力

一是强力推动港口建设。东营港是渤海湾天津至龙口海岸线上建设深水码头的最佳位置,从建港之初,东营港就明确了油品及液体化工品港口建设方向,与周边青岛港、黄骅港、烟台港等实行错位发展。东营港建成泊位 55 个,其中手续齐全的液体化工码头 22 个,最大靠泊能力 5 万吨,成为环渤海地区最大的油品及液体化工品特色港口。正在推进的 10 万吨级航道工程、25 万吨单点系泊工程建设,将进一步提升港口吞吐能力和竞争力,“十三五”期间东营港将建成亿吨大港,对区域石化产业发展支撑能力进一步增强。二是科学布局输油管道。规划了“三横、二纵、十支线”油品输配管道布局,工程建成后东营市所有炼化企业将与东营港、青岛港、烟台港实现互联互通,原油管道输送将达到 100%、成品油输送将达到 50%,东营市将会成为鲁北地区重要的原油、成品油物流中心,为石化产业安全生产提供了有力保障。目前,横穿东营市的烟淄输油管道已投入运行、复线工程正在论证,董家口港—潍坊—鲁中、鲁北输油管道(广饶段)已开工建设,东营港到各县区重点炼化企业的原油和成品油管道正在加快推进。三是配套完善东营港开发区基础设施。借助东营港综合保税区建成运营东风,东营市集全市之力,全力服务和支持东营港开发区基础设施建设，不断提升铁路、高速、电厂、原油储备等支撑能力。目前，东营港开发区液体化工品一次性仓储能力突破650万方，42公里公共管廊带实现了港口、仓储物流区、化工产业区之间全封闭联通，正全力加快推进LNG项目。智慧园区管理平台建成运营，打造了集智慧办公、智慧安全、智慧环保、智慧应急、智慧能源、智慧安防、公用工程等多功能于一体的智慧园区体系。东营港开发区连续进入“中国化工园区20强”，成为环渤海地区发展石化产业原料最有保障、运输成本最低的地区。

五、持续深化改革，培育良好发展环境

一是深化“放管服”改革。对标江浙地区，拿出勇于刀刃向内、自我革命的精神，围绕“审批事项少，办事效率高，服务质量优”的目标，深入推进“放管服”改革。大力推行“五证合一，一照一码”和“先证后照”改“先照后证”制度，全面取消了非行政许可审批类别。二是持续推动服务提速提效。在支持服务企业发展过程中，东营市各级各部门充分发扬“店小二”精神，及时了解企业诉求，主动帮助企业解决困难和问题，该跑上去争取支持的积极跑上去，为企业提供周到、及时、高效的服务。连续成功举办了九届油品贸易洽谈会，为企业发展搭建合作平台。三是强化政策引导。积极制定、出台管用政策措施，支持“四新”“四化”经济发展。先后印发了《支持工业经济发展的十条意见》《关于加快工业转型升级发展的意见》《关于东营市市级产业发展基金设立方案》等文件，进一步优化了经济发展环境，营造了新旧动能转换良好氛围，特别是设立了200亿元石化产业新旧动能转换基金，重点支持事关石化产业长远发展的重大基础设施建设、事关全局的重大石化产业项目建设和石化企业之间产品配套、相互参股、合资合作、兼并重组，为石化产业新旧动能转换注入了新活力。四是完善发展机制。为帮助石化企业平稳渡过转档期，建立了领导干部联系石化企业、机关干部驻企联络长效机制，畅通了政府与企业的交流沟通机制，收到了“企业有所需，干部有所为”的良好效果。目前，14名市级领导联系帮扶14家重点石化企业，10名市直机关县级干部进驻10家石化企业，及时了解企业困难、宣讲党委政府政策，引导企业全力提层次、上水平。发布了全国首个《车用汽油》《车用柴油》《节能清洁车用汽油》等

3个团体标准，2017年成功创建全国首个车用汽柴油产品质量提升示范区。

第二节 东营市培育石化产业新动能取得的成效

东营市培育石化产业新动能取得的成效显著，突出表现为以下几个方面：

一、“四新”发展新活力明显提升

一是“四新”项目发展迅速。通过实施“四新”项目，促进了石化产业老树发新枝，建成了包含92个项目、总投资1664亿元的石化产业新旧动能转换项目库。2017年实施了9个总投资203亿元的市级石化产业重点建设项目，2018年计划实施14个总投资578亿元的市级石化产业重点建设项目，这些项目全部为新动能项目，项目建成投产后，东营市石化产业将实现质的飞跃。特别是正在全力推进的总投资414亿元的芳烃、乙烯、己内酰胺三大高端项目，将进一步弥补东营市石化产业发展短板、健全产业链条，为东营市实现石化产业全链条发展打下坚实基础。二是新技术广泛应用。新建生产装置、工艺技术均达到国内外先进水平，原有装置通过升级改造达到了国内领先水平，成为石化产业国家火炬计划特色产业基地。建成了国内单套规模最大的25万吨/年丁辛醇装置、35万吨/年苯酚丙酮装置，12万吨/年双酚A项目列入“产业振兴和技术改造中央预算内投资项目”并获中央预算内投资，聚碳酸酯项目是该项目技术方在中国大陆的首次转让。海科化工集团投资20亿元引进了美国KBR、丹麦托普索等世界知名公司的30余套国际先进工艺和技术装置，对公司生产工艺进行了全面升级，成为国内首家生产京六标准汽油的民营炼厂，同时实现了炼油板块污水零排放的目标，位居全国专用化学品制造业百强第1位。三是新模式不断涌现。通过实施强链、补链工程，石化企业资源得到优化配置，形成了产业链上下游一体化，实现了生产装置互联、上下游产品互供、管道互通，构建起了生产效率高、产业结构优、资源消耗低、环境污染少的生产经营模式。企业与GE公司、KBR公司、Badger公司、

UOP公司、戴维公司等国际知名企业合作，打造了“炼油—丙烯—丁辛醇—多元醇系列”“炼油—丙烯—苯酚丙酮—双酚A—聚碳酸酯”“炼油—碳四—MTBE—异丁烯衍生物”等产业链条，建成了国内领先的“炼化精细新材料一体化”生产模式；借用世界级“外脑”谋划企业发展战略，聘请波士顿、光辉合益、杜邦、德勤、艾美仕、和君等世界顶级咨询公司加强企业顶层设计。

二、“四化”新优势日趋明显

一是在产业智慧化方面，石化企业充分利用互联网技术，不断催生新经济。DCS、ERP、SIS等系统在石化企业广泛应用，工业云平台、工业大数据平台、三维数字化平台、物联网接入平台等信息化手段对原油调和、石油加工、仓储物流、销售服务供应链等进行全过程协同优化。利华益集团，在装置运行上运用DCS控制系统、SIS自动连锁保护系统、可燃气体和有毒气体检测系统和工业电视监控系统，在原料购进上采用储运智能平台系统，在经营管理上运用了BPM办公平台、GPS定位考勤管理、微信平台、销售电商平台系统，实现了网络经济与实体经济的数据化、智能化结合。二是在产业高端化方面，通过实施石化产业高端化发展战略，形成了成品油、化工原料、合成材料、化工新材料、塑料和橡胶制品加工五大板块，产品达260余种。石化工业上、中、下游发展现状参见图4。至2017年底，石化产业马德里国际注册商标55件，其中2017年注册申请39件、新注册36件，分别同比增长25.81%、157.14%。三是在跨界融合化方面，在做强油头、做大化尾的同时，不断推动石化产业向现代服务业延伸。成立了山东省首家石油化工大宗商品交易市场——华东石油交易中心，建成了黄河三角洲石油化工交易中心等新兴业态商务平台，与美国雪佛龙公司、俄罗斯国家石油公司、英国BP、荷兰壳牌等全球原油贸易商建立了战略合作关系。华星、正和集团依托中国化工集团采购平台，原料油、大宗三剂采购各个环节全部实现EPC系统运行，通过汽运、铁运、管输相结合的原料运输体系，完成集中采购，利用电商系统，实现了成品油、化工产品网上销售。胜星化工与卓创资讯、金银岛等大宗产品O2O电子商务平台达成合作，采取线上联系、线下交易合作模式开展电商业务。四是在智能工厂建设方面，制定印发了《东营市石化行业智能工厂试点示范实施方案》,确定了山东垦利石化集团有限公司、山东胜星化工有限公司、山东海科化工集团有限公司等3家企业为东营市石化行业智能工厂试点企业。其中,海科集团投资5亿元启动了"智能工厂"建设,打造了"数据驱动,无人驾驶"运营模式,极大提升了企业运转效率,被省评为2017年山东特色产业镇动能转换20强优秀企业。

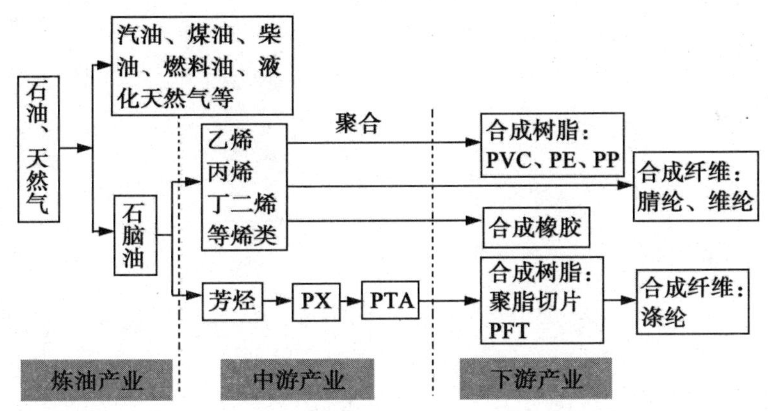

图4 石化工业上中下游发展现状

三、创新发展新动力持续增强

一是企业自主创新能力得到增强。通过构建以政府为引导、以企业为主体、高校院所共同参与的协同创新体系,石化企业不断加大研发投入,在制约产业发展的重大关键技术上实现了突破。目前,90%以上规模以上石化企业开展了各类研发活动,研发人员占比达到10%,新产品销售收入占主营业务收入的比重达到26%。石化企业与包括中国科学院、中国石油大学、青岛科技大学等国内外著名科研院所、高等院校建立了长期合作关系,建成国家级企业技术中心1家、省级25家、市级31家。石化产业的研发能力和水平走在了国内同行业前列。二是公共服务平台作用得到发挥。率先在石化产业搭建了"1+5"平台,即产业协会、创新平台、检测平台、展销平台、物流平台、专利平台。成功引进中石化洛阳工程公司东营分公司,搭建了涵盖研发设计、安全环保等服务功能的公共技术服务平台。东营港国家级石油炼制产品

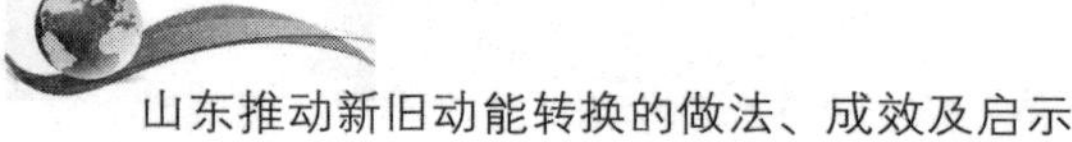

监督检验中心通过国家质监总局验收，建设了山东省危险化学品储运容器检验研究中心，成功举办九届油品贸易洽谈会。引进石油和化学工业联合会在东营市设立的化工设备备品、备件分拨中心，建成大型电商交易平台。依托黄河三角洲石油化工交易中心，建设的化工品展示交易平台正在稳步实施。三是“四评级一评价”效果明显。2015 年，东营市在山东省率先实施了化工生产企业评级评价，淘汰落后产能 2193 万吨。2017 年又提升标准要求，对 173 家石化企业开展了以安全、环保、节能、质量为内容的“四评级一评价”工作，39 家“差”评企业停产整顿，淘汰落后产能 1230 万吨，通过评级评价，倒逼石化产业转型升级、创新发展。

第三节　东营市培育石化产业新动能的启示

东营市培育石化产业新动能取得了成功的经验，并可得到以下启示：

一、高端石化是石化产业的发展方向

炼油、烯烃、芳烃、新材料等是支撑石化行业发展的重要领域。目前，低端石化产品已出现产能过剩趋势，特别是炼油领域产能过剩形势较严峻，据估算，到 2020 年前后，我国炼油能力约 9 亿吨左右，将有 2 亿吨左右的过剩产能，到那时东营市地炼企业成本优势不复存在，利润将会大幅下降。同时，石化行业的需求层次、需求内容、产业映射和核心价值等各方面都在发生变化，产品需求已从生存型阶段进入生活型阶段，下一步将进入到生态型阶段，国际国内大型石化企业都在加倍努力，促使自己尽快进入生态型阶段，抢占发展制高点。因此，从长远发展看，推进石化产业一体化发展，实现产品高端化是大势所趋。

二、智能化是推动石化产业高质量发展的有效途径

通过石化企业智能工厂建设试点取得的成效，进一步表明传统石化企业完全可以通过与先进信息化技术的深度融合，实现从传统制造向数字化、网

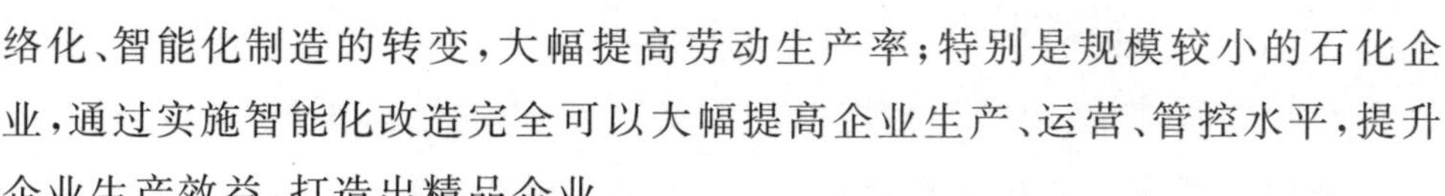

络化、智能化制造的转变，大幅提高劳动生产率；特别是规模较小的石化企业，通过实施智能化改造完全可以大幅提高企业生产、运营、管控水平，提升企业生产效益，打造出精品企业。

三、集约集群化是提升企业竞争能力的重要手段

石化行业是典型的集中性、规模性行业。通过产业集群，石化企业个体之间可以共享基础设施，可以实现产品就地消化，从而能够有效降低投资成本、物流成本和安全运输成本。同时，集群内部企业之间还有利于建立稳定的契约关系，从而有效降低交易成本。此外，更有利于企业间的相互学习和合作创新，发挥共生经济优势，防止无序竞争，降低竞争力。荷兰鹿特丹、比利时安特卫普、韩国蔚山、新加坡裕廊炼油能力都在3000万吨/年以上，建成了大型产业集群，具有很强的竞争优势。因此，依托园区培育和发展石化产业集群，推动产业集约发展，可以大大提高产业竞争力。

四、绿色化是石化产业发展的基本要求

我国是世界石化产品生产和消费大国，石化产业的快速发展为我国经济社会建设做出了巨大贡献。目前，石化产业仍是投资有效益、产品有市场、企业有利润、员工有收入、政府有税收的质量效益产业。但同时，石化产业的废水废气固废排放及资源消耗与生态环境保护之间的矛盾越发突出。石化产业是东营市第一大主导产业，2017年能源消耗位居各行业首位，因此，综合运用环保、生物、信息等技术和理论，全面推进石化产业原料采购、生产过程和使用的绿色化，把石化产业对环境的影响降低到最低限度，是东营市石化产业发展的不懈追求。

五、一体化是石化产业发展的着力点

炼化一体化是全世界石化产业发展的总趋势，最大优势是能够有效整合资源，实现资源优化配置。从国际情况看，世界石化大国都在向着一体化发展，大型炼厂炼油能力一般都在2000万吨/年以上，单体企业平均规模约为754万吨/年。从国内情况看，大型炼厂炼油能力一般在1000万吨/年左右，

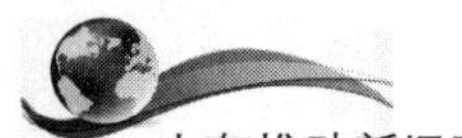

单体企业平均规模约为 610 万吨。由此可见，东营市应当积极对标国际国内一流化工园区，聘请国际一流规划设计机构，加快编制高水平东营高端石化产业基地发展规划。在此基础上，加大专业化生产，鼓励上下游企业组成战略联盟，进行“强强联合”，加快整合资源，变企业单一优势为集团发展优势，实现产业互补、一体化发展。特别是要加快推进东营港经济开发区、东营综合保税区、东营港一体化发展，在产品项目、公用辅助、物流传输、安全环保、管理服务方面实现“五个一体化”。

第三编

山东资源型和老工业城市推动新旧动能转换的实践

第七章

枣庄市推动新旧动能转换的目标、特征及启示

2018年1月10日，国务院批复《山东新旧动能转换综合试验区建设总体方案》，山东成为我国首个以新旧动能转换为主题的区域，其新旧动能转换上升到区域性的国家战略。山东将新旧动能转换作为推动高质量发展的重要抓手，全面力争为全国新旧动能转换打造样本。从产业视角看，新旧动能转换的本质就是实体经济中新旧产业的交替更迭，作为资源枯竭型城市的枣庄，产业转型、新旧动能转换本是应有之义。2008年枣庄正式决定实施城市转型战略，2009年又被国务院列入第二批资源枯竭型城市转型试点名单，事实上也就同时拉开了新时期新旧动能转换的大幕，因此，从主导产业演变的视角来观察枣庄新旧动能转换的轨迹及趋势，可以说线索更为明晰。

第一节　枣庄市推动新旧动能转换的产业基础

枣庄市在推进新旧动能转换中重视依据现有的产业基础，探索资源枯竭型城市转型中培育新动能。

一、枣庄市实施转型战略以来主导产业的演变

主导产业的发展是新旧动能转换的重要载体和支撑。主导产业是指那

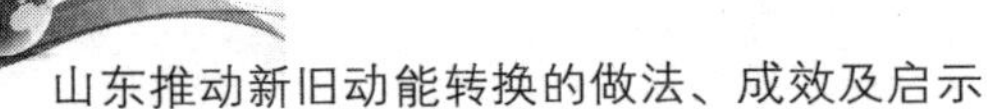

些产值占有一定比重，采用了先进技术，增长率高，产业关联度强，对其他产业和整个区域经济发展有较强带动作用的产业。主导产业演变就是指一个国家或地区的主导产业在发展过程中结构不断优化，产业内容不断丰富的过程，是产业不断自我更新、产业竞争力不断提高的过程，是旧产业的衰退和新兴产业的发育、成长和壮大的过程。

从三次产业比例的变化来看，枣庄市因煤而兴，长期以来依赖资源求发展，逐渐形成了以煤炭、水泥和电力等为主体的重型产业结构，除历史上个别年份外，第二产业一直占据最大的比例（见表1），虽然2011年的占比自2004年以来首次降到60%以下，但目前仍是拉动枣庄经济增长的主要动能，是当之无愧的主导产业。

表1　　近年来枣庄市三次产业的比例关系　　单位：%

年份	第一产业	第二产业	第三产业
2007	8.74	64.06	27.20
2008	8.83	63.09	28.07
2009	8.68	62.24	29.08
2010	8.63	60.09	31.28
2011	8.09	58.93	32.98
2012	7.81	58.21	33.98
2013	7.76	55.64	36.60
2014	7.46	54.33	38.21
2015	7.59	52.69	39.72
2016	7.56	51.24	41.20
2017	7.00	51.60	41.40

资料来源：历年枣庄统计年鉴。

从主导产业中的行业演变来看，按照枣庄市总体规划（2010～2020年）的设计，枣庄产业结构转型的指导思想是传统产业新型化、支柱产业多元化和新兴产业特色化，产业目标定位为构筑以煤化工、能源、建材和现代农业为基础，高新技术产业和先进制造业为龙头，旅游业、物流业等现代服务业为支撑的产业结构，打造煤化工、能源和建材三大基地。然而，通过梳理近年来拉动规模以上工业增长的骨干或重点行业来分析（见表2），传统资源型产业比重依然较大，产业结构偏重、质效偏低的问题仍然存在，传统产业转型升级亟待突破，新兴产业尚未形成强力支撑，服务业发展不快，结构调整任重而道远。

表2　　近年枣庄市工业中骨干或重点行业　　单位：%

年份	骨干或重点行业
2008	煤炭、非金属矿物制品、化工、农副食品加工、纺织、通用设备制造、电器机械制造、专用设备制造
2009	煤炭、非金属矿物制品、化工、电力、纺织、通用设备制造、电器机械制造、专用设备制造
2010	非金属矿物制品、化学制品、服装鞋帽制造、食品制造、通用设备制造、电器机械制造、专用设备制造
2011	非金属矿物制品、化学制品、纺织、食品制造、通用设备制造、电器机械制造、专用设备制造
2012	煤化工、非金属矿物制品、纺织、通用设备制造、电器机械制造、专用设备制造
2013	化学原料和化学制品制造业、非金属矿物制品、纺织、通用设备制造、电器机械制造、专用设备制造
2014	专用设备制造业、通用设备制造业、电气机械和器材制造业、非金属矿物制品业、化学原料和化学制品制造业、纺织
2015	化学原料和化学制品制造业、橡胶和塑料制品业、通用设备制造业、农副食品加工业
2016	化学原料和化学制品制造业、农副食品加工业、纺织服装服饰业、电气机械和器材制造业
2017	煤炭开采和洗选业、通用设备制造业、农副食品加工业、纺织

资料来源：枣庄市历年国民经济和社会发展统计公报。

二、枣庄市主导产业的演变与新旧动能转换之间的联系

根据阶梯式发展理论和一些矿业城市转型发展的成功实践案例，原地矿

部部长朱训提出了矿业城市阶梯式发展转型的模式，将矿业城市转型发展的过程划分为五个阶段，即：单一矿业经济型城市、矿业经济主导型城市、多元经济型城市、综合经济型城市、文明和谐生态型城市转型发展阶段。按照枣庄城市转型战略实施以来主导产业的演变情况分析，枣庄正处于矿业经济主导型向多元经济型转型的阶段，但在当下中国经济发展进入新常态、供给侧结构性改革为主线的大背景下，许多传统产业目前都面临着产能过剩和有效供给不足的矛盾，产品多样性、独特性和复杂性不强，而且变化缓慢。传统主导产业演变速度的快慢和质量的好坏直接影响着本地区新旧动能转换的步伐和节奏。

（一）资源型产业对新旧动能转换的基础性支撑作用仍然较大

目前，枣庄的煤炭、水泥、造纸、纺织、化工等传统产业占据半壁江山。2016 年，全市 31 个工业类行业中，21 个为传统行业，主营业务收入占比达到 86%；全市纳税企业前 50 强中，煤炭、水泥等资源型和传统老工业企业占一半左右。2017 年，煤炭开采和洗选业、通用设备制造业、农副食品加工业、纺织业 4 个行业增长较快，成为拉动规模以上工业持续增长的主要力量。虽然资源型主导产业受整个国内外大环境的冲击较大，但在经济增长动能转换还缺乏明显改观的情况下，继续推动传统产业改造升级，坚持“有中生新”，让“老树发新芽”仍然是枣庄的首要选择。

近年来，枣庄围绕化工、机床、纺织、煤电等传统产业不断探索和丰富产学研合作的新模式，通过引进掌握前沿技术的大型企业和高端人才，助推传统产业技术改造、整合重组、产业链延伸，加快“产业智慧化”。2013～2015 年三年间，技改总投资 950 多亿元，年均增幅分别达到 23.5%、15.8%、20.3%。2016 年完成投资 439 亿元，增长 17.6%，增幅居全省首位。目前，枣庄市在建工业技改项目 292 个，计划投资 441 亿元，这是枣庄市工业转型升级、提质增效的希望所在，技改已经成为推动枣庄工业经济内涵式发展的快捷途径。比如煤化工产业，主要依托滕州鲁南高科技化工园、薛城循环经济产业园，把产业链条从甲醇、煤焦油向烯烃、醋酸、煤基新材料等下游延伸，目前形成了 11 个产业链条。作为枣庄市煤化工产业的龙头项目，一期总投资 74 亿元的联泓新材料，通过与中科院合作，实现了甲醇制烯烃技术产业化，成为全国新型煤化工行业领军企业。近期中科院和联想控股联合，要在原有项目的基础上，由国科控股组建一个化工新材料技术创新与产业化联盟，把全国的技术力量集中到枣庄；打造一个化工新材料研发中试基地，计划将中科院下属 14 家化工研究所的科技成果在该基地进行转化；设立一个30 亿元的化工新材料产业发展引导基金，全力把产业做大做强。通过实施一个联盟、一个基地、一个基金“三个一”工程，枣庄有望抢占全国煤基新材料产业的制高点。

（二）新兴接续产业带来的新动能不断涌现

借助新一轮科技革命和产业变革的机遇，通过创新驱动，新材料、新医药、新信息、节能环保等战略性新兴产业逐步形成新的增长点，2016 年底，枣庄市高新技术产业产值、非煤产业增加值占比较五年前分别提高 8.2 个百分点、15.9 个百分点；旅游、物流、商贸、金融等新业态服务业发展迅速，2016 年，枣庄市线上服务业企业发展到 1329 家，增加值占比由五年前的 33%提高到 41.2%。

比如在节能环保产业方面，《枣庄市节能环保产业转型升级规划（2017～2021 年）》明确提出：枣庄计划到 2021 年将节能环保产业发展成为新的支柱产业之一。到 2021 年，全市节能环保产业总产值达到 190 亿元，年均增长 8%以上。年销售收入超过 10 亿元的企业达到 2 家以上，节能环保服务特色企业发展到 2 家以上。到 2021 年，建设 2 个以上优势明显的节能环保产业基地，组织实施 5 个以上有特色的产业化项目，形成布局合理的产业空间格局，形成一批具有自主知识产权和核心竞争力的节能环保专利技术、装备和产品。在区域发展重点方面，滕州将打造太阳能光热管产业集群和高品质光热管生产基地、滕州机床再制造品牌，发展化工废弃物循环利用等；薛城将积极创建国家级光伏实验室，发展节能门窗、园区循化经济；山亭将推进废弃物的综合利用，加大太阳能等清洁能源开发力度；市中将构建水处理产业集聚区，推进粉煤灰等废弃物综合利用，利用好工业余热；峄城将发展生物质发电、光伏 LED、LOW-E 玻璃等；台儿庄将打造节能环保机械制造产业聚集区，拓宽污泥等废弃物等综合利用途径；高新区将积极创建国家级检测中心，打造锂电新能源应用的循环链接等。

如果说主导产业内转型升级是产业间转型升级的重要驱动力，那么产业

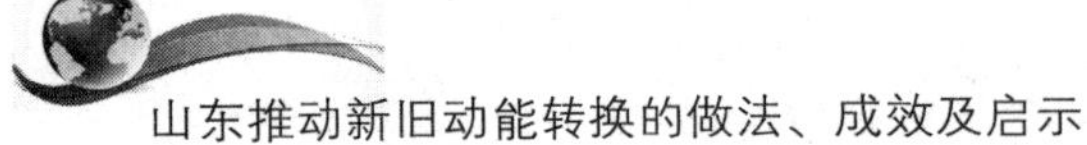

间转型升级累积的新动能通过产业融合进一步推动产业内转型升级，两者的协同升级可以确保新旧动能的接续转换，共同推动经济整体转型升级。

第二节　枣庄市推动新旧动能转换的目标定位及阶段性特征

枣庄市在推动新旧动能转换中明晰目标定位，并形成了阶段性特征。

一、枣庄市推动新旧动能转换的目标定位

按照《山东省新旧动能转换重大工程实施规划》的部署，未来枣庄市将重点布局人工智能等未来产业，壮大信息技术、新能源、新材料、医养健康等新兴产业，改造化工、机械机床、煤电、建材等传统产业，淘汰平板玻璃、水泥等行业落后产能，打造智慧枣庄和资源型城市创新转型持续发展示范区、国家可持续发展议程创新示范区、国家农业可持续发展试验示范区以及与周边各市的煤化工产业园一同打造鲁南国家级煤化工产业示范基地等。

《枣庄市新旧动能转换重大工程实施规划》也提出，要围绕国家、省赋予的试验方向和重点任务，力争形成一批资源型城市可复制可推广的经验模式。积极推进国家农村改革试验区、国家现代农业示范区、国家农业可持续发展试验示范区"三区统筹"，为乡村振兴提供示范；积极探索"资本链、创新链、产业链"三链融合，将科研成果转化为现实生产力，为煤化工产业提档升级提供示范；积极推动机床产业高端化、智能化、自动化，为装备制造产业提档升级提供示范；积极创建国家创新型城市和可持续发展议程创新示范区，为产学研协同创新提供示范；积极构筑彰显鲁风运河风采的文化生态经济走廊，为大运河文化带建设提供示范。可以说枣庄市新旧动能转换的目标定位已经十分明确、路线更加清晰。

二、枣庄市推动新旧动能转换的阶段性特征

基于城市转型的时间序列分析，可以发现枣庄新旧动能转换中的两个较

为突出的阶段性特征：

(一)以产业集群化发展带动新旧动能转换

产业集群是指在一定区域内大量企业在地理空间上聚集的一种经济现象。产业集群不仅包括某一区域内大量企业的空间集聚，而且也包括相关支撑机构(金融、保险等)在地理空间上的集聚。经济学家克鲁格曼研究认为，经济生产活动在空间上面的演进结果通常来说都是最终在一个特定的地区形成一定规模的生产集群，与此同时，在生产集群形成的过程中，在其内部也形成特定的分工，进而可以获取由于专业化而产生的超额收益并且形成规模报酬递增的效果。

近年来，枣庄市委、市政府大力推进工业创新发展、转型振兴，强力实施“265”产业集群培育工程，优势产业发展势头强劲。比如装备制造业，截至2016年底拥有相关企业2000多家，其中规模以上企业395家，省级以上产业基地5个，从业人员8万多人，产品达到11大类、上千个品种，实现主营业务收入883亿元。2013～2016年四年间，技改总投资近1400亿元，年增幅分别达到24％、16％、20％和18％，去年增幅居全省首位。

目前，枣庄市产业集群化发展迅猛，已形成以下几个比较成熟的产业集群：

台儿庄古城文化产业园，为省级现代服务业产业集群转型示范产业园。该园是着眼于文化产业发展和休闲旅游的双重定位，依托大战文化和运河文化的深厚底蕴，以台儿庄古城为核心建设的一处集文化创意、项目孵化、产业推广、人才培养、影视体验、传统教育、休闲娱乐等功能于一体的文化产业园。

滕州玻璃产业集群，为省级先进制造业转型示范产业集群。近年来，滕州市着力打造玻璃深加工产业百亿元集群，围绕推进产业转型升级，深入实施项目支撑、创新推动、资金扶持、“走出去”战略，产品由单一的玻璃原片发展到镀膜、低辐射等60多个品种、2000多种规格，2015年主营业务收入达到108亿元，建筑装饰装修玻璃和艺术玻璃产量居全省前列，玻璃制镜产品产能占全国的31.7％，实现了由粗放到精细、由低端到高端、由分散到集约的转变。

山亭区豆制品标准化生产示范基地，为省级双创示范基地。目前，豆制品基地内豆制品加工企业(含初加工)125 家,从业人员 10000 多人,豆制品机械制造企业 80 余家,豆制品年交易量达到 30 多万吨,年交易额近 55 亿元,形成了豆制品加工、机械制造、精炼油于一体的产业集群,产品销往安徽、浙江、天津等 20 多个省市,推动了区域经济的快速发展,先后被授予"省级民营经济示范区""全国农产品加工创业基地""山东省中小企业优秀服务平台""山东省小企业创业基地"等荣誉称号。

此外,枣庄市中小企业局 2018 年 8 月 17 日又公布薛城区邹坞镇煤化工产业集群和峄城区挂车装备产业集群为枣庄市市级产业集群,市中区西王庄镇为枣庄市特色产业镇。《枣庄市建设国家创新城市助推新旧动能转换工作方案》中明确提出要加快实施知识产权战略,重点培育 2～3 个拥有核心知识产权和具有国际竞争力的知识产权密集型产业集群。

(二)以系统性创新构建新的发展动力系统

2017 年 1 月出台的《国家发展改革委关于加强分类引导培育资源型城市转型发展新动能的指导意见》指出:资源型城市转型是一项复杂的系统工程,要摆脱对资源的依赖,实现从主要依靠要素投入向更多依靠创新驱动转变;要大力倡导企业家精神和工匠精神,培养优秀创业创新人才队伍;要健全创新服务支撑体系,强化企业创新主体地位,打通科技成果转化路径,放宽新技术、新产品、新模式、新产业、新业态的市场准入,加速创新成果向产业活动转化;要以科技创新为引导带动政策创新和产业创新,依托技术进步带动资源型城市转型发展,立足资源型城市有基础、有优势、能突破的领域,打造若干有影响、有特色的创新中心。

按照上述文件精神,2017 年 3 月枣庄市人民政府出台了《关于加快推进工业创新发展的意见》,强调要加强企业家队伍建设,建立枣庄市企业家队伍建设联席会议,落实好企业家队伍建设工作专项经费,建立常态化、立体式的企业家培训体系,健全优秀企业家激励机制,建立企业家容错机制,搭建企业家沟通交流平台,大力营造企业家干事创业良好环境。大力实施企业家培育"1515"工程,加快企业家的培育、引进、汇聚。利用五年左右的时间,在全市培育 10 名以上国内行业领军企业家、50 名以上省内知名企业家、100 名以上有发展潜力的成长型企业家、500 名以上有创新创业精神的青年企业家。

同时，鼓励以企业为主体建设重点实验室、工程实验室、工程(技术)研究中心、企业技术中心、工业设计中心等创新平台。重点支持浙江大学山东工业研究院、北京理工大学鲁南研究院、枣庄北航机床创新研究院、联泓新材料创新平台、联润纺织新材料创新平台等五个高层次创新公共服务平台建设；加强科技创新人才引进与培养，深入实施泰山学者、泰山产业领军人才的招引工作，继续推进"枣庄英才"集聚工程和西部经济隆起带基层科技人才支持计划，鼓励企业大力引进急需人才。到 2021 年，新认定高新技术企业 100 家，全市高新技术产业产值占规模以上工业总产值比重提升到 28%；新建各类高层次创新研发平台、创新服务平台 30 家，提升产学研合作和创新服务平台 30 家；引进培养高层次创新人才 50 人，实施创新支撑计划 500 项，承担省级以上创新项目 300 项左右。

此外，在基础设施建设、政策扶持、组织保障、品牌创建、招商引资、园区建设、金融创新和深化改革等诸方面协同创新，从而为构建枣庄新的发展动力系统提供支撑和保障。比如在基础设施建设方面，改革开放 40 年来山东首个重大水利工程——枣庄"庄里水库及抽水蓄能电站项目"，共投资30 多亿元，是助推枣庄转型发展的重大基础工程、战略工程。项目建设对提高流域防洪能力，缓解水资源紧缺状况，扎实做好扶贫开发，实现流域内经济、社会、环境的可持续发展具有重要意义。

第三节　枣庄市推动新旧动能转换的启示

新旧动能转换是经济增长动力机制的转换，既包含新动能的"无中生有"，也包含传统动能的"有中出新"，是新技术、新业态、新模式和新产业持续涌现以及传统产业的凤凰涅槃、浴火重生的过程。在新旧动能转换期间，新动能对旧动能不是创造性的破坏，它为旧动能的提升和转换留有时间和空间，同时，旧动能的提升也为新动能的发展提供基础支撑。

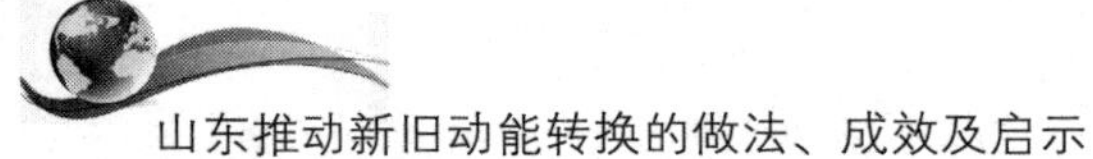

一、要正确理解新旧动能接续转换，更多把新动能作为发展的立足点

资源型城市的产业结构调整、新旧动能转换不代表要丢弃传统的资源型产业，而是要通过改变传统产业的发展模式和降低其在经济总产值中的占比，分阶段逐步达到多元化的产业发展格局，使资源开发与当地经济社会发展、生态环境保护相互协调，这是促进新常态下资源型城市产业可持续发展的具体要求。虽然当下枣庄资源型产业对新旧动能转换的基础性支撑作用仍然较大，但是必须看到，随着境内煤炭资源的逐步枯竭，资源驱动发展模式难以为继，加之需求侧传统三大动能拉动作用减弱、供给侧结构性矛盾日益突出，实现经济中高速增长缺乏有力支撑，发展中的短板愈加凸显。只有加快旧动能的平稳退出或下降，同时加速新动能的稳定形成或增长，才能保证新旧动能转换的无缝对接，进而最大限度降低转型的成本。

在新动能没有完全创建起来之前，不能完全否定旧动能的作用；不能将大规模投资旧动能当成新动能；不能仅看到新动能的局部表象，比如将"四新经济"(新技术、新产业、新业态、新模式)理解为新动能全部，没有认识到新制度、新市场、新主体才是新动能的深层内容；没有认识到新动能的本质是效率，旧动能强调高速粗放发展，新动能则强调集约高效高质发展；培育壮大新动能是一个过程，不能拔苗助长地追求新动能等。

二、要深入贯彻新发展理念，不断调整新旧动能转换的路径

通过"四新"促进"四化"，是本轮加快新旧动能转换的基本路径。目前枣庄市新旧动能转换的定位已经明确，但由于资源型城市的锁定效应明显，在资源产业的结构难以伴随着政策、技术、市场的发展而升级，包括技术锁定、结构锁定、功能锁定、认知锁定等，转型发展内生动力不足。

从资源型城市转型到新旧动能转换，从"一个战略、三大战役"到"两大高地"战略，枣庄的发展路径随着环境和条件的变化都在不断调整。新旧动能转换的实现路径可以从创新驱动、资源要素重组、新型城镇化和提高经济外向度等多方发力，其中，理念是行动的先导，一定的发展实践都是由一定的发展理念来引领的。发展理念是否对头，从根本上决定着发展成效乃至成败。

国家《“十三五”规划建议》提出的新发展理念，是“十三五”乃至更长时期我国发展思路、发展方向、发展着力点的集中体现，是指挥棒和红绿灯。新旧动能转换也必须要把思想和行动统一到新发展理念上来，对不适应、不适合甚至违背新发展理念的认识要立即调整，对不适应、不适合甚至违背新发展理念的行为要坚决纠正，对不适应、不适合甚至违背新发展理念的做法要彻底摒弃。正如山东省党政代表团赴苏浙粤学习交流会精神所要求的：要在思想深处来一场深刻的自我革命，敢于打破条条框框限制，敢于打破陈规陋习，大胆闯、大胆试，以思想解放、观念变革引领各方面制度创新，把发展的动力活力最大限度激发出来。

枣庄立足于资源型城市的特点，除坚定不移实施新旧动能转换重大工程之外，还提出要坚定不移实施实体经济壮大工程、改革开放关键工程、“双招双引”突破工程、乡村振兴战略工程、“三大攻坚战”决胜工程、民生福祉增进工程、营商环境优化工程、党的建设伟大工程，可谓任重而道远。如何实施好以上九大工程，着力推动产业振兴、人才振兴、文化振兴、生态振兴、组织振兴，加快资源型城市创新转型持续发展步伐，全力建设自然生态宜居宜业新枣庄需要八仙过海，各显神通。比如薛城区编制了《产业发展战略规划和招商策划》，提出以车文化为引领，发展高端制造、现代物流、医养健康三大产业群，形成“1＋3”产业体系；滕州市围绕“建设现代产业强市、生态文化名城”的总目标，瞄准高质量发展，抓好“三合一”机制落实和五大经济转型发展，坚持以产业为新旧动能转换的主战场，通过建设现代产业体系来推进新旧动能转换；台儿庄要打造生态休闲之地、文化旅游之都、开放包容之区、创新活力之城等。

三、正确运用容错纠错机制，为新旧动能转换提供制度保障

新旧动能转换是一个浩大的系统性工程，也是一个需要时间积累的长期过程，不可能一蹴而就，更是一个不断“试错”的过程。

《国家创新驱动发展战略纲要》提出我国的创新战略目标为：到2030年跻身创新型国家前列，发展驱动力实现根本转换。《山东省新旧动能转换重大工程实施规划》提出：到2028年，改革开放50周年时，基本完成这一轮新

旧动能转换，力争每年总结一批可复制可推广的经验模式，为全国新旧动能转换做贡献。《枣庄市新旧动能转换重大工程实施规划》也提出：到2022年，基本形成资源型城市新动能主导经济发展的新格局；到2028年，改革开放50周年时，基本实现新旧动能转换。因此，新旧动能转换虽然只争朝夕，但是仍然需要时间的积累为基础。

同时，在新旧动能转换中，制定政策、推出举措时，不能只看国家有没有文件、外地有没有经验、过去有没有先例，就像刘家义书记在山东省全面展开新旧动能转换重大工程动员大会上的讲话中指出的：一说新旧动能转换，有的同志第一反应，看有什么特殊的优惠政策、给多少钱，给哪些项目，有的只盯在给多少土地指标、环境容量上。这种思维方式不转变，新旧动能转换无从谈起。要着重从传统发展模式中解放出来，要着重从单一的GDP增长速度情结中解放出来，要着重从守旧守成中解放出来，要着重从机械的政策依赖中解放出来，要着重从“我的政绩”中解放出来。因此，新旧动能转换也是一个大胆尝试、不断“试错”的探索过程。

有了时间表、画了路线图，需要新探索，更要人担当。刘家义书记号召：广大党员干部要全身心投入火热的新旧动能转换事业，多到规划制定、项目建设、招商引资、创新创业的一线进行锻炼，在实践中磨炼意志、增强本领。摸着石头过河、不断试错探索就难免在新旧动能转换中产生失误、造成错误，这样的风险在基础比较薄弱、转型压力巨大以及对政策和外部要素依赖性超强的枣庄可谓尤其突出。中共中央办公厅印发了《关于进一步激励广大干部新时代新担当新作为的意见》，山东省通过了《关于激励干部担当作为实施容错纠错的办法(试行)》，枣庄市也出台了容错免责机制实施办法，这都是为了激励干部担当有为，营造鼓励创新、宽容失败的文化和社会氛围，从而以正确运用容错纠错机制为新旧动能转换提供制度保障。

第八章

莱芜市推动新旧动能转换的做法、面临的问题及对策

党的十九大报告指出，我国经济已由高速增长阶段转向高质量发展阶段，正处在转变发展方式、优化经济结构、转换增长动力的攻关期。新旧动能转换不仅仅是产业结构的转型，更是发展理念和社会结构的深刻变革。莱芜作为典型的资源型城市，产业结构偏重、发展质量不高的问题较为突出，迫切需要抓住新旧动能转换的伟大历史机遇，奋力新作为，展示新形象。

第一节　莱芜市推动新旧动能转换的做法

实施新旧动能转换重大工程，是深入贯彻党的十九大精神和习近平新时代中国特色社会主义思想的重大举措，也是莱芜实现转型跨越的重大机遇。为此，莱芜市迅速行动，扎实推进新旧动能转换重大工程，确立了依托省会副中心和济莱一体化建设，打造全省新旧动能转换先行区的发展定位。主要做法如下：

一、发展“创新经济”

发展“创新经济”就是坚持以科技创新为核心，紧紧抢抓新一轮科技革命

的爆发点,大力培育发展战略性新兴产业,用新技术、新业态、新模式改造提升传统产业,促进新动能茁壮成长、旧动能焕发活力,实现经济结构的优化升级。像莱芜市阿尔普尔节能装备有限公司,是国内最早从事超低温空气能热泵技术研发的高新技术企业,其销售收入从 2017 年的 4000 万元跃升至 2018 年的近 20 亿元,实现了惊人的爆炸式增长。在发展"创新经济"中莱芜市关键把握了以下几点:一是抢占技术创新"制高点"。充分发挥企业的技术创新主体作用,加大政府引导和支持力度,深入组织实施重大科技创新工程,着力突破核心关键技术,努力抢得发展先机,增强竞争的硬本领、硬能力。如莱芜的珅诺基药业研发的抗癌新药阿克拉定,被行业内誉为"世界级重磅炸弹",该药上市后企业销售收入预计可达到百亿元量级。二是下好新兴产业"先手棋"。紧盯重大技术创新发展动态,认真分析研判,超前谋划布局,结合各自实际,积极推动新一代信息技术、高端制造、生物、绿色低碳、数字创意等战略性新兴产业加速崛起、扩容倍增,做好"无中生有"的文章,培育形成新的经济支柱。三是铺就成果转化"快车道"。围绕推动重大科技创新转化为现实生产力,全面深化科技体制改革,积极搭建高层次科技创新平台,构建多形式产业技术创新联盟,健全区域性技术转移服务机构,深入推动产学研协同创新,强化技术、资本、人才、服务等创新资源的深度融合与优化配置,不断提升科研成果转化效率。四是推动传统产业"嫁新枝"。深入挖掘传统产业改造提升的巨大潜力,大力运用 3D 打印、智能制造、物联网、云计算、大数据、机器人等现代技术,加快传统产业技术改造、工艺改进和装备更新步伐,着力延伸产业链、提升价值链,推动传统产业向绿色化、智能化、高端化迈进。

二、深化"标准经济"

"标准经济"就是以标准为核心,通过标准化活动规范市场经济行为,从而实现市场资源的优化配置。习近平总书记深刻指出,标准助推创新发展,标准引领时代进步。"得标准者得天下",已经成为全球产业界最响亮的口号。莱芜市近年来大力实施"标准经济引领提升"工程,深入开展"标准引领竞赛"活动,全市企业主导或参与制定国家标准 52 项、行业标准 49 项、地方标准 56 项,推动全市粉末冶金、节水灌溉装备、风电装备、节能环保装备等产

业发展实现了创新发展，市场占有率等指标走在了行业前列。发展“标准经济”，重点做到了“三抓”。一抓“定标”促引领。引导行业龙头企业加强企业标准化组织机构和队伍建设，加大对标准化工作的投入，加快实现由被动执行标准向主动参与制定标准转变，积极把技术优势、产品优势、管理优势转化为标准优势，通过制定标准抢占市场先机、赢得竞争优势。像莱芜泰达车库有限公司，先后主持和参与制定了5个国家标准和6个行业标准，在智能车库行业获得了极具分量话语权，产品销量连续多年位居同行业第一。二抓“达标”提质量。在从严抓好各类强制性标准执行和监督的基础上，大力推动企业健全技术标准、管理标准、工作标准、服务标准等企业标准体系，探索建立企业产品和服务标准公开声明等制度，支持第三方标准化专业机构对企业执行标准情况进行评价，督促企业严格按照标准全流程管控生产，真正让标准成为保证质量的“硬约束”。三抓“提标”创品牌。支持有条件的企业从自身和产业实际出发，制定高于现有标准、具有更强竞争力的企业标准，切实以提升标准为依托，大力弘扬“工匠精神”，深入开展名牌产品创建和质量认证活动，加强品牌策划和宣传推介力度，培育壮大一批叫得响、具有较强影响力的著名企业和知名品牌，形成竞争新优势。

三、推动“开放经济”

牢固树立开放发展的理念，抢抓“一带一路”战略机遇，坚持引进来和走出去并重，在开放中拓展新空间、增添新活力、培育新动能。发展“开放经济”，关键做到了三个“走出去”、三个“引进来”。在“走出去”方面，一是推动产品走出去。引导企业增强国际化经营能力，加大对国际市场的研究和开拓力度，加快培育跨境电子商务等新模式，扩大高新技术、装备制造、品牌产品出口，全面促进对外贸易优化升级。像莱芜金雷风电公司，积极打入国际市场，成为德国西门子、美国GE等顶尖风电企业的供应商，在全球风电主轴市场的占有率达到12%以上。二是推动产能走出去。积极把去产能与国际产能合作结合起来，依托有关龙头企业规划布局一批境外生产基地和园区，努力为现有优势富余产能拓展出新的发展空间。像莱芜奔速电梯公司，在格鲁吉亚建立了生产基地，产品成功进入中亚、西亚等市场。三是推动资本走出去。引导企业围绕扩大市场渠道、提高创新能力、打造国际品牌，提高对外投资的效益和质量，切实通过对外投资增强企业的核心竞争力。在“引进来”方面，一是把项目引进来。瞄准世界500强等境外大型企业，加大招商引资力度，充分用好外资项目所搭载的管理经验、经营模式和市场机会，带动本地企业深度嵌入全球产业链、价值链、创新链，提升利用外资的产业升级效应。二是把技术引进来。鼓励企业加强技术研发国际合作，规划建设一批国际技术转移平台，加快技术引进消化吸收再创新，推动技术创新“借梯上楼”。三是把人才引进来。牢固树立国际视野，主动拓宽境外招才引智渠道，建立与完善境外引进人才保障和奖励机制，着力引进一批国际高层次人才，为新旧动能转换提供有力的高水平智力支撑。

第二节　莱芜市推动新旧动能转换面临的问题

总体来看，莱芜市新旧动能转换仍处于起步阶段，与先进和发达地区相比还有不小差距，还存在一些突出问题和制约因素。

一、对新旧动能转换的认识不足

对新旧动能转换的认识不足主要表现为两个方面：一是主观认识不足。莱芜依托多年来资源型城市发展的基础，逐步形成了依托资源要素驱动发展的路径依赖，导致部分干部群众对新旧动能转换表现出畏难发愁、消极懈怠的心态。甚至有部分人认为传统产业是支撑莱芜经济发展的主体，害怕传统产业的变革会对莱芜经济发展造成不良影响，对传统产业持有不想动、不愿动、不敢动的心态，认为传统产业不能碰、碰不得。二是客观规律认识不足。新旧动能转换，是一个国家、一个地区发展到一定阶段后资源禀赋、成本因素等方面发生深刻变化，要求在发展模式方面必须作出相应调整。但有部分人存在安于现状、得过且过的心态，缺乏紧迫感、危机感；也有部分人虽然已经认识到加快新旧动能转换的必要性，但存在随波逐流、盲目跟风的心态和急于求成、一蹴而就的心态等。

二、传统产业占比过高亟待转型升级

莱芜市产业结构问题依然突出:一是产业结构偏重,发展后劲不足。近年来,莱芜转型发展中经济总量小、结构不优、质量效益不高的矛盾依然突出。从产业结构来看,2017年三次产业占比为6.4∶55.7∶37.9,相比全省6.7∶45.3∶48.0、全国7.9∶40.5∶51.6,莱芜市三次产业结构尚未实现“二三一”到“三二一”的历史性转变,而且产业结构偏重的状态也未发生质的变化。特别是第二产业中钢铁、采掘、火电、纺织、食品、建材等传统产业占比高,企业多数是资源型、粗加工型,发展后劲不足。二是第三产业发展相对滞后。2017年第三产业增加值占GDP的37.9%,低于全省平均水平10.1个百分点、低于全国平均水平13.7个百分点,其中生产性服务业、现代服务业与先进地区相比差距更大。三是企业转型升级承受的成本压力不断加大。当前,莱芜市大多数企业依然处于价值链的中低端,高端供给、品牌产品比重偏低。四是淘汰落后产能的任务依然艰巨。随着供给侧结构性改革深入,钢铁、煤炭、化工等重点产业化解低端无效产能的压力将会越来越大。另外,在去产能的压力下,对“僵尸企业”的处理也面临着不小的困难。五是新旧动能转换中还必须警惕出现“黑天鹅”“灰犀牛”事件的风险。

三、新兴产业支撑不足

一是新兴产业规模偏小。在推进新旧动能转换的过程中,作为新动能培育的主体力量,新兴产业项目偏少、规模偏小的现象比较突出。与济南的大数据、超级计算、量子通信,青岛的轨道交通设备,烟台的海洋工程装备,潍坊的动力装备等新兴产业的发展相比,莱芜市新兴产业还有很大的差距。2017年,全市高新技术产业实现产值占规模以上工业总产值的比重只有22.63%,低于全省平均水平12.37个百分点,如果剔除H钢产值,则余下的高新技术产值占比会更低;十大产业中新材料、电子信息、生物与医药、新能源与节能环保、现代物流与电子商务、文化旅游等产业主营业务收入仅占20%左右。而且这些新产业中,除新材料产业主营业务收入超过100亿元外,其余产业都处在20亿～60亿元的规模。而在2016年,烟台市新兴产业实现产值就达到3549亿，青岛市战略性新兴产业产值更是突破4000亿元，仅信息技术产业产值就达到1025亿元。二是部分科技成果产业化步伐迈不开。新兴产业的快速发展离不开科技成果产业化步伐的加快。在成果转化中，仍存在企业核心技术不多、研发投入不足、不能尽快将科学技术转化为现实生产力等问题。三是缺少引领性的骨干龙头企业。新兴产业中电子信息、生物与医药、新能源与节能环保、现代物流与电子商务、文化旅游产业规模以上企业分别仅有11家、16家、41家、88家和59家，其中主营业务收入过亿元的企业仅有5家、7家、12家、3家和7家。四是新业态发育不充分，层次偏低。智能制造、“互联网＋”、共享经济等新业态发育不够充分，而且层次偏低。如智能制造，莱芜仅有不足10％的企业进入智能制造应用阶段，而且大部分属于较低层次的机器换人阶段。“互联网＋”，很多企业仅仅停留在开设网店进行产品销售的电子商务层面，“互联网＋旅游”“互联网＋金融”等深入融合模式还不多，与一二产业融合也不够充分。

四、体制机制亟待创新

一是政府服务方面，虽然目前正在努力推进“一次办好”改革，但与先进地区特别是江浙地区的政府服务水平、效率等方面相比还是有很大差距。二是体制机制改革方面，虽然有了初步成效但是未来面临的困难与挑战也不容忽视。三是技术创新方面。研发投入亟待加大，2017年莱芜全社会研发投入占生产总值比重达到2.56％，而国际上通行的标准要达到3％～5％，且比重达到5％才有较强竞争力；技术水平亟待提高，全市规模以上工业企业中，拥有成果、专利的不到13％，在2016年专利申请中发明专利仅占18.54％，低于全省平均水平22.96个百分点；创新平台水平亟待提高，莱芜现有的各类重点实验室、工程技术研究中心等水平参差不齐，全市工程技术研究中心、重点实验室等国家级创新平台仍属空白，而与我们相邻的泰安市、淄博市分别拥有1家和3家。

五、人才支撑短板突出

人才支撑短板问题突出，主要表现为：一是人才资源要素供需不匹配。

近年来,支撑莱芜经济增长的传统要素逐渐减弱,而与新动能发展所需的新生产要素还不能完全匹配。莱芜教育资源特别是高校资源不足,只有1所本科院校,目前大约4000人的规模,还处于起步阶段;现有的职业院校和专业设置不符合新技术新产业发展的实际需要,高端制造、生物工程、电子信息等领域的人才较为匮乏。二是人才资源总量相对偏少。全市技术研发人员总量不足7000人,仅占全省的1.9%,特别是支撑产业发展的高层次创业型领军人才、创新性科技人才、复合型企业经营管理人才严重短缺。此外,企业专业技术人才也明显不足,全市规模以上工业企业各类专业技术人才占从业人员比例不到8%,低于全省12%的平均水平,更低于广东、浙江、江苏等发达地区16%的平均水平。

第三节　加快推进莱芜市新旧动能转换的对策

当前,在全省新旧动能转换重大工程的不断推进中,莱芜市必须抢抓机遇,积极作为,争取走在全省前列。

一、提升思想认识,树立新旧动能转换的新理念

(一)功成不必在我

莱芜市作为传统工业型城市,新旧动能转换之路注定“道阻且长”,因此,必须要有功成不必在我的境界。既要有“时不我待,攻坚克难”的使命感、责任感,以勇于改革的魄力,敢啃硬骨头的勇气,转方式、调结构、去产能、提质效,努力推动经济高质量发展;又要克服主观盲目主义和形式主义,摒弃“一蹴而就”的幻想,以“功成不必在我”“功成必定有我”的博大胸怀,向不敢改、不愿改、推不动、做样子的工作方式说不,鼓励干部灵活机动、大胆转换、雷厉风行、扎实苦干。

(二)竞争与合作

莱芜市作为传统工业型城市,对市场竞争的敏感性相对滞后,因而树立竞争理念,在与各地市的碰撞中培育新兴产业,推动转型升级是莱芜市提升

竞争力的关键。同时在参与区域经济竞争的过程中也要注意树立合作共赢理念。莱芜市应特别注重在研发合作、产能合作、对外投资合作、园区建设合作、境外经济合作等方面提升合作水平，特别是紧紧抓住莱芜市在技术、模式等方面的后发优势，以推动莱芜市企业更好地适应新旧动能转换的大环境。

（三）以人为本创新绿色共享

确立人在新旧动能转换过程中的核心地位，离开了人的参与，离开了人自由全面发展的价值导向，新旧动能转换将失去意义。坚持创新发展，要突破传统发展模式的束缚必须坚持创新发展理念，用改革创新的办法来解决长期以来难以解决的深层次的问题。坚持绿色发展，是莱芜市坚持以人为本的重要体现，通过生态产业化、产业发展绿色化，大力推进产业结构调整，实现经济发展与生态保护的“双赢”。确立共享的理念，就是在促进经济高质量发展的同时，也必须考虑到将经济社会发展的成果与人民共享。对于地方政府而言，这种共享不仅仅是基本公共服务的共享，还要考虑怎样实现“社会共享”，将共享的范围扩展到就业、分配、社保、医疗、教育等诸多领域。

二、以做精做强现代农业为目标，实现传统农业的动能转换

（一）立足优势产业改造提升传统农业

一是推动农业特色化。特色产业是莱芜市农业的优势所在，可通过巩固提升“三辣一麻”“三黑一花”等主导产业，发挥比较优势。二是推动农业产业化。农业产业化是现代农业的重要标志，加快培育一批产业层次高、投资规模大、科技创新能力强、带动辐射面广的农业产业化龙头企业；培育具有影响力的区域公共品牌和具有知名度的企业品牌、著名商标与“三品一标”质量品牌；培育专业化水平高、社会化服务能力强的专业合作社；规划建设一批产业集聚、要素整合的现代农业产业园区。三是推动农业高端化。积极投入资金与人才，推动建设农业物联网及精准农业，开发如“农产品质量安全监管平台”“蔬菜地图”“为农服务一卡通”等与莱芜市农业发展现状相契合的产品，实现莱芜市农业现代化与信息化的深度融合发展。

（二）多措并举培育农业发展新动能

一是培育新技术，创造农业发展新动能。加大新品种、新技术、新成果积

极示范推广与转化力度,形成贯穿农业发展的科技支撑体系。二是培植新业态,催生农业发展新动能。大力发展设施农业、智慧农业、互联网+农业、订单农业、田园综合体、现代农业庄园、农业产业化联合体、农产品深加工等农业发展新业态。三是探索新模式,推动农业发展新动能。积极探索"企业+村级组织+农户"的租赁模式、"企业+合作社+农户"的带地入社模式、"土地股权化+合作社+企业"的土地入股流转模式和企业带动下"农户+农户"的转包经营模式等多种流转模式。

三、以改造传统钢铁产业为突破,实现旧动能的转型提质

(一)坚持推进钢铁行业去产能工作不动摇

莱芜市现阶段行政化的去产能工作已基本完成。但钢铁行业低端产能仍大量存在,要继续坚定不移地推进钢铁行业去产能工作。一是要制定计划,分解任务。以壮士断腕的决心,自我加压,在充分调查研究的基础上,制定进一步的钢铁行业去产能方案,并细化到具体企业,明确企业任务,做到有的放矢。二是要加强领导,压实责任。主要领导亲自抓,分管领导具体抓,同时落实好属地政府责任,确保责任落实。三是要强化保障,全面推进。针对去产能工作中的问题,强化政策与资金保障,解决好实际困难。对涉及资产抵押、人员安置等具体问题,制定切实可行的工作方案和工作流程,保证去产能工作的推进效率。

(二)加快产业结构调整,延伸钢铁产业链

一是要加快发展高端钢铁产品。必须在高端钢铁生产上下功夫,依托莱钢、泰钢等重点企业,大力发展高附加值产品,打造高端钢铁品牌。重点推进耐腐蚀钢、耐火钢、海洋用不锈钢、抗菌不锈钢等新型优特钢项目的开发与实施。二是要着力延伸钢铁产业链。优化提升生产系统,投资实施重大技改项目;要加快建设钢铁精深加工产业园,走"精钢、特钢"之路,坚持把拉长钢铁产业链作为钢铁产业发展的主攻方向,提升莱芜钢铁产业在全产业链中的引领作用。三是要推动绿色钢结构产业布局。莱芜市可在钢城区规划建设绿色钢结构装配式建设生产基地,全面推动钢结构建筑产业水平,加快钢结构装配式建筑发展和钢铁主业智能化、绿色化改造提升。

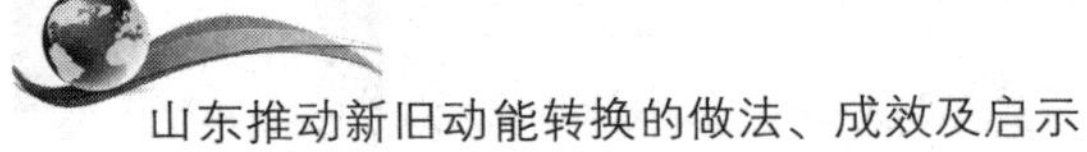

(三)推动产业跨界融合,加快产业转型步伐

通过推进资源要素整合,产业跨界融合,壮大优势产业集群,促使“老树”持续发“新芽”,加快钢铁企业转型升级步伐。

四、以培育新兴产业为重点,壮大新动能的主体力量

首先,针对技术成熟、市场潜力较大、运行良好的企业实行扩容倍增计划,扩大新动能。按照技术水平、产业基础、市场前景、发展规模等标准遴选一批骨干企业,通过实施《企业倍增计划》促进产业发展。其次,针对技术领先、国家重点扶持,具备较大成长潜力的科技型中小企业,加快内引外联、政策扶持、配套招商,加速推进其市场开发和专业化进程,培育新动能。第三,着眼于产业配套,瞄准产业领先水平加大招商引资力度,创造新动能。根据产业发展实际,瞄准重点产业加大招商引资力度,完善产业结构,延伸产业链条。

在具体工作中,一是加强产业规划,谋划重点产业。聘请专家对已有新兴产业进行论证,对莱芜市重点发展的新兴产业统一规划布局。二是完善产业链条,补足发展短板。对国家和省鼓励发展的新兴产业项目优先立项,通过“建链、补链、强链”,完善新兴产业全链条。三是加快园区和特色小镇建设,促进产业集聚。坚持用项目带头园区发展,用园区加快产业集聚。四是加大科技创新力度,提高研发水平。在重点企业设立市级创新平台,对关键技术重点攻关;鼓励企业与高校、科研院所建立产业技术创新联盟,实施规模以上企业研发机构全覆盖行动,鼓励企业普遍设立研发准备金,对取得重要国家专利,重要科研成果的企业进行奖励。五是实施企业“上云”计划,推动信息技术应用。市级层面应建立企业云服务平台和体验中心,尽快制定出台《莱芜市“企业上云”实施方案》,为莱芜市“企业上云”工作列出时间表和路线图。

五、以发展现代服务业为着力点,加快形成转型发展的新动能

(一)加快传统服务业改造提升

一是运用现代信息技术进行信息化改造。鼓励有条件上规模的企业配

备现代信息处理设备，应用数字化管理手段。二是运用新兴经营模式进行改造。鼓励企业大力发展连锁经营、超市、代理、物流配送、电子商务等新兴经营模式。鼓励大型商贸企业和民间资本向周边地区流通领域扩展。三是运用服务业新业态进行改造。鼓励企业探索个性化定制、用户全程参与、即时生产、网络制造、远程检测、在线维护等新服务业态。

（二）大力发展新兴服务业和现代服务业

一是围绕实体经济大力发展新兴服务业。包括研发设计服务等高技术服务业、检验检测认证等科技服务业、第三方物流、融资租赁等生产性服务业。二是立足莱芜优势，发展医养健康产业。加强医养健康产业总体规划，探索医养健康产业全产业链发展新模式。尽快出台《莱芜市健康产业发展规划》。三是推动全域旅游深入发展，打造旅游文体产业。实施“旅游＋”计划，优化莱芜市全域旅游发展布局，提升莱芜市旅游品牌知名度；实施“文化＋”计划，深入挖掘莱芜市嬴牟文化、钢铁文化、红色文化潜力，促进文化和旅游结合；实施“体育＋”计划，加快体育产业发展，提升中国航空运动之城城市品牌。

六、以制度创新为支撑，构建动能转换的制度体系

（一）加快“放管服”改革，改进优化政务服务

一是深化机构改革。进一步发挥莱芜市新旧动能转换重大工程建设领导小组的作用，将领导小组办公室作为正式机构，尽快建立新旧动能转换工作联席会议制度，统筹推进新旧动能转换。二是加大简政放权力度。全面梳理政府部门行政权力，探索政府责任清单、财政专项资金管理清单等制度；继续推进行政审批制度改革，大力推进“多证合一”，大力推进行政审批一站式办理，做到“一次办好”。三是推行互联网＋政务服务。加快出台公共数据资源开放共享制度，强化公共数据资源共享，建设市级政务服务平台、政务数据共享交换平台等，努力实现政务服务“一网办理”。四是强化监督考核。尽快出台莱芜市新旧动能转换推进奖惩措施，把加快新旧动能转换重大工程推进工作完成情况纳入年度考核范围。

（二）激发要素活力，强化支撑保障

一是基础设施建设支撑。加快高铁、高速公路等交通设施建设，优化市内交通网络，探索发展快速公交、大站公交等运营模式；加快“气化莱芜”“海绵城市”等建设步伐。二是财税金融支撑。尽快设立莱芜市新旧动能转换基金，加大投入力度；推进金融创新试点市建设，吸引各类金融机构设立分支机构，支持金融机构设立专项贷款推动新旧动能转换，支持金融企业探索新型融资模式。三是土地支撑。强化土地规划管理，盘活存量建设用地，保障新增土地供给，推行企业分类指导和要素差别化定价制度，促进资源要素节约集约利用。

（三）完善政策体系，优化发展环境

一是梳理整合现有政策。对现有的政策按照产业政策和招商政策进行梳理和分类，对不同部门实施的各项支持方向、扶持对象和用途相近的政策进行整合，保证政策落实到位的同时，避免政策重复和资源浪费。二是适时推出一批新旧动能转换专项政策。针对莱芜市产业发展实际，适时推出一批具有针对性、实实在在的改革服务举措，精准服务新旧动能转换重大工程。三是优化地方法治环境。通过提高立法质量，提高党员干部法治意识和能力，加大普法教育宣传等途径下大力气改善法治环境，服务地方发展大局。

七、以人才强市为依托，强化动能转换的人才支撑

（一）加大招才引智力度

一是加快制定《人才工作条例》《中长期人才发展规划》《招才引智年度计划》《招才引智考核办法》等，对组织领导、人才引进、载体建设、环境建设等进行量化考核，重点引进产业领军人才、各类创新型人才和创新团队。二是创新招才渠道。拓宽人才与企业的交流渠道，鼓励企业与高校联合设立院、博士工作站；组织“高层次人才莱芜行”“莱芜籍大学生看莱芜”等活动。三是激活市场引才。探索从政府直接投资向支持企业投资人才转变，建立起政府激励企业、企业激励人才的“双层激励模式”。

（三）创新人才培养途径

一是注重干部队伍的培养。深入推进“大学习、大调研、大改进”活动，将

新旧动能转换相关政策纳入全市干部大讲堂；在党校开设新旧动能转换专题培训班，分级分批对领导干部进行新旧动能转换相关知识培训；每年选择一批经济主管部门的干部与发达地区交流，学习发达地区先进经验；探索高级专业技术人员，尤其是经济领域高级专业技术人员对口挂职。二是注重企业家队伍的培养。大力弘扬新时期企业家精神，实施莱芜市企业家培育计划，将企业家纳入党校培训范围，坚持“请进来”和“走出去”相结合，每年组织1～2批企业家尤其是青年企业家进校园、出国门、入名企考察学习。三是注重高级技工人才队伍的培养。搭建企业和高职院校合作平台，依托莱芜市职业技术学院、莱芜市技师学院建立职业技能培训基地，弘扬劳模精神和工匠精神，打造更多的“金蓝领”；鼓励企业探索建立首席技师制度。

（三）实施人才激励工程

一是强化物质保障。落实高层次人才服务绿卡办法，加快推进专家公寓启用和大学生公寓建设，探索高层次人才买房优惠、租房补贴、项目资助等其他方式。建立高层次人才服务中心，为引进高层次人才提供“一站式”便捷高效服务。二是注重精神激励。坚持每年对人才工作和优秀人才进行大力表彰，强化正向激励；利用媒体开设专栏，广泛宣传人才创新创业先进典型，努力营造尊重人才、见贤思齐的社会氛围。三是探索差异化人才激励模式。注重人才生态环境的打造，提出打造人才生态最优市理念；注重探索差异化人才激励模式，注重人才政策的差异化、个性化，避免人才政策同质化降低地区竞争优势。

第九章

淄博市实施新旧动能转换重大工程的做法、成效、问题及对策

全面实施新旧动能转换重大工程，对作为传统老工业城市的淄博是一个重大的发展机遇，具有重大的现实意义和深远的历史意义。淄博市从本市的实际出发，率先展开新旧动能转换重大工程，并取得了明显的成效，形成了一些可资借鉴的经验。

第一节　淄博市实施新旧动能转换重大工程的做法

按照市委的统一部署，淄博市新旧动能转换工作于 2017 年上半年在全省率先启动。主要从以下几个方面展开：

一、重视进行顶层设计

为推动新旧动能转换重大工程的顺利进行，淄博市把顶层设计放到第一位，正确处理存量与增量、传统与新兴、破旧与立新之间的关系，结合产业趋势、国家政策以及自身发展的实际和特点搞好顶层设计。自 2017 年 4 月以来，淄博市委、市政府深入落实省委、省政府重大决策部署，在充分调研的基础上，结合老工业城市实际，审时度势、科学研判，确定了将实施新旧动能转

换重大工程和建设全国产业转型升级示范区“两篇文章一起做”的总体思路，在全省率先出台了淄博市《关于加快实施新旧动能转换重大工程推进老工业城市和资源型城市产业转型升级示范区建设的意见》《淄博市新旧动能转换重大工程实施规划》，完成了淄博市推进实施新旧动能转换重大工程的规划设计工作。

《意见》和《规划》明确指出，淄博市将“传统产业高端化、动能培育新兴化、产业结构轻型化、发展方式绿色化”作为转换方向，以新技术、新产业、新业态、新模式为核心，努力打造产业转型、创新创业、绿色发展、开放合作、发展生态“新高地”，建成全省重要的“四新”经济发展聚集地，实现淄博老工业城市转型发展、全面振兴、走在前列。到 2022 年，全市新旧动能转换取得阶段性成果，“四新”经济增加值占比年均提高 1.5 个百分点左右，达到 32%，基本形成新动能主导经济发展的新格局。《意见》和《规划》是指导淄博市今后加快新旧动能转换和转型发展的纲领性文件。

二、加强领导

组建成立了由市委、市政府 2 位主要领导共同担任组长的“淄博市实施新旧动能转换重大工程推进全国老工业城市和资源型城市产业转型升级示范区建设领导小组”，办公室设在市发展改革委。组建市推进办公室，从市发改、经信、科技、财政等部门和单位抽调工作人员，从 2017 年 5 月 2 日起开始实行集中办公。建立市级部门联席会议制度，定期召开调度会议，研究部署全市新旧动能转换重大工作事项，狠抓工作落实。

三、主动对接

全面梳理三大类 35 项争取国家、省支持的重大事项，形成了淄博市融入全省新旧动能转换综合试验区有关建议事项的报告，先后多次赴省加强对接，一批事关全市长远发展的重大事项列入了省方案。省新旧动能转换重大工程实施规划明确指出，支持以淄博等 14 市国家和省级经济技术开发区、高新技术产业开发区以及海关特殊监管区等为重点，创新园区管理运营机制，培育特色经济和优势产业，打造具有核心竞争力的区域经济增长点。支持淄博布局新能源电池及新能源汽车、智能卡及微机电等未来产业，壮大新材料、生物医药、信息技术、文化旅游、现代金融等新兴产业，改造化工、陶瓷、纺织等传统产业，淘汰建材、钢铁等行业落后产能，打造全国老工业城市和资源型城市产业转型升级示范区、新型工业化强市、齐文化传承创新示范区。

四、对标发展

2017 年 7 月中下旬，淄博市委、市政府先后组织了党政考察团和企业家考察团，到济青烟潍四市的 22 个考察点和广东深圳、东莞、佛山三市学习考察，深入学习他们在加快新旧动能转换方面的经验做法，进一步提升发展境界、拓宽视野和思路。为在全市营造争先进位、加快发展的浓厚氛围，市委出台了《关于在全市开展学习先进对标发展工作的实施意见》，要求在更宽的视野中审视目标定位，跳出淄博看淄博，瞄准上海、广东、浙江、江苏等发达地区，深入分析查找存在的短板弱项和需要攻坚的突出问题，找差距、查不足，向先进学习，向领先者对标看齐，集中解决一批突出矛盾和问题。

第二节　淄博市实施新旧动能转换重大工程取得的成效

通过调研我们了解到，近年来，在山东省委、省政府的正确领导下，淄博市委、市政府坚决贯彻新发展理念，紧紧围绕实现老工业城市全面振兴，按照“一个目标定位，四个着力建设，十个率先突破”的总体思路和工作布局，以走在前列为目标定位，着力建设新型工业化强市、文化名城、生态淄博和现代化组群式大城市，经济社会保持持续健康发展，为新旧动能转换奠定了较好的基础。

一、动能转换空间潜力较大

五年多来，全市经济保持中高速增长，2013 年以来全市地区生产总值年均增长 7.82%，2017 年达到 4781.3 亿元，居全省第 5 位；人均地区生产总值从 13391 美元/人提高到 15075 美元/人，全员劳动生产率 156150 元/人；一般公共预算收入达到 361.6 亿元，社会消费品零售总额 2374 亿元；城市综合竞争力列全国第 40 位、山东第 4 位。是国家级综合性新材料产业化基地、国家火炬计划生物医药产业基地、先进陶瓷产业基地和功能玻璃特色产业基地。服务业规模持续壮大，结构不断优化，现代物流、金融保险、创意设计、电子商务、信息咨询等现代服务业加快发展，2016 年，服务业占地区生产总值比重达到 44.1%。经济实力的提升，为动能转换提供了坚实的基础支撑和充足的韧性潜力。

二、动能转换基础较好

相比省内及国内其他老工业城市，淄博市转型发展起步早、工业基础好，特别是在产业转型尤其是工业转型上，淄博的工作和做法在全国、全省都具有一定的代表性和示范性。比如，淄博在做减法和除法方面，不论是化解过剩产能还是淘汰落后产能、强力压减煤炭消费、推进化工产业转型升级、关停淘汰"散乱污"企业等方面都是力度最大，成效最大的城市。以建陶行业为例，通过实施提升改造、搬迁入园、关停淘汰"三个一批"，全市关停 167 家企业的 253 条生产线，对 37 家企业、63 条生产线就地进行技术装备升级和清洁生产改造，新规划建设建陶产业创新示范园承接企业入园；建设建陶产业展示、交易采购、物流信息、研发设计、品牌孵化"五个中心"，重点完善全产业链配套能力；强化政策精准扶持，从生产线关停淘汰到企业转产发展，从建设示范园到打造"五个中心"，逐项明确了支持条件、方式及标准，累计兑现专项资金 27980 万元。经过精准转调，全市建陶行业产能由 8.27 亿平方米压减至 2.46 亿平方米，减少 70%；削减直接燃煤消耗 216 万吨，减少烟尘排放 880 吨、二氧化硫 5306 吨、氮氧化物 5261 吨；与此同时，技术装备全部达到"国内一流、国际领先"水平，质量效益得到显著提升，成功实现浴火重生。再以化工行业为例，针对化工产业布局散乱、集群集聚效应发挥不够问题，2015 年7 月启动实施齐鲁化工区"一区四园"战略，2017 年结合全省开展的化工产业安全生产转型升级专项行动，进一步以专业园区建设为龙头引领化工产业布局调整，上收项目审批权限到市级，严控园区外新布局化工项目，部分区县限批化工项目，同时积极推进主城区、环境敏感区化工企业及化工园区外危化品企业实施关停、搬迁或转产，化工产业散乱布局的态势得到有效扭转。“散乱污”集中整治方面，共整治“散乱污”企业 23314 家，其中关停取缔 9523 家。压减煤炭消费方面，全市燃煤消耗总量由过去的近 4000 万吨下降到 2990 万吨以内，是省内率先完成煤炭压减任务的城市。

淄博市推动产业转型升级相关经验做法和工作成效得到国家有关部委和社会各界的高度认可。先后成功创建为全国战略性新兴产业集聚发展试点城市、全国生态文明先行示范区，淄博高新区列入山东半岛国家自主创新示范区。2017 年 4 月，淄博市在国家发改委、科技部、工信部、国土部等五部委联合组织的全国老工业城市产业转型升级示范区创建中，从全国 19 个申报地区(29 个城市)中脱颖而出，以第一名的成绩通过国家评审论证，成为全国首批老工业城市产业转型升级示范区。2017 年 4 月 24 日，国务院办公厅印发通报，对 2016 年落实有关重大政策措施真抓实干成效明显地方予以表扬激励，其中，淄博市老工业基地因调整改造力度较大，支持传统产业改造、培育新产业新业态新模式、承接产业转移和产业合作等工作成效突出受到通报表扬。

三、动能转换支撑保障有力

淄博市努力摆脱传统发展模式的思维惯性和路径依赖，把创新作为引领城市转型发展的第一动力，推动转型发展由要素驱动向创新驱动转变，先后出台了“工业强市 30 条”“创新发展 30 条”等政策措施和工业精准转调“1＋N”实施方案，为新旧动能转换提供了有力的动力支撑保障。

(一)突出创新平台建设

实施高新技术产业“铸链”工程，打造了 27 条创新产业链，组建了 27 家创新联盟。2017 年，全市高新技术产业产值占规模以上工业产值比重达 34.5%，年均提高 1 个百分点以上。加强创业创新载体建设，创新创业载体数量和质量不断提升，省级以上研发平台数量居全省前列，成功创建国家知识产权示范城市，张店区入选国家级第二批双创示范基地，周村区入选省级首批“双创”示范基地。实施“大院大所大校大企”招引工程，聚力推动“双招双引”工作实现新突破，与清华大学等高校共建 MEMS 研究院等 11 家产业研究院，建成先进陶瓷、高分子材料等一批国家级科技孵化器，设立美国硅谷、德国慕尼黑 2 处海外孵化器，形成了“产业研究院＋孵化器＋产业基地”的创新发展模式。

（二）强化创新人才支撑

深入实施淄博英才计划，出台“人才新政 23 条”，各领域高层次、专业化、技能型人才队伍不断壮大；实施“企业家素质提升工程”，制定《企业家十年培训计划纲要》，突出“五个群体”（领军企业家、高级经营管理人才、职业经理人、后备人才、中小企业企业家），着力提升企业家的“三大视野”（国际视野、全局视野、时代视野）和“五种能力”（战略管理、决策领导、科技研发、资本运作、企业竞争）；组织全市“工业企业 50 强”和“创新型高成长企业 50 强”企业家分别到德国、以色列进行专题培训，既培育了企业家的世界眼光和战略思维，又成功探索了以培训促进国际合作的双赢模式。

（三）大力扶持创业创新

研究制定了《关于鼓励“零成本创业”进一步推动大众创业万众创新的若干政策》，每年安排 7000 万元的资金支持自主创业，安排 5500 万元支持具有高成长潜力的孵化企业或科技型小微企业；投入 4 亿多元建设了生物医药、精细化工和高分子材料等五大公共技术服务平台。

四、市场活力明显增强

“三最”城市建设成效显著，扎实推进“放管服”改革，推行建设项目“一费制”，开展“五级联动”政务服务体系建设，创新实施“多评合一”“多图联审”“区域评估”“联合验收”等模式。深化商事制度改革，全市市场主体总量达到 39.7 万户。积极引导企业对接多层次资本市场，现有 26 家上市公司、28 只股票，累计实现直接融资 598.14 亿元；在新三板挂牌企业累计达 54 家。齐鲁股权交易中心挂牌企业总数达 2850 家，占全国挂牌数的 1/10，居全国第一。主动融入国家“一带一路”建设，积极对接京津冀协同发展，“淄博号”中欧国际货运班列开通运行，货物贸易进出口总额突破 100 亿美元；博山区创建为首批国家文化出口基地。成功举办齐文化节、陶博会、新材料技术论坛等重大展会活动，城市美誉度和影响力进一步提升。

第三节　淄博市实施新旧动能转换重大工程面临的问题

虽然淄博市新旧动能转换工作进展较为顺利，取得了一定成绩，但作为一个依托资源开发兴起的老工业城市，固有的结构性、体制性矛盾依然突出，加之经济下行压力持续加大、资源枯竭、环境约束趋紧、民生保障任务繁重等因素叠加影响，今后一个时期淄博市转型发展将进入爬坡过坎的关键阶段，转型成效仍存在逆转风险，面临的困难和挑战不容忽视。突出表现在：

一、产业转型升级任务艰巨繁重

产业层次偏低，重化产业占比仍然偏高，传统产业占工业经济总量比重高达70%以上，其中重化工业又占传统产业的70%，高耗能、高排放问题依旧突出，替代产业支撑不够，"腾笼换鸟"步伐有待加快，新旧动能转换接续压力较大。产业集约化、集群化发展特色不鲜明，产业布局散乱、同质化竞争问题尚未根本解决，对新旧动能转换具有强力引领支撑作用的大项目、好项目不够多。

二、科技创新支撑能力亟待加强

企业自主创新能力不足，全社会研发投入和高新技术产业占比还低于全省平均水平，各类创新平台在集聚要素资源、促进成果转化方面作用发挥不够，对动能转换的支撑拉动作用不够强。

三、生态环保倒逼压力仍然较大

虽然近年来淄博市以前所未有的力度抓生态环保治理，但由于历史欠账多，生态建设和环境保护压力仍然较大，生态环境远未实现根本性好转，一次能源消费中原煤占比达65.2%（含外电），单位国土面积主要污染物排放量较高，万元GDP能耗比全省平均水平高出近40%。

四、转型发展体制机制仍需健全

制约产业转型升级的体制性、结构性矛盾依然不同程度存在，投融资体制、科技创新、园区管理运营、国有企业改革等制度体系有待完善，改革创新力度需进一步加强。

第四节　推进新旧动能转换重大工程的对策

推进实施新旧动能转换重大工程是一项综合性的系统工程，必须立足当地实际特别是现有的基础条件，吸收并完善近年来淄博市重点工作推进突破的成功实践经验，强化工作措施，完善推进机制，确保新旧动能转换各项工作任务落地见效、取得突破。

一、加强市级统筹和规划引控

推进新旧动能转换是一项系统工程，必须加强市级统筹和整体部署，打破区域、产业、资源配置等要素分割，既要避免重复建设、同质竞争，也要避免各自为战、自说自话，坚持全市"一盘棋"，增强工作推进的整体性和协调性，确保形成工作合力。

(一)完善主体功能区战略和制度

山东省于 2013 年印发出台了全省主体功能区规划，淄博市积极落实省规划，在"十三五"规划中对全市主体功能区划进行了明确界定和划分。为推动主体功能区规划的落实，结合推进实施新旧转换重大工程，下一步要研究制定落实主体功能区划的实施意见，推动主体功能区战略格局在市县层面精准落地。

(二)严守生态红线

从 2016 年下半年开始，淄博市委、市政府先后多次召开会议专题研究《淄博市生态红线划定方案》，最终形成了《淄博市生态保护红线规划(2016～2020 年)》，目前，《规划》共划定了 27 个生态保护红线区，总面积 1270 平方公里，约占全市总面积的1/5，主要分布在博山区、淄川区和沂源县。其中，省级及以上自然保护区的核心区和缓冲区以及饮用水水源保护区的一级保护区属于Ⅰ类红线区，对这类区域将实行最严格的管控措施，除必要的科学研究、保护活动及现有法律法规允许的民生工程或设施外，严格控制其他开发建设活动。

(三)加快推进“多规合一”试点建设

目前，淄博市已列入全省“多规合一”试点，要借助这一机遇，充分借鉴厦门等地先进经验，大胆先行先试，统筹各类规划，有效解决土地批而未用、效率不高、项目选址随意性大、部门串联审批等问题，逐步打破部门之间各自为政的局面，实现规划层面的市级统筹。

二、积极培育优质市场主体

充分发挥市场在资源配置中的决定性作用，集中力量打造一批核心竞争力强、规模与品牌优势突出的领军型企业和创新型企业，实现企业规模化、产业集群化、品牌高端化。

(一)打造一批龙头骨干企业

实施高新技术企业培育工程，推动一批科技型企业提质升级为高新技术企业。加快培育“瞪羚企业”“独角兽企业”“小巨人企业”，积极扶持“专精特新示范中小微企业”“单项冠军”“隐形冠军”等行业骨干企业。引导企业对接高层次资本市场，加快推进企业上市步伐，力争5年实现全市上市企业数量翻番。大力发展壮大混合所有制经济，促进齐鲁石化、中国铝业等中央、省属企业与地方融合发展。积极推动规模以上企业规范化公司制改制。实施企业家素质提升工程，推进落实“十万企业家三年培训计划”，开展制造业对标学习德国、创新型高成长企业对标学习以色列、化工企业对标台塑等专项行动。探索建立企业综合评价系统，实行分级分类支持和管理模式，将企业划分为ABCD四类，A类企业集中各类政策资源重点支持，B类企业只享受普惠性政策支持，C类企业任其发展，D类企业依法予以关停。

(二)建设一批优势产业集群

按照“龙头带群带链”模式，串珠成链、集链成群，围绕有机高分子材料、无机非金属材料、新能源汽车、新医药、电子信息等重点领域，着力打通一批重点产业链关键节点，策划筛选并重点培育一批特色鲜明、配套完备、竞争力强的百亿元级、500 亿元级和千亿元级优势产业集群。制定配套政策，集中支持产业集群的龙头企业培育、共性技术攻关、平台载体建设，把每个产业集群都打造成龙头企业领军、骨干企业参与、中小企业联动的“航母战队”，以点带面支撑产业转型升级和实体经济发展。

（三）形成一批高端知名品牌

深入推进质量强市、品牌带动和标准化战略。开展品牌强基工程，积极参与“山东标准”体系建设，增加山东标准中的“淄博元素”。全力打造一批知名区域品牌和地理标志产品。大力提升制造业品牌核心竞争力，积极融入省服装设计品牌国家平台建设，打造“三个 100”平台。发展壮大服务业品牌，培育壮大一批现代物流、金融保险、工业设计、信息服务、教育医疗等领域知名品牌。扩大“三品一标”特色农业品牌规模，提升农产品附加值。大力弘扬工匠精神，引导企业以技术创新、产品创新、运营模式创新提升品牌核心竞争力，打造百年企业和百年品牌。

三、以工程化方式推进重点工作开展

按照山东省委、省政府的部署要求，淄博市已经制定了关于加快推进新旧动能转换的实施方案，确定了 108 项重大事项，分别明确了主要任务、牵头单位、配合单位和完成时限，制定了详细的时间表、路线图，同时加强督察考核力度，对落实不力的将依法依规予以追责。可以说，目标明确，措施具体。当前，应重点做好三项工作：

（一）市级重大项目建设抓开工

2018 年淄博确定了总投资 3300 亿元、年度计划投资 1030 亿元的 332 个市重大项目，项目平均投资规模较 2017 年提高了 10%，产业项目占全部项目的比重超过 80%，该批项目的实施将对淄博市新旧动能转换重大工程起到重要的支撑作用。要全面落实“要素资源跟着项目走”保障机制和“一线工作法”审批服务模式，主攻项目开工手续办理、征地拆迁等关键环节，牵头组织各方工作力量做到全体靠上、通力协作，为重大项目顺利开工创造良好的外部环境。

(二)储备项目抓推进

当前及今后一段时期,要重点围绕国家重大战略布局,立足淄博市产业基础和优势,突出四大主导产业和构建“753”现代产业体系,委托国内外知名咨询机构,高水平策划一批高端优质项目。建立与完善市级新旧动能转换重点项目库管理机制,围绕“753”产业体系和“高、新、轻、绿”转换方向,突出四大主导产业,建立市级入库重点项目专家评审制度,实行动态管理、定期调整。依托“互联网+”、云计算、大数据技术,建设市级新旧动能转换项目管理平台,完善管理服务、信息采集、数据分析、在线监管和绩效评价等功能。加快入库项目实施,分类推进列入省、市新旧动能转换库项目,形成“实施一批,储备一批,策划论证一批”的推进格局。

(三)重大基础设施建设工程抓落实

根据规划,山东将对综合交通网络布局进行优化调整,通过实施加密、提速、扩通道,到2020年全省高速铁路营运里程达到2836公里、高速公路里程达到7600公里,全面形成以济南、青岛为中心的“1、2、3小时”交通圈。淄博要抓住机遇,积极争取滨淄临高铁上升为国家规划,济淄潍高速列入省综合交通规划,构建完善淄博市综合交通布局。同时,全力配合好济青高铁淄博段建设,开工建设沾临高速淄博段;加快建设高铁新城,实现淄博北站、临淄北站与济青高铁同步投入使用。有序推进张博铁路电气化改造前期工作,加快城市轨道交通项目报批工作,争取启动示范段建设。实施淄博火车站南广场片区综合改造提升工程,打造绿色智慧示范区。

四、把握好动能转换的强大动力

创新、改革、开放是推动经济结构调整、实现经济持续增长的三大动力,加快新旧动能转换必须把握并运用好这“三大动力”。

(一)以创新驱动增强动能转换动力

重要的着力点是搭好科技创新平台,突出企业的主体作用、人才的主力作用,打造转型发展的新引擎。一是发挥企业创新主体作用。淄博要强化企业的创新主体地位,建设好新材料等开放式中试基地,支持创新型中小企业利用多层次资本市场上市挂牌融资,大力引进和发展创业投资主体,打通资

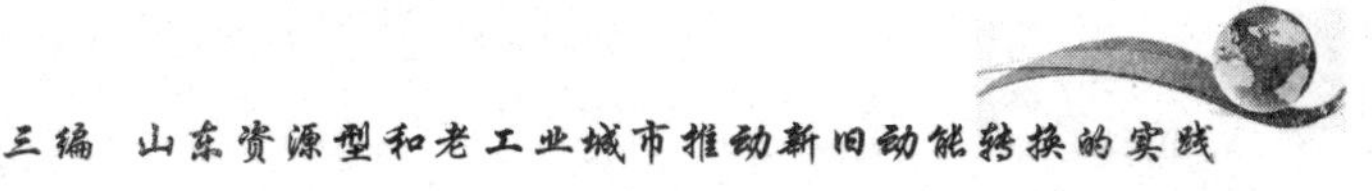

本市场与创新市场的对接通道,加速科技成果的市场化。二是突出人才创新主力作用。要坚持实施淄博英才计划,结合“四大招引”工程,深入加强与大院、大所的合作,积极引进“千人计划”专家等高层次人才。积极探索采用柔性引才机制,不求所有,但求所用,探索采用期权激励、技术入股等方式,增强对高层次人才的吸引力,重点引进掌握关键核心技术、带动新兴学科和产业急需发展的领军人才和以优秀企业家、职业经理人为核心的企业经营管理人才。同时,深入推进校城融合,充分发挥山东理工大学的智力支撑作用,积极推进职业教育校企合作,为创新发展提供人才保障。在创新驱动方面,政府需要做的是搭建平台、优化政策环境,让企业唱主角。

(二)以深化改革激发动能转换活力

一是深化放管服改革,最大限度削减行政审批事项、减少行政审批环节、减除无谓证明和繁琐手续、减轻企业税费成本压力,激发市场主体活力。积极争取国家相对集中行政许可权改革试点,组建行政审批局,实行“一枚印章管审批”。实施“一不三一”改革,实现“不见面审批”达到70%以上,推进一门受理、一网通办、一次办好。二是深化国有企业改革,健全企业法人治理结构,稳步推进国有资本整合重组,建立现代企业制度。三是完善市、县(区)公共资源交易平台,推动各类公共资源交易事项应进必进。四是加快“信用淄博”建设,不断完善淄博市公共信用信息平台,用信用体系推动营造公平竞争的市场环境。

(三)以扩大开放释放动能转换潜力

突出“走出去”和“引进来”两个关键环节:一方面,依托淄博市开通“淄博号”中欧国际货运班列、淄博保税物流中心积极争取升格为综合保税区等有利时机,积极引导淄博市企业与“一带一路”沿线国家开展国际产能合作。同时,加快推进柬埔寨齐鲁工业园、乌兹别克斯坦工业园、印尼综合工业园等境外园区建设,为淄博市企业“走出去”搭建境外投资平台。另一方面,聚力实施双招双引。突出高端化招商、产业链招商、集群化招商,围绕世界500强、国内500强、央企国企、行业龙头、上市公司、知名民营企业等重点对象,聚焦四大主导产业,瞄准建链、补链、强链等关键环节,引进市场前景好、拥有核心技术、辐射带动能力强的龙头企业,力争引进一个大企业、突破一个大产业、发展提升一条产业链;坚持以商招商,引导规模以上骨干企业“量身定做”招商引资项目,采取靠大联强、兼并重组等多种方式做大做强;加强与全国性和重点区域协会、商会、中介组织的联系,采取利益分成、联合办企、资金奖励等方式引进优质项目;强化专业招商,通过内选外聘等方式,打造专业团队,实行精准招商、跟踪对接、靠上争取。定期组织筹办大型招商活动,积极举办国际性或全国性的行业年会、代表会议、论坛会议等各类会议。

五、完善配套政策创造良好环境

推动新旧动能转换需要完善配套政策,为培育新动能创造良好的环境。

(一)加强政策支持

重新梳理各类政策资源,集中投向新旧动能转换重点领域。强化财税引导和激励功能,加大对科技创新、产业转型等方面支持力度,确保将财税资源用在刀刃上。严格落实国家和省、市相关扶持政策,积极引入一批符合“四新”“四化”要求和“高、新、轻、绿”方向的新旧动能转换项目。落实高新技术企业所得税优惠及促进中小微企业发展的各项税收优惠政策。

(二)创新金融扶持

整合现有基金,设立全市新旧动能转换引导基金,灵活设立若干产业投资、园区基础设施建设、并购重组子基金,吸引金融、社会资本、战略投资者参与合作,总规模600亿元以上;支持企业对接高层次资本市场,拓宽融资渠道;推广科技金融创新举措。发挥政府股权投资引导基金作用,健全从实验研究、中试到生产全过程的科技创新融资模式。加强科技与金融融合,通过政府引导、民间参与、市场化运作,搭建债权融资服务、股权融资服务、增值服务三大信息服务体系,为中小企业提供全方位、一站式投融资信息服务。

(三)优化土地保障

持续开展“批而未供”“供而未用”土地及关停取缔的“散乱污”企业用地专项整治行动,加快“腾笼换鸟”。抓住淄博市列入国家土地利用总体规划修编试点的时机,采取土地置换的方式,把规划建设用地向重点园区集中集聚,优化建设用地布局。研究制定存量土地高效盘活利用的政策,积极推进低效用地再开发和闲置土地处置。全面落实省对市建设用地有关政策,对新旧动能转换重大项目在年度建设用地指标、农用地转用、城乡建设用地增减挂钩指标安排上给予倾斜。探索采取长期租赁、先租后让、租让结合、弹性年期出让等方式，支持新旧动能转换项目建设。

(四)借势借力发展

研究用足用好上级各项政策，放大政策叠加效应，优化外部政策环境支撑。积极对接淄博市全国产业转型升级示范区年度评估获“优秀”等次的相关激励措施，争取国家在投资、创新、产业、土地、金融等方面的集成政策。积极争取淄博市更多项目列入省新旧动能转换重大项目库，享受省级入库项目扶持政策。研究储备一批重大改革事项，精心组织、提前谋划，制定改革试点方案，积极向国家和省对接汇报，争取更多重大试点示范任务落户淄博市，努力探索形成可复制可推广的模式，为全省乃至全国贡献经验。

六、强化督察考核，确保任务的落实

一方面，通过强化督促检查，抓工作落实。对照《关于加快新旧动能转换建设新型工业化强市打造全国产业转型升级示范区的实施方案》涉及的各项重点事项逐一明确牵头部门和责任部门，加强对新旧动能转换各类重大事项分工方案的督导落实，按照“六个一”督察要求，抓好月度督导推进。将淄博市新旧动能转换重大项目推进督导与淄博市重大项目观摩点评有机结合，每半年对新旧动能转换组织一次专项督查。加强评估评价，按照省政府统一部署，适时组织开展新旧动能转换重大工程实施评估，推动各项工作任务落到实处；另一方面，通过强化考核评价，抓工作落实。2017 年下半年，省及淄博市都将新旧动能转换考核指标体系引入经济社会发展综合考核，取得了良好的成效，对于市及区县推动“四新”经济发展起到了风向标的作用，各地市、各区县更加重视区域创新能力、新经济增加值、全员劳动生产率这类效益型指标。要尽快建立健全新旧动能转换考核机制，制定考核工作细则，完善考核指标体系，提升数据统计质量，加强日常调度督导。建立新旧动能转换监测统计指标体系，加强统计调查分析，确保数据应统尽统、精准可靠，为准确分析研判新旧动能转换形势提供数据支撑。加强考核结果运用，将考核成绩作为选拔任用各级领导干部的重要依据，充分发挥考核“指挥棒”作用，确保工作落地见效。

第四编

山东东部沿海地区推动新旧动能转换的做法、成效及启示

第十章

威海市以政府职能转变推进新旧动能转换的做法、成效、问题及对策

自山东省新旧动能转换重大工程启动以来，威海市主动适应传统动能改造提升和新动能加速成长的需要，以政府职能的持续转变推进新旧动能转换，开展了一系列政策研究、调研论证、谋划推进、督导落实等工作，在山东省2017年度新旧动能转换专项考核中名列第一。

第一节　威海市积极探索以政府职能转变推进新旧动能转换

威海市积极探索以政府职能转变推进新旧动能转换，形成了值得总结的好做法。主要做法如下：

一、将政府职能的转变作为推进新旧动能转换的总引擎

威海市重视抓思想观念的变革和正确处理市场与政府的关系，具体做法如下：

（一）深刻认识到新旧动能转换的首要问题是思想观念的变革

思想是行动的先导。“新旧动能转换”提出后，针对广大干部、企业家等

群体对其内涵存在模糊认识，回答不好“为什么转、转什么、怎么转”等问题，威海市广泛开展了大兴学习之风活动，由市委常委会带头，组织各级各部门开展新旧动能转换大学习、大讨论。通过电视、报纸等媒体进行多渠道解读报道，引导全市上下站在全局的高度，看清南北差距、找准自身短板；特别是省全面展开新旧动能转换重大工程动员大会召开后，威海市更是趁热打铁，结合开展“大学习、大调研、大改进”，认真学习省委书记刘家义同志的讲话精神，加强查摆问题、对标学习、宣传引导等工作，切实增强了全市上下推进新旧动能转换的紧迫感和责任感。

(二)充分理解新旧动能转换的关键是处理好市场与政府的关系

党的十八届三中全会强调，全面深化改革的核心问题是处理好政府和市场的关系，使市场在资源配置中起决定性作用和更好发挥政府作用。同时还指出，大幅度减少政府对资源的直接配置，推动资源配置依据市场规则、市场价格、市场竞争实现效益最大化和效率最优化。强化地方政府公共服务、市场监管、社会管理、环境保护等职责，进一步确定了地方政府的职能转变的方向。针对地方政府职能的新定位，威海市认真研读中央和山东省委的重大决策和部署，深刻理解和把握了地方政府在新旧动能转换中的职责和作用，并将其定位于体制机制的创新，重点在于破解制约新动能成长和传统动能改造提升的体制机制障碍，营造包容支持创业创新和推动传统产业提质增效的营商环境和社会生态。围绕这一理解，威海市召开了推进新旧动能转换动员大会，通过完善配套制度有力地推动了政府部门职能的转变。

二、将完善推进体系建设作为推进新旧动能转换的总抓手

进一步推进体系建设主要体现为以下三个方面：

(一)抓统筹谋划突出了政府的规划职能

经省重大办审查通过，威海市出台了新旧动能重大工程总体方案实施规划，并指导各区市制定了总体方案或实施规划。配套制定了海洋强市总体方案、乡村振兴规划、综合交通规划等多项政策文件，从多个维度为新旧动能转换提供了支撑和保障；瞄准打造精致城市的目标，加快推进“多规合一”，成立威海市推进“多规合一”工作领导小组，制定“多规合一”工作指南，统筹推进

了新一轮城市总体规划、土地利用总体规划、生态保护红线优化方案的编制工作，确保实现“多规”动态合一。启动了“多规合一”综合应用平台建设，完成了市域一体空间统筹规划编制；完成了数字化平台开发，基本实现城市设计全覆盖。

(二)抓宣传推介突出了政府的舆论引导职能

威海市启动并开展了新旧动能转换重大工程简报编制工作，按照一周两期的频率，累计刊发了近40期的工作简报，刊发各类经验文章70余篇，重点展示威海各区市、各部门推进新旧动能转换的思路打算、典型经验、亮点工作等，营造了领跑有动力、追赶有目标、努力有方向的良好干事创业局面；在市级电视台、日报社开设新旧动能转换专栏，加强媒体宣传，在全市形成了人人想新旧动能转换之计、谈新旧动能转换之事、献新旧动能转换之策的良好舆论氛围。

(三)抓责任落实突出了政府的督导考核职能

威海市将新旧动能转换作为统领经济工作的“牛鼻子”和总抓手，组建由市委、市政府主要负责人任组长的新旧动能转换重大工程战略规划领导小组，设立市新旧动能转换重大工程推进办公室，从机构设置、人员配备上为推动新旧动能转换提供有力保障。制定了《关于建立新旧动能转换重大工程协调推进体系的工作方案》《威海市新旧动能转换重大工程重点工作安排》等配套文件，按照“工作项目化、项目清单化、清单责任化”的要求，创新建立了重点任务、重点项目、重大政策“三个工作手册”，形成组织有力、分工明确、责任落实的工作推进机制。制定了新旧动能转换近期工作重点和新旧动能转换重大工程督导落实工作方案，由近及远提出了工作重点和推进方法，将督导形成工作制度化、机制化，为各项任务顺利推进提供了保障。先后多次召开专题动员和推进会议，组建工作专班、论证总体方案、理顺推进机制，全面展开新旧动能转换重大工程。同时，严格督导考核，把新旧动能转换作为全市科学发展和目标绩效考核的重要内容。印发了新旧动能转换重大工程督导落实工作方案，制定了威海市新旧动能转换考核办法。将5项共性指标、4项差异化指标全部分解落实到各区市和相关部门，进一步压实责任，完善考核机制，细化奖惩措施，极大地调动了全市推进新旧动能转换的积极性。

三、将体制机制创新作为推进新旧动能转换的动力源

抓体制机制创新主要体现为以下几个方面：

（一）积极开展先行先试

认真贯彻落实中央提出的东部地区率先发展的要求和部署，坚持以改革创新的思路推动新旧动能转换的各项工作，新争取了80余项省级以上改革试点，推进了服务贸易支行等多项服务贸易试点经验的全国推广。威海市及荣成市双双获得首批全国社会信用体系建设示范城市，是全国唯一地级市和所辖县级市同时获批的城市，威海市信用综合指标在全国262个地级市中位居第5位。制定出台了推动开发区转型升级创新发展的实施意见，积极创新开发区管理体制机制，支持开发区创新收入分配机制，鼓励推行招商体制机制企业化、市场化改革，切实激发了发展活力。

（二）主动探索政策创新

认真研究梳理中央及省级赋予新旧动能转换综合试验区与威海有关的65项先行先试政策，做好与威海市相关政策的融合衔接。制定出台了深化英才计划、促进工业企业提质增效、金融支持新旧动能转换、支持“飞地经济”、优化用地保障等政策文件，统筹运用和落实好现有的人才政策、创新政策、产业政策、财税政策、金融政策、土地政策、开放政策、生态政策，把各项政策蕴含的空间最大限度挖掘出来，聚拢力量，打好组合拳。

（三）统筹配置金融工具

改变靠政府财政资金直接投入并带动经济发展的传统思维，设立总规模300亿元的省新旧动能转换威海产业发展基金，首期签约仪式与合作方签订了112亿元的合作协议。与中汇华夏等合作新设3支子基金，主要服务于威海市的现代农业、大健康、成长领域的产业等，拟投企业9家，拟增设的北汽产业基金、航空航天基金、教育产业基金等合作事宜正在洽谈。

四、将优化创新创业环境作为新旧动能转换的助推器

威海市将优化创新创业环境作为新旧动能转换的助推器，实现以下新突破：

（一）深入推进简政放权

目前市级行政审批事项压减56%、时限压缩52%，90%的投资核准事项可直接在县级办理。企业投资项目核准事项由19项缩减为15项，外商投资项目核准事项由19项缩减为14项，取消19类工业产品生产许可。取消、停征2项政府性基金和15项行政事业性收费，每年减轻企业负担1.6亿元。取消调整涉及19个部门的59项证明和盖章类材料，清理规范性文件1068件，修改和废止382件。

（二）大力实施精准监管

出台公共信用信息管理办法、守信联合激励和失信联合惩戒办法，发布3批信用“红黑名单”，公共信用平台覆盖所有区市和67个市直部门，累计归集管理服务事项3613项，1.56亿条信息，在51个部门299个行政管理和服务事项中广泛应用。威海信用平台网站荣获“全国标准化平台网站”。全市51个有行政执法主体资格的部门和各区市159个部门全部安装应用“双随机一公开”抽查系统，在全省率先实现市级层面“全覆盖”。开展随机抽查1177次，公开随机抽查信息9846条次。适应新业态发展需要，制定实施了网络预约出租汽车经营服务管理细则、互联网租赁自行车规范发展实施意见等。

（三）全面优化政务服务

深入推进“一窗一门式”服务模式改革，593项政务服务事项实行“一窗受理”，72个镇街全部完成“一门式”服务模式改革。公布了第一批48项“全市通办”事项。在全省率先完成市级电子证照库建设，15个部门79个证照批文实现电子证照和纸质证照同步签发。荣成市在全省率先组建行政审批服务局，实行一个主体对外、一枚印章管审批，为全省推广提供实践基础；在省内率先推行市区高中入学信息审核全程网办“零跑腿”；40余个部门在20个领域向社会开放数据88万条，总交换量6000多万条。

（四）强力提升营商环境

组织开展了全市营商环境调研摸底工作，筛取大数据信息4.6万条，征集调查问卷5180份，开展电话访问5300多人次，访谈各类服务对象200多人，累计征集意见建议883条。根据全面摸排发现的难点和堵点问题制定了

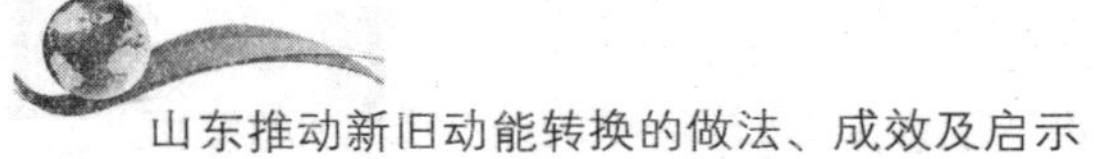

优化营商环境工作方案。参照省模式和标准，通过引入第三方调查机构独立完成了全市营商环境评价抽样调查，全市营商环境综合满意度为98.9%。

第二节　威海市以政府职能转变推进新旧动能转换取得的成效

威海市以政府职能转变推进新旧动能转换取得了以下成效：

一、以高标准的定位引领了新旧动能转换总体工作

（一）完善了城市发展定位和产业格局

威海市从区域发展实际出发，在全省率先制定了新旧动能转换重大工程总体方案，确定了“蓝色创新城市”“医疗健康城市”“高端智造城市”“时尚创意城市”的发展定位。截至2018年，共有72个新旧动能转换事项列入山东省总体方案和实施规划；结合国家和省级开发区发展重点，确定并加快推进了自主创新示范区、产城融合示范区、海洋经济发展示范区、蓝色经济新区、中韩自贸区地方经济合作示范区建设，着力打造医疗健康基地、医疗器械基地、电子信息与智能制造基地、碳纤维基地、海洋生物基地、石墨烯基地、服务贸易产业基地、时尚创意基地、品质农业基地等“五区九基地”产业格局。

（二）确立了“1＋33333”工作体系

强化“一个统领”，即把新旧动能转换作为统领经济工作的重大工程；实施“三大战略”，即全域城市化、市域一体化战略，产业强市、工业带动、突破发展服务业战略和城市国际化战略；突出“三个力保”，即全力保证交通快速通达、全力保障水资源安全、全力保护海岸线等生态资源；打好“三大攻坚战”，即全力以赴打好防范化解重大风险、精准脱贫、污染防治攻坚战；坚持“三个聚焦”，即聚焦区域、聚焦产业、聚焦政策，找准区域发展的突破口，提高产业发展的精准度，打好政策支持的组合拳；强化“三个整合”，即加快整合“12345”政务服务热线、整合共享政务信息系统、整合政务督查力量，更好地服务群众、服务企业、服务发展。

(三)谋划了七大千亿元级产业集群

对接省“十强”万亿产业，制定出台了培育壮大千亿元级产业集群的实施意见，按照“一业一策”方式，谋划打造了新一代信息技术、新医药与医疗器械、先进装备与智能制造、碳纤维等复合材料、海洋生物与健康食品、时尚与休闲运动产品、康养旅游等千亿元级产业集群。七个产业集群2018年1～7月份的主营业务收入达到3099.3亿元，并继续保持着良好的增长势头。其中，新医药与医疗器械产业龙头企业威高集团已在美国收购了3家公司，在全国布局营销网络和物流托管平台。通过海外并购、产业链延伸等措施，3年之内主营业务收入有望由2017年的378亿元增加到1000亿元以上；碳纤维等复合材料产业的拓展纤维生产的碳纤维及其复合材料制品，已成为国内碳纤维及复合材料领域的领军者，目前该企业将T1000级、高模产品列入科研攻关目标，不断探索碳纤维技术新高地。

二、以空间布局的优化拓展了新旧动能转换的平台载体

重视空间布局的优化，在三个方面做出了有益的探索：

(一)以产城融合发展带动了重点区域突破发展

威海东部滨海新城招商引资工作加速推进，威海企业总部中心、德懋堂精品酒店等5个项目已经签约入驻，在谈的储备项目达到50多个，威海一中新校区工程已投入使用，三滩社区、逍遥社区、龙山湖社区安置工程基本竣工，国际医学产业中心、广安城市广场等10多个项目集中奠基，泊于水库主体工程完工；文登区同城化发展、乳山市产业结构调整步伐明显加快；南海新区体制机制加速理顺，行政审批局和综合执法局等机构已经成立；双岛湾科技城、好运角旅游度假区、里口山城市山地公园等重点区域2018年上半年实施基础设施和产业项目110个，完成投资74.4亿元，完成计划39.2%。

(二)以园区先行发展提升了新旧动能转换载体的承载力

突出了开发区的主阵地作用，把推动新旧动能转换作为开发区“二次创业”的方向和重点；突出了示范区的先行军作用，规划建设碳纤维、海洋高新技术、服务贸易、石墨烯和铁路物流等高端产业园区，配套公共厂房、生活服务、研发检测等服务平台，吸引了一批创新型企业入驻，成为全市新经济增长

极。医疗器械与生物医药产业园、电子信息与智能制造产业园等专业园区按照“园区共建、平台共享、设施共用”的思路，为入园企业提供“厂房订制、租售灵活、拎包入住”服务，投资10亿元以上的企业可自建厂房，投资1亿元以上的科技型中小企业可根据生产具体需求进行“厂房定制”，投资1亿元以下的科技型中小企业可直接“拎包入住”，比企业自建厂房周期缩短2年以上、成本节约30%左右、容积率提高1倍多，园区平台的配套服务水平和项目承载能力进一步提升。

（三）以创新平台建设增强了各类要素的聚合力

积极创建国家区域创新中心，并着力突出创新平台的领头雁作用。按照“1+3+N”的思路，组建国家区域创新中心实体公司市场化运作，依托工信部电子信息技术综合研究中心、哈工大创新创业园和国家制造业（高性能医疗器械）创新中心等三大创新平台，吸引了更多创新资源在平台上聚集融合。在此基础上实施创新平台提升工程，目前威海市省级以上企业研发平台增至284家，其中国家级24家，国家、省级制造业单项冠军企业分别达到5家、8家，24家企业入选首批山东省中小企业“隐形冠军”企业，数量位列全省第二，威海火炬高技术产业开发区、威海迪尚集团入选国家“双创”示范基地，威海市成为山东省唯一拥有区域类和企业类“双创”示范基地的地级市。

三、以重大项目实施激发了新旧动能转换的内生动力

推动重大项目建设，为新旧动能转换注入了新动力。

（一）以项目入库为基点瞄准了新旧动能转换的主攻方向

重点筛选了116个、总投资4380亿元的重点项目，有58个项目列入了全省重点项目库，其中康得碳谷、莱荣高铁等11个项目挤入了省重点推介的第一批150个项目。截至2018年7月底，116项重点项目开工率达到95.7%，实际完成投资176.3亿元，占年度计划的60%。碳纤维、医疗器械与生物医药、电子信息与智能制造、海洋高新技术、服务贸易等高端产业园区完成投资20亿元，引进项目73个，成为全市新的经济增长极。

（二）以传统项目升级为焦点，紧盯储备项目的培育

威海市秉持“没有落后的传统产业，只有落后的产业传统”理念，积极倡

导鼓励部分传统项目实现了从汗水驱动到智慧驱动的转变。如山东卡尔电气股份有限公司制造费用降低15%，产量提升20%，年耗能不到总产量的1%；万丰镁业在成功将镁合金轮毂送入国际顶级汽车生产企业之后，朝着大批生产轻量化核心零部件方向发力；迪尚集团探索出了"互联网＋设计＋供应链＋制造＋现代物流"的全新方式，整合服装全产业链资源，全力打造服装设计国家专业化众创空间，目前已成功入驻纺织服装创意设计机构60多家。2017年，迪尚集团获批国家"双创"示范基地、工业和信息化部纺织服装创意设计试点园区、国家工业设计中心，实现主营业务收入突破100亿元，预计到2020年将突破300亿元。

(三)以精准招商为支点撬动了外资项目的内引外联

威海市坚持大胆假设、小心求证，大力推进精准招商、专业招商、产业链招商，引进了一批优质项目入驻威海。总投资500亿元的康得碳谷科技项目全部达产后可实现年销售收入1000亿元，有望打造成全球最大的高性能碳纤维生产基地；全球开关行业领军企业德国马夸特集团投资1.6亿欧元建设的电动开关项目，有望带动一系列"德国工业4.0"项目落地，形成中德产业合作聚集区；促成惠普公司收购三星打印机业务，带动亿和精密加工、大振电子等一批投资过亿美元的配套项目先后落户，形成了全链条的产业配套环境。目前总投资30亿美元的惠普全球激光打印机基地正加快推进，总投资15.5亿美元的5个配套项目开工建设，3个项目已通过验收投产。按照惠普公司战略规划，其A4打印机市场将达到1500万台、A3达到200万台的规模，收入突破1500亿元，整个产业链规模将达到2000亿元，有望打造全球打印机产业新高地；规划建设国内首个服务贸易实体园区，引进美国微软、日本软银、韩国CNT等20多个优质项目，与浪潮集团合作打造了"一带一路"国家云服务运营中心，带动了新业态、新模式突破发展。

第三节　威海市以政府职能转变推进新旧动能转换面临的问题

威海市以政府职能转变推进新旧动能转换面临一些问题，其主要问题如下：

一、抢抓机遇的紧迫感还有待增强

对于加快新旧动能转换的重大意义虽然有一定认识，但还不够深刻、行动还不够坚决，一定程度上存在口头上重视、行动上松懈的问题。通过考察浙江嘉兴、广东东莞、江苏常州等地，南方先进城市见事早、行动快，从2008年经济危机之后，就开始腾笼换鸟、动能转换，推动经济质量和效益提升。威海虽然从2008年起就持续开展由政府主导的“自主创新年”活动，旨在倡导、利用科技创新、体制机制创新等推动转型升级，但没有很好撬动起全市范围内的新旧动能转换。城市重商氛围不浓，许多本土企业家思想保守，特别是中小企业主存在“小富即安”“小进则满”意识，新旧动能转换的主观意愿不够强烈。

二、行政体制机制创新度有待提升

虽然大力实施政府提速工程，积极推行“一窗式”“一门式”政务服务模式改革，但与浙江等发达地区相比，“放管服”改革还不够深入，很多权力并没有下放到位，个别部门还是舍不得向自己开刀。投融资体制机制不活，投资平台配置不够优化，有限的政府资金并没有充分发挥作用，政府引导基金存在“设立慢、出资慢、投资慢”的问题。政府部门服务意识还不够强，没有真正实现由管理者向服务者的转变，很多事情还是要等到企业上门来求助，走访服务企业存在“只收集问题，不解决问题”的现象。

三、全社会创新创业的氛围有待提升

干部中存在着思想解放不够、观念变革不深、敢领风气之先魄力不足等问题，不善于用创新的思维解决问题，“老办法不管用，新办法不会用”还在一定程度上存在。政府主管部门对上级各项政策的研究不够深入，政策红利没有得到充分释放。企业重生产、轻创新的思想观念普遍存在。全市规模以上工业设立研发机构的企业仅占10%左右，远低于江苏(38.9%)、浙江(22%)的平均水平；全市高新技术企业仅有301家，不到全省的5%。

四、主导产业的优势有待彰显

现有主导产业无论是产业层次、产业结构还是质量效益、核心竞争力等方面，与先进地区相比还有一定差距。食品加工、纺织服装等传统优势产业仍以劳动密集型为主，新兴产业增长虽然较快，但体量还不够大、产业链条也比较短。如威海市的一些食品加工企业长期出口日韩，产品质量过硬，但自身品牌建设滞后，仍然在赚贴牌生产的“辛苦钱”。零售、餐饮等传统服务业占服务业增加值的比重为55.2%，微笑曲线两端的生产性服务业、科技服务业、总部经济等业态发展缓慢，服务业量大而质不优。海洋经济长期没有取得质的突破，海洋渔业占海洋生产总值的比重达到34.3%，位居各类海洋产业首位，海洋生物产业占比仅为5.5%，海洋装备制造业占比也仅为13.3%。

五、龙头骨干企业带动能力有待突破

大企业少、龙头企业带动性不强等问题仍然存在。全市规模以上工业企业中，主营业务收入过百亿元的企业不多，数量不到全省的3%。主营业务收入最高的威高集团年收入为378亿元，仅为魏桥集团的1/10左右。服务业企业中，也仅有“家家悦”一家企业主营业务收入达到百亿元。随着新一轮科技革命和产业革命的深入，大企业在市场竞争中的核心地位越来越凸显，“群山无峰”将可能导致产业发展处于被动。

第四节　进一步推进政府职能转变，实现新旧动能转换的新突破

实现新旧动能转换必须进一步推进政府职能转变，需要在以下几个方面实现新突破：

一、明晰政府职能定位，更好发挥政府对新旧动能转换的推进作用

要充分认识新旧动能转换的主体是企业及新兴经济领域市场主体。地

方政府应当围绕深化供给侧结构性改革，恪守公共服务、市场监管、社会管理、环境保护的职责，让市场与政府的边界进一步“清”起来。要充分发挥市场对资源配置的决定性作用，尊重经济发展规律，努力做好“放管服”文章，真正做到“尽可能市场，必要时政府”。首先，要做好“放”的文章，凡是能由市场机制调节、价格机制调整、竞争机制解决、社会化供给的事项，应放手交给市场和社会组织，避免对微观经济进行不必要干预。其次，做好“管”的文章，不断完善权力清单和负面清单，明确政府应该监管的领域、事项和环节。在此基础上，不但创新监管理念、方法和工具，大力实施审慎监管、精准监管，将重点放在保障公平竞争、维护市场秩序、优化营商环境等方面。再次，做好“服”的文章，不断强化服务意识，树立管理就是服务的理念。大力推广政府购买服务，凡属事务性管理服务，原则上都要引入竞争机制，通过合同、委托等方式向社会购买。

二、释放政策红利，提升各类市场主体实施新旧动能转换的活力

新旧动能转换是一项系统工程，需要根据不同情况灵活运用政策“工具箱”里的各种“工具”。针对已经梳理出的关于国家级新区、国家自主创新示范区和全面创新改革试验区涉及创新、产业、财税、金融、土地、开放、生态等诸多领域发展的具体的政策措施，引导各级干部真正用心去研究、运用这些政策“工具”，把各项政策蕴含的空间最大限度挖掘出来，聚拢力量，打好组合拳。坚决克服“等靠要”思想，工作推进中随时梳理需要支持的重点事项，把有需要、有条件、可争取的政策研究好、分析透，积极向上争取新的政策“工具”，为新旧动能转换提供强力政策支持。在政策运用上，坚持目标导向和问题导向，着眼于解决企业反映的突出问题，研究出台管用、好用、切实发挥作用的政策，避免出现“抽屉政策”，为新旧动能转换开辟更多“政策绿道”。通过政策引导与扶持，让传统产业得到升级，新兴产业得到培育，优势产业得到膨胀，产业链条得到延伸，市场主体得到扩张。

三、激发载体活力，夯实以园区创新带动新旧动能转换的基础

加快新旧动能转换，首当其冲考验的就是各类开发区的创新能力、发展

活力。国务院和山东省政府为此也出台了《关于促进开发区改革和创新发展的若干意见》及落实意见，从优化开发区形态和布局、加快开发区转型升级、全面深化开发区体制改革、完善开发区土地利用机制、完善开发区管理制度五个方面提出明确要求，为推进园区转型升级提供了有利契机。威海市拥有3个国家级开发区、1个综保区和10个省级园区，应鼓励开发区创新管理体制，探索建立市场化管理模式，明确开发区主要职责。要大力推动开发区机构改革、用人制度改革等，进一步理顺市、区（市）与开发区、镇（街道）之间的事权划分关系，优化开发区机构设置，支持开发区深化干部人事制度改革，激发开发区“二次创业”活力。同时要将依托各类开发区打造的各类高端园区作为园区建设的重中之重，鼓励各区域招商引资项目资源共享、优势互补，在全市范围内推动同类项目向专业园区集中，并强化以亩产论英雄的导向，引导各园区算好投入产出账，严格执行土地投资强度、效益产出等标准，严控低效项目进入。

四、补齐发展短板，突破制约新旧动能转换的因素

全力突破交通瓶颈。威海市地处全省、全国的陆路末梢，目前还没有一条时速350公里的高速铁路，仅有的青荣城际铁路实际运行速度还不到200公里/小时，从最东端的威海到省会济南需4个多小时，在时间距离上还要大于杭州到济南的距离，对全省区域统筹、一体发展形成制约。受此制约，对威海市人才招引和企业用工都有较大影响，有些企业受区位限制和交通制约，只得舍近求远在青岛设立企业研发中心。应高标准推进基础设施互联互通，加快编制威海综合交通网规划，确保高铁、机场等基础设施等项目尽快开工并投入使用；协调推进港口资源整合，加快构建市域一体、国内通达和联通海外“三大交通圈”。全力突破人才瓶颈。威海市共有11所驻威高校、10万名左右在校学生，但留威毕业生较少。如山东大学（威海）、哈尔滨工业大学（威海）每年约6000名毕业生，留在威海工作的仅有300人左右。此外，校地合作不够深入，哈工大创新创业园至今还在建设中，与其他高校的实体性合作还没有破题。应认真学习借鉴嘉兴等南方城市的成功经验，充分用好威海优质的高校资源，建立推进校地合作共建、加快新旧动能转换联席会议机制，进

一步加强与高校的对接，研究探索更有效的合作机制，促进创新平台、科研设施、创新人才等资源要素加速整合，为新旧动能转换提供有力支撑。

五、改进行政作风，营造全社会参与新旧动能转换的氛围

政府机关作风建设是推进新旧动能转换的根本保证，新旧动能转换的任务越是艰巨繁重，越需要过硬的工作作风。全市上下应抓住全省正在开展的"大学习、大调研、大改进"这一契机，与"不忘初心，牢记使命"主题教育有机衔接，大力推动干部队伍思想再解放、能力再提升、作风再转变，以作风建设的实际成效，更加精准有力地推进好各项工作。持续深化机关作风建设年成果，将"政治过硬，本领高强，担当作为，作风严实"贯彻于作风建设始终，引导广大干部牢固树立大局意识，自觉提升发展标杆、提升发展境界，从"惯例"中走出来，从"框框"中跳出来，抢抓机遇，干事创业，努力把发展的步子迈得更加坚实有力。坚决落实干部能上能下、正向激励、容错纠错、关心关爱基层干部等制度，进一步完善"六位一体"考核监督体系，树立鲜明的干事创业导向，把实绩考准、把干部用好，努力使勇于担当、敢于负责的干部有平台、得机会，不断为新旧动能转换注入新的活力。

第十一章

以“五大行动”加速推进日照市的新旧动能转换

建设新旧动能转换综合试验区，是中央对山东由高速度增长转向高质量发展提出的新要求，为日照加快经济社会转型升级提供了新的重大机遇。近年来，日照市委、市政府按照“一三五”总体发展思路，坚持事不避难、勇于担当，针对发展中的突出问题，相继部署开展了突破园区聚力招引、贸易融资风险化解、林水会战、重点领域改革等一系列攻坚行动，主要经济指标增幅跃居全省前列，跑出了骄人的“日照加速度”。目前，日照发展已经进入从“蓄势积能”到“发力超越”的新阶段。如何不断深化对自身市情的精准把握，做好与省委、省政府战略决策部署结合的文章，把新旧动能转换确定为统领全市经济社会发展的重大工程，聚焦聚力高质量发展，实现从“跟跑”到“并跑”、个别领域“领跑”转变，已成为新时代日照经济社会发展面临的重大课题。

第一节　统筹谋划，精心布局新旧动能转换工程

2017 年 2 月，日照市第十三次党代会明确提出了实施“生态立市、工业强市、旅游富市、开放活市、人才兴市”五大发展战略。实践证明，“五大发展战略”符合党的十九大精神，符合日照发展实际，符合人民对美好生活的新期

待。全省全面展开新旧动能转换重大工程动员大会召开以后，加快新旧动能转换已成为各地确定发展思路、制定各项政策的根本要求。日照市委、市政府明确提出，贯彻落实好省委、省政府相关要求，必须紧密结合日照经济社会发展实际，以高质量发展的视野，把新旧动能转换深度融入"五大发展战略"之中，力争取得实实在在的成效。市委、市政府统筹谋划，精心布局，成立日照市新旧动能转换重大工程领导小组，出台《日照市新旧动能转换重大工程实施规划》，组建新旧动能转换专家智库，建立"市级领导牵头，专班推进，规划引领，智库支持，联盟或协会助力，基金保障"的推进机制，研究部署推进新旧动能转换重大工程。各区县园区也建立相应的组织机构和实施方案，确定施工图、任务书、时间表，加强台账和清单式管理，形成上下联动、统一高效的工作合力。这一切工作，主要是明确新旧动能转换工程"向哪转""怎么转"的方向和方法。

一、明确"向哪转"的方向

2018 年《山东省新旧动能转换重大工程实施规划》公布后，日照市抓紧与省里规划相对接，围绕实施"五大发展战略"工作重点，确立了打造"一带一路"港口枢纽、日照(石臼湾)中央活力区、先进钢铁制造基地、汽车整车及零部件基地、现代海洋产业、滨海旅游产业、幸福产业、绿色化工产业、战略性新兴产业、农业"新六产"10 个重大专项。这些重大专项，连同省《实施规划》和 2018 年省政府工作报告中提到的一系列涉及日照市的重大项目，作为新旧动能转换工程的主抓项目和主攻方向。

二、明确"怎么转"的方法

日照市委、市政府基于日照市经济体量小、存量调整空间有限的市情，提出以打造全国一流的临港涉海产业转型升级先行区为目标，把大项目建设作为新旧动能转换的"火车头"与"增长极"，无论是新上项目还是改造项目，都要运用工程的推进办法，在确保新旧动能协同发力的基础上，把培植优质增量作为加快新旧动能转换的主要抓手。主要方法是通过坚定不移地实施好"突破园区，聚力招引"头号工程，大力推进实施"创新驱动，质量变革，开放带动,改革引领,绿色发展”五大行动,为加快推进日照市新旧动能转换提供有效持久动力。

第二节 精准发力,着力实施新旧动能转换“五大行动”

日照市找准推动新旧动能转换的着力点,精准发力,着力实施新旧动能转换“五大行动”。

一、实施“创新驱动行动”

创新是实施新旧动能转换的重要引擎和第一动力。近年来,日照市实施“人才兴市”战略,加大招科引技、招才引智力度,园区和平台建设成效显著,创新能力得到不断加强。

(一)打造高层次创新平台

主动融入山东半岛国家自主创新示范区建设,举全市之力突破日照高新区,力争2018年创建为国家级园区。加快建设市科技创新中心,积极培育众创空间、创客之家、星创天地、创客小镇等科技创新孵化新业态,实现省级以上科技企业孵化器、众创空间等区县全覆盖。目前全市建成国家级科技孵化器2家,省级2家;国家级众创空间4个,省级7个;省级工程实验室(工程研究中心)17家,重点实验室1家,博士后科研工作站5家,博士后创新实践基地4家,院士工作站16家,技术创新战略联盟9个。加快建设国家碳素结构钢质检中心、钢铁研究院、智能制造研究院、航空产业技术研究院等10家产业技术创新研究院。建设“山东黄海技术市场平台”,开展技术转移行业活动,支持莒县建设山东省塑料产业技术转移服务中心。推动创新政策先行先试,打造一批特色科技创新小镇。

(二)培育活力创新主体

积极引导创新要素向企业集聚,强化企业作为创新决策、研发投入、科研攻关、成果转化的主体地位,加强各类企业技术中心、工程技术研究中心建设,为各类人才施展才华创造广阔空间。目前,全市建有国家级企业技术中心 4 家，国家地方联合工程实验室 2 家，省级工程技术研究中心 21 家（其中示范工程中心 7 家），省级企业技术中心 64 家。实施高新技术企业培育和科技型中小微企业升级行动，培育一批市场潜力大、跳跃式发展的“独角兽”“瞪羚”企业，增加新动能支点。成立日照市科技合作促进会，搭建产学研合作交流及成果转化平台，与中国茶叶科学研究所共建北方茶叶科学研究所，与哈尔滨工业大学组建新材料研究院，与山东省科学院、中国石油大学（华东）、青岛农业大学等高校共建校地合作基地（企业技术中心）。

（三）引进培育创新人才

加强产业人才需求预测，完善各类人才信息库，构建产业人才需求信息发布平台。建立与完善符合市场经济要求的企业家培养、选拔、激励、监督和服务机制。强化招才引智，完善人才培养机制，加大“领军型”创业人才和创新团队的培养与引进力度，积极创建国家级人才改革试验区。通过到海外设立招商引才工作站等方式，广开离岸孵化、境外引智等招引渠道。目前，日照市人才总量 37.02 万人，其中高技能人才 6.7 万人，高层次海洋科技人才 187 人，院士、泰山学者、（青年）千人计划 28 人，全国技术能手 11 人，齐鲁首席技师 61 人，省有突出贡献技师 19 人。全市工业企业现有长期联系的外部柔性创新人才 500 余名，近几年引进研究生以上学历 387 人，其中博士41 人。当然，在加强人才引进的同时，也注重本地人才的培养，做到人才“输血”与“造血”并重。

二、实施“质量变革行动”

制造业是新旧动能转换的主战场和主要带动力，一、三产业是新旧动能转换的新战场和重要动力。近年来，日照市实施“工业强市”战略，同时注重一、二、三产业协调发展，传统产业转型升级有了新进展，战略性新兴产业规模不断壮大，一、三产业的质量效益也有了显著提高。

（一）抓好传统产业提升

省委、省政府明确提出，要在日照“打造全国一流精品钢铁制造基地”，这是充分发挥日照市沿海靠港优势的战略性选择。目前，日照市已经聚集了山钢、日钢两个特大型钢铁企业，2018 年产能预计达到 2250 万吨，产值突破

1000 亿元。山钢集团日照钢铁精品基地精准对接“两化深度融合”和“中国制造 2025”，以建设智能高效绿色高端钢铁精品基地为目标，引进、集成先进技术 138 项，自主创新技术 2000 多项，构建钢铁全流程智能制造系统，聚力打造世界知名、国内领先的先进钢铁制造基地。日照钢铁控股集团有限公司快速推进一期二步项目建设，投入运行世界领先的 ESP 生产线，7 分钟内就可以实现钢水到钢卷成品，力争建成国家级新型工业化示范基地和全国钢铁产业循环经济示范区。

2018 年山东省政府工作报告提出，要在日照建设汽车整车及零部件产业基地，这是日照市多年积累形成的一个优势产业。2017 年，全市发动机产能已达 100 万台、自动变速箱 140 万台，生产低速载货汽车 102.7 万辆，规模以上汽车及零部件企业 74 家，实现产值 550 亿元，占全市规模以上工业总产值的比重达到 19.5%。2018 年 9 月 16 日，长城汽车已经宣布在日照建设整车生产基地和研发中心，将在 2021 年底投产，年产量为 30 万台。下一步，随着中兴、海汇等整车项目的上马，加上原来的派沃泰、威亚发动机、五征、兴业汽配等，汽车及零部件产业链条进一步完善，能够打造成为日照市第二个千亿元级的产业集群。同时，日照市对其他的传统工业产业也加大了技术改造力度，加快智能制造、机器换人、企业上云，实施好“两化融合”双百工程，努力形成钢铁、汽车“双峰并立”，绿色化工、粮食加工、浆纸及印刷包装等产业“群山起伏”的发展格局。

(二)抓好新兴产业培育

瞄准互联网产业化、人工智能为代表的新经济，以“四新”“四化”为引领，以高新区为依托，以高新项目为抓手，精心组织实施高端装备、海洋生物、信息技术、航空产业、新材料倍增计划，完善增材制造及无人机产业园、信息家电产业园、大数据产业园等载体平台，在扩规模上下功夫。目前已建成以五征智能化冲压线和华仁药业智能化立体仓库为代表的智能生产线 50 余条，建成了日钢以订单为主轴、以财务为中心、以数据不落地为支撑的运营管理信息系统，建成了以迈尔口腔实施 C2M(客户到企业)为代表的“互联网+”和柔性义齿智能制造项目，吸引了中兴汽车、东晟水下柔性航行器、鸿海半导体、哈船船舶等一批“高精尖”项目落户。依托日照山字河机场，按照“支线运输、通用航空、航空产业”发展思路，努力打造日照空港经济。目前，山东太古飞机工程项目、日照华翼蓝天项目、PA28 射手飞机项目、航空乡镇项目等投入运营。贯彻落实乡村振兴战略，整合脱贫攻坚、美丽乡村建设、林水会战、全域旅游等政策力量，以每年 5 处的规划在日照全域打造乡村田园综合体。

(三)抓好向海经济发展

日照市委、市政府聚力做好“经略海洋”文章，着力向沿海、远海、深海、陆海四个层次推进，加快建立具有日照特色的现代海洋产业集群。提升海水养殖业，壮大海产品加工业，做优休闲渔业，支持远洋渔业发展，加快“海上粮仓”建设。目前已建成省级以上海洋牧场 2398 公顷，人工渔礁 214 万空方，居山东首位。2018 年 9 月，研发建造的亚洲第一大深远海大型智能网箱“深蓝 1 号”已投入使用，开创了世界温暖海域养殖三文鱼先河。按照“有所为，有所不为”的原则，加快发展海洋交通运输、海洋工程装备、高端船舶制造等主导产业，聚焦信息技术、互联网技术和海洋产业融合发展催生的新业态、新模式，着力打造海洋总部经济、平台经济、海洋产业链经济，构建现代海洋产业体系。积极推进滨海旅游向海洋旅游拓展，大力发展滨海度假、邮轮游艇、海上牧场、海岛垂钓等海洋旅游新业态，打造集“休闲观光、竞技垂钓、海洋采摘、食宿赏娱”为一体的海上旅游休闲度假平台“海上牧歌”，不断提升日照海洋资源综合开发水平。

(四)抓好旅游业转型升级

日照市委、市政府有效实施“旅游富市”战略，把发展现代旅游业作为推进供给侧结构性改革的突破口，着力推进文化、康养、体育等和旅游业融合发展。2017 年，共接待旅游人数 4497.55 万人，实现旅游消费总额 360.43 亿元，同比分别增长 10.2%、14.8%。在项目建设方面，着力抓好万平口海洋公园、东方太阳城、莒国古城、金帆山海汇、五莲“山岳行”等龙头项目建设，加快策划建设一批“人无我有、人有我特”的精品旅游项目。在康养旅游方面，以创建国家中医药健康旅游示范区为抓手，加快编制中医药健康旅游发展总体规划，策划打造一批康养旅游线路，尽快形成特色优势、品牌优势。其中，作为中华国医坛世界养生城一期项目的国医坛康复医院、国医学院已签约，总投资 358 亿元，将于 2020 年 6 月底投入使用。在体育旅游方面，把办好大

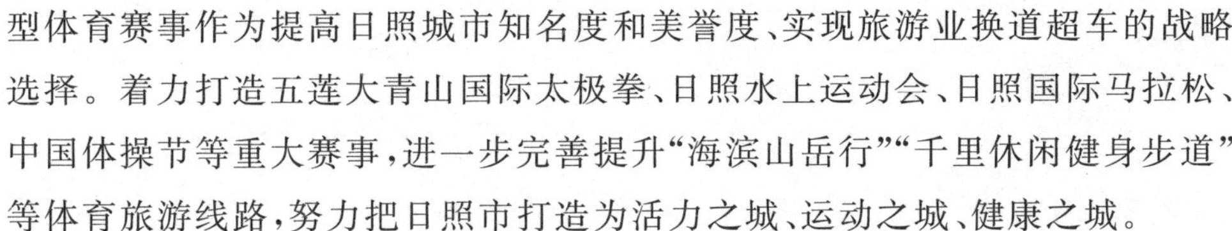

型体育赛事作为提高日照城市知名度和美誉度、实现旅游业换道超车的战略选择。着力打造五莲大青山国际太极拳、日照水上运动会、日照国际马拉松、中国体操节等重大赛事，进一步完善提升“海滨山岳行”“千里休闲健身步道”等体育旅游线路，努力把日照市打造为活力之城、运动之城、健康之城。

三、实施“开放带动行动”

对外开放是实施新旧动能转换的重要牵引和助力。日照既是新亚欧大陆桥经济走廊主要节点城市，也是“一带一路”海上合作战略支点。日照市深入实施“开放活市”战略，加快推进新一轮对外开放，着力构建全面开放新格局，增创区域竞争新优势。

（一）加快港口转型升级

近年来日照港发挥“港产城海”融合发展龙头作用，做好“规划、融合、发展”三篇文章，积极参与“一带一路”建设，成为了全球重要的能源、原材料和集装箱中转基地。2018 年 1～10 月，日照港已完成港口货物吞吐量3.66 亿吨，同比增长 9.77%。新开通 3 趟集装箱班列、4 条国际航线，成功实现对巴基斯坦卡西姆港的管道输出。下一步，日照港将顺应港航业服务集成化、供应链一体化发展趋势，加快实施新旧动能转换工程，推进云计算、大数据、互联网、物联网、人工智能等信息技术与港口服务和监管的深度融合，巩固提升大宗散货运输优势，做优做强“箱、油、商、工、金”和现代物流，打造诚信、智慧、高效、绿色“四型”港口，加快建设成为世界一流的海洋强港。

（二）完善“海陆空地”四维立体现代化交通运输体系

在海上，着力打造国际国内知名的 4 亿吨大港。2017 年，新增泊位 4 个，新增通过能力 2790 吨。在空中，着力开辟新的国内航线，争取开通国际临时包机航线，加快空港口岸开放。2017 年客运量 73.77 万人次，货运量 1026.8 吨，同比分别增长 80.6%、124.9%。在陆上，着力配合服务好青日连城际铁路（2018 年底建成通车）和鲁南高铁的建设，确保 2019 年底如期跨入“高铁时代”。同时，搞好新的省际铁路、城际铁路、高速公路等重大交通项目规划建设，加快研究、推进与青岛地铁 13 号线对接。在地下，着力推进到海右石化、沾化和洛阳的原油管道，以及日照到岚山的天然气管道建设。

2017年,石油及制品运输量达到6541万吨,同比增长7.2%。

(三)推进区域战略合作

开展对接"一带一路"战略专项行动,充分发挥日照市海上合作战略支点作用,加快中亚陆海联运通道日照出海口规划建设。依托日照综保区、中澳产业园、中韩产业园等开放平台,进一步强化与澳、韩等国家产业、技术等各领域开放合作。主动融入环渤海经济区、长江经济带等国家战略,接轨山东新旧动能转换综合试验区核心区,主动申请复制自贸区、自由贸易港相关优惠政策,打造区域性国际贸易基地和物流中心。加强与临沂市全方位经济合作,加快临(沂)岚(山)黄海新区规划研究,共建临港产业区和区域商贸物流中心。依托日照港及鲁南高铁、瓦日铁路、新菏兖日铁路"一点三线",全面扩大与鲁南、中西部经济板块等开放合作,为沿线各市将日照港作为第一出海口提供便利条件。

四、实施"改革引领行动"

深化改革是实施新旧动能转换的重要引领和推力。日照市委、市政府围绕全面深化改革的重点方向、重大举措,精准对接发展所需、基层所盼、民心所向,统筹兼顾、重点突破,进一步激发了内生动力、市场活力和社会创造力。

(一)深化供给侧结构性改革

深入推进"三去一降一补",全面提升供给体系质量和效益。依法妥善处置僵尸企业,把去产能与深化国有企业改革、推进企业兼并重组和升级改造结合。支持浆纸、化工、钢铁等传统产业优化升级,推动行业提质增效。加快发展先进制造业,实施"智能制造"工程,建设工业云、大数据2个支撑平台,推动互联网、大数据、人工智能和实体经济深度融合。重点围绕旅游、文化、体育、健康、养老、教育培训等幸福产业,引导社会资本加大投入力度,通过提升服务品质、增加服务供给,不断释放潜在消费需求。深入推进农业供给侧结构性改革,加强农牧产品安全监管,把增加绿色优质农产品供给放在突出位置,实现农产品由低水平供需平衡向高水平供需平衡跃升。

(二)深化投融资体制改革

发挥投资对优化供给结构,推进动能转换的关键性作用,落实投融资体

制改革实施方案，研究制定配套政策，区别采用PPP、融资租赁、政府补贴及政府购买服务等多种方式，鼓励项目投融资模式多元化。2017年完成固定资产投资1691.19亿元、基础设施投资387.85亿元，同比分别增长9.5%、14.8%。优化民营经济发展环境，落实省委、省政府激发民营经济活力的政策措施，最大限度放宽投资准入，鼓励更多社会资本进入交通、金融、医疗、教育、文化、养老、旅游及生态环保、农林水利、市政基础设施等行业和领域；鼓励条件成熟的企业通过主板、创业板、新三板、股权交易市场等多层次资本市场获得融资。创新棚户区改造“三位一体”融资模式，探索“平台＋区县政府购买服务”模式。

（三）深化国资国企改革

发挥国有企业在新旧动能转换中的引领带动作用，坚持国资国企改革与结构性改革相结合，推动国有企业股权多元化改革，探索二级单位混合所有制改革和国有资本分类改革。新组建水务、公交、财金、交通发展、土地储备、海洋文旅等10余家国有投融资平台，市有国有企业达到16家，资产总额为2364.35亿元，实现利税总额21.44亿元，同比增长68.55%。运用新技术和“互联网＋”，推进国资国企加快生产、管理、营销等模式转型。改革国有资本授权经营体制，建立监管权力清单和责任清单，改进考核体系和办法。充分发挥国企引领辐射作用，通过搭建“双创”平台，吸引众多中小微企业成为创业共同体，形成优势互补、相互服务、利益共享的产业生态。

五、实施“绿色发展行动”

创造良好生态环境是实施新旧动能转换的应有之义、重要目标。生态是日照最大的优势。近几年日照市坚定不移实施“生态立市”战略，持续发力、久久为功，初步实现了人与自然和谐共生、经济与生态互动双赢。

（一）打造自然宜居生态环境

按照标本兼治、重在治本的原则，大力巩固全国文明城市、国家森林城市创建成果，全面启动国家生态园林城市创建行动。实施城市绿化、美化、亮化工程，建成一批街头游园绿地、改造一批夜景工程。2017年，日照空气质量综合指数为5.28，同比改善8.3%；城市集中式饮用水源地水质达标率

100%。实施透水地面、雨水回用等绿色低碳工程，努力建设“海绵”城市。制定新一轮“林水会战三年规划”，实施好林水“双十”工程，在增加绿量的同时，积极发展特色林果、种苗花卉、林下经济、森林康养、木材加工等五大林木产业，切实实现城乡增绿、林业增效、林农增收。加强生态文明和美丽乡村建设，深入实施乡村“厕所革命”，大力推进硬化户户通、河道汪塘整治等工程，补齐影响乡村群众生活品质短板。

(二)发展绿色低碳循环经济

建立绿色生产和消费的政策导向，健全绿色低碳循环发展经济体系，推动传统产业绿色改造升级。构建高效、清洁、低碳、循环的绿色制造体系，推进钢铁、有色、化工、建材、轻工、印染等传统产业生产工艺绿色化升级和产业园区绿色化改造。开发利用“城市矿产”进行清洁生产，推进资源再生利用产业规范化、规模化发展。建立市场导向的绿色技术创新应用体系，淘汰落后工艺、技术和设备，推进环境污染第三方治理，培育一批专业化服务机构。推进农业资源利用节约化、生产过程清洁化、废物处理资源化和无害化，提高农业综合效益。全面开展能源、水资源消耗和建设用地总量、强度“双控行动”，实施临港产业绿色发展计划。2017 年，省控重点河流断面主要污染物化学需氧量和氨氮平均浓度同比分别改善 6.2%和 19.4%。

(三)打赢污染防治攻坚战

严守环境质量底线，构建政府为主导、企业为主体、社会组织和公众共同参与的环境治理体系。大力实施大气、水、土壤、危废等污染物防治工程，实行逐步加严的大气污染物综合排放标准，确保完成主要污染物总量减排任务。2017 年，共淘汰关停燃煤锅炉 2103 台，排查、整治和取缔“散乱污”企业共 1125 家。日照市的 PM2.5、一氧化碳、综合指数、空气质量优良率四项指标改善幅度全省第一，获得省级生态补偿资金 4982 万元，居全省第 2 位。深化流域“治用保”治污体系建设，实施全链条水污染防治。严格落实水资源论证、取水许可、地下水资源管理和保护制度，建设“节水型”城市。加强土壤污染管控和修复，加强固体废弃物和垃圾处理。加快实施“气化日照”工程，落实煤改气、煤改电的财政补贴、强制标准等激励扶持政策。严格执行环评审批负面清单，落实污染物排放许可制，实行企业污染物排放总量控制。

第三节 几点启示

以“五大行动”加速推进日照市新旧动能转换，是一场涉及思想观念、行为导向、企业创新、统筹协同等诸多方面的变革，对党员干部群众的思想境界、能力水平、创新精神、工作状态提出了新的要求。

一、必须进一步解放思想

观念转变是推进“五大行动”加快新旧动能转换的重要前提。产业能否转换到位，首先取决于思想是否转换到位。推进新旧动能转换，必须进一步转变思想观念，注重用创造性思维解决难题、推进工作、服务群众。要强化集约集聚发展意识，从原有的拼资源、拼投入、拼消耗的粗放发展路径模式中解放出来。要强化质量效益意识，从重发展、轻环保，重产业、轻体制，重增速、轻质量，重项目、轻结构的老路中解放出来。要强化改革创新意识，从守旧守成、单一的 GDP 增长速度情结和机械的政策依赖中解放出来。要强化现代发展意识，从窄视野、小格局发展中解放出来。要强化“功成不必在我”意识，从“我的政绩”中解放出来，树立正确的政绩观，实现经济可持续发展。

二、必须树立正确工作导向

鲜明工作导向是推进“五大行动”加快新旧动能转换的重要指引。工作导向既是认识论，也是方法论。推进新旧动能转换，必须树立正确工作导向，才能开辟加快新旧动能转换崭新局面。要坚持问题导向，紧紧抓住“四新”经济发展缓慢、人才短缺、创新驱动能力不强等问题，筛选确定一批体现“四新”“四化”要求的重点项目、重点园区、重大平台和重大基础设施，精准发力、靶向施策，在破解一个个难题中实现高质量发展。要坚持创新导向，在创新工作方式方法的同时，大力推动技术创新、商业模式创新、业态形式创新，从而不断衍生新的动能，形成新的经济增长点。要坚持市场导向，无论是在园区开发、招商引资、技术创新领域，还是在教育、医疗、养老领域都必须处理好政

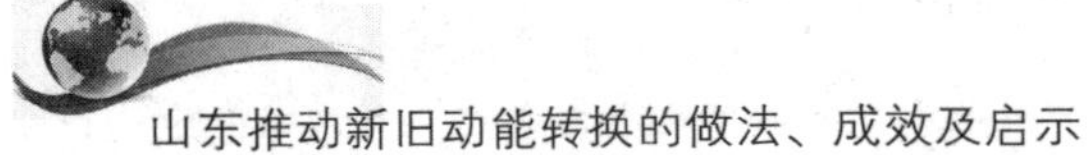

府和市场的关系，尽扬市场之长，力避政府之短，真正用市场的思维和手段破解转换难题，不断激发市场主体的创新活力。

三、必须强化企业主体地位

各类企业是推进“五大行动”加快新旧动能转换的主体力量。企业是创新活动的承担者、创新价值的创造者、科研成果向市场价值转化的直接推动者。推进新旧动能转换，必须强化企业创新主体地位，让企业创新的内生动力充分释放。要鼓励企业抓住新旧动能转换带来的新机遇，紧盯行业创新前沿和国际先进技术，积极发展新技术、新产业、新业态、新模式，把企业做大做强做优。要引导企业运用大数据、物联网等现代信息技术，加快自身转型升级，不断提高产业智慧化水平。要强化企业品牌意识，高度重视产品质量建设，不断提升制造品质和市场竞争力。要深化科技体制改革，构建“政产学研金服用”相结合的科技创新体系，支持企业建设研发、试验等公共服务平台，增强企业创新发展能力。要坚持“放开、减负、解难、引导”，鼓励发展众创、众包、众扶、众筹空间，通过税收优惠等扶持政策和股权投资等专业服务，激发中小微企业的创新潜力，引导它们向“专精特新”方向发展，让更多“小巨人”企业蓬勃成长起来。要发挥企业在产业扶贫中的重要作用，把扶贫开发与现代农业、乡村旅游、康养文体等结合起来，推动农村一、二、三产业融合发展，助力打好精准脱贫攻坚战，推动乡村全面振兴。

四、必须强化政府统筹协同

政府统筹协同是推进“五大行动”加快新旧动能转换的重要保障。新旧动能转换“五大行动”，不仅是一项涉及经济社会文化生态各领域、多方面、要素复杂的系统性工程，而且是一个相对长期的经济转型升级过程。推进新旧动能转换，必须强化政府的统筹协调作用，让“五大行动”相互配合、协同推进，才能取得良好转换效果。要进一步完善“市级领导牵头，专班推进，规划引领，智库支持，联盟或协会助力，基金保障”的推进机制，通过定期跟踪调度、会商研究解决、借助外脑外力等方式，推进新旧动能转换重点工作落实落细、重点项目开花结果。要注重强化制度供给，加强制度设计、系统谋划和协

同推动,加快建立适应新旧动能有序转换的制度体系,如包容创新的审慎监管制度、符合新产业用工特点的就业及社保制度、对新兴经济领域突发情况的快速处理制度、完善产业风险预警和分析体系、多主体长效联动机制等,为新旧动能有序转换提供制度保障。要深化“放管服”改革,整合共享政务信息资源,建设统一的政务服务平台,全面推行一窗受理、一网办理、联审联办、全链条办理等行政审批新模式,提升“双创”服务、涉企服务、政务服务和贸易服务的综合效率。

第五编

山东中西部区域推动新旧动能转换的实践及启示

第十二章

临沂市推动新旧动能转换的做法及启示

党的十九大报告指出，我国经济已由高速增长阶段转向高质量发展阶段，正处在转变发展方式、优化经济结构、转换增长动力的攻关期，建设现代化经济体系是跨越关口的迫切要求和我国发展的战略目标。当前，中国经济作为世界经济的重要组成部分，应积极应对新一轮工业革命背景下知识化、信息化、经济全球化的新挑战和新机遇，实现新旧动能转换，推动经济实现高质量发展。就临沂而言，作为山东人口最多、面积最大的市，尽管其经济社会发展取得了一定成效，但发展不平衡不充分的问题尚未解决，经济结构性矛盾仍然比较突出，发展动能仍显不足。在这一背景下，加强临沂市新旧动能转换问题研究，是关乎党的十九大精神能否在临沂落地生根，以及临沂市能否在高质量发展中换道超车、后来居上的重大理论与实践课题。本章拟在对临沂市新旧动能转换实践背景进行分析的基础上，对近年来临沂市新旧动能转换具体实践进行系统梳理和探查，并总结出一些有益的启示。

第一节　临沂市新旧动能转换的实践背景

作为一项规模宏大的系统工程，临沂市新旧动能转换有着深刻的实践背景。

一、临沂市已进入新旧动能转换的关键时期

改革开放以来，临沂市经济社会发生了翻天覆地的变化，人民的生活水平不断提升，幸福指数空前高涨，这是1000万老区人民在党的好政策的指引下，发扬“爱党爱军，开拓奋进，艰苦创业，无私奉献”的沂蒙精神，经过全体人民奋斗取得的，在全国乃至海外都有较高的知名度，形成了“南有义乌，北有临沂”的美育。临沂与自己的过去比，确实发生了很大的变化，但与兄弟地市相比，“大而不强”“大而不优”“大而不均”的问题突出。临沂人口、面积各占全省的1/9，而创造的GDP、公共财政收入仅占全省的1/16和1/20；临沂市传统产业比重大、层次低，资源初加工、能源消耗企业占六成以上，高新技术产业产值占比不高；临沂市经济总量居全省第7位，但人均GDP和人均财政收入不足全省平均水平的60%和50%。尤其是与同属于“淮海经济区”的徐州市相比，临沂市“大而不快”的问题更加明显。两市虽然地理环境相近、风土人情相似，但无论在发展的规模还是在发展的质量上都存在不小的差距，而且有着拉得将越来越远的趋势。之所以如此，固然有苏南对口支援苏北等外在政策因素，但更多的还是内在因素使然，尤其是在发展动能上存在着重大差异。可见，对临沂而言，推进新旧动能转换重大工程已刻不容缓。

二、临沂市已进入贯彻落实省委提出推进山东新旧动能转换重大工程的重要阶段

2018年1月3日，国务院批复《山东新旧动能转换综合试验区建设总体方案》，标志着山东新旧动能转换综合试验区建设正式成为国家战略。2月22日上午即正月初七上班第一天，中共山东省委、山东省政府召开山东省全面展开新旧动能转换重大工程动员大会。按照国务院批复的山东新旧动能转换综合试验区建设总体方案，省里提出要加快形成“三核引领、多点突破、融合互动”的发展布局，并对全省新旧动能转换作出了总体要求：坚持质量第一、效益优先，以供给侧结构性改革为主线，聚焦聚力高质量发展，着力抓住重大机遇，着力深化改革开放，着力培育现代优势产业集群，力争一年全面起势、三年初见成效、五年取得突破、十年塑成优势，逐步形成新动能主导经济

发展的新格局，为全国建设现代化经济体系作出有益探索和积极贡献。这次动能转换，省里对临沂市的功能定位是："打造国家内外贸发展试验区、人才管理改革试验区"。临沂市按照省里的总体要求和功能定位，结合自己具体实际，逐渐形成了"3485"的工作总体要求。其中，"3"就是一切围绕高质量发展，一切促进高质量发展，一切保障高质量发展；"4"就是树牢战略思维、系统思维、创新思维和底线思维四种思维；"8"就是补齐产业转型、县域经济、扩大开放、美丽城乡、基础设施、人才队伍、平台建设和环境营造八个短板；"5"就是处理好强自信与戒自满、抓发展与保稳定、借外力与活内力、想干事与会干事、守纪律与敢担当五个关系。为了落实这一工作总体要求，2018 年 4 月 16 日临沂市委、市政府召开全市新旧动能转换暨开放型经济、招商引资工作动员大会。建设新旧动能转换综合试验区，是在我国改革开放 40 周年的关键节点上党中央交给山东省的重大政治责任和必须完成好的重大政治任务，临沂作为革命老区，要把握好这一发展的重大历史机遇，勇敢面对当前重大挑战，将新旧动能转换重大工程不断推进深入。

第二节 临沂市新旧动能转换的具体实践

在山东新旧动能转换综合试验区建设全面推进的背景下，临沂市启动实施了卓有成效的新旧动能转换实践。

一、实施规划引领战略，制定实施"一城引领、两廊带动、三园聚集、全域协同"的总体方案

根据省里关于新旧动能转换的总体安排以及对临沂功能定位，临沂市结合自身实际，在广泛征求意见、慎重研究基础上，确立了"一城引领、两廊带动、三园聚集、全域协同"的发展布局。2018 年 4 月 13 日，省里批复了临沂市的总体方案，这是山东批复的第一个市级总体方案。

1."一城引领"，就是临沂商城为引领。即依托临沂商城，全面启动临沂内外贸融合发展示范区建设，打造具有国际竞争力的"世界商谷"，引领支持

全市新旧动能转换。在新旧动能转换方案中，临沂市将“一城引领”放在首位。临沂是中国商贸名城、物流之都，是中国北方最大的商品集散地和重要的物流周转中心，现有专业批发市场134个，拥有国内配载线路2000多条，覆盖全国县级以上城市，通达全国几乎所有港口和口岸，2017年商城实现市场交易额4551亿元、物流总额6710亿元，同比分别增长20.3%和15.2%，素有“南有义乌，北有临沂”美誉。对临沂来讲，商贸物流是最大的特色和优势，也是未来发展的最大潜力所在。可以说，临沂商城发展与全市经济发展休戚相关，商城新旧动能转换的快与慢、好与坏，对全市未来发展至关重要。因而，临沂市把商城作为引领放在首位。

近年来，临沂商城尽管发展很快，但也存在一些困难和问题。在商贸方面，主要表现为“三个落后”：一是业态落后，随着电商的迅猛发展，临沂商城线下买卖为主的传统模式受到了巨大的冲击，越来越难以为继，亟待创新发展模式，杀出一条血路；二是场所落后，商城134处批发市场，多数建于上世纪八九十年代，配套不完善、标准档次低；三是人才明显不足，高层次、专业化的商贸物流人才缺乏，特别随着商城国际化的深入推进，从事国际贸易等方面的人才缺乏。在物流方面，仍处于传统物流向现代物流转变的过渡阶段，多式联运的现代化物流体系尚未建立，集中表现为“三个不高”：一是铁路物流占比不高，航空物流、保税物流等占比较小；二是信息化水平不高，现代化物流网络体系尚未建立；三是标准化程度不高，与物流相关的现代仓储等设施建设不完备。

针对上述困难和问题，临沂市确立了临沂商城“四三二一”的转型路径。“四”就是“四个商城”，即加快建设国际商城、老商贸城、海外商城、网上商城；“三”就是“三大平台”，即用好综合保税区、临沂港和市场采购贸易方式试点；“二”就是“两个中心”，即打造国际物流中心和会展中心；“一”就是“一个核心”，即着力提升地产品加工能力，全力打造临沂商城升级版。在此基础上，我们重点研究临沂商城面对电商冲击如何突破，在网络购物的包围中杀出一条血路。主要是顺应大势、加快转型，既要加强与阿里巴巴、京东等知名电商平台的合作，又要培育一批像新明辉那样的本地电商企业，还要鼓励引导“不敢不懂不会”的传统商户上网搞电商，推动形成千企万商“触电上网”的发展

热潮，用电商发展为临沂商城转型插上腾飞的“翅膀”。

2.“两廊带动”，就是规划建设沿京沪高速现代化商贸物流走廊、沿沂沭河生态走廊，在沂沭河之间谋划建设新旧动能转换国际生态新城，通过资源整合、产业集聚，打造业态新区、生态样本。主要是依托京沪高速公路拓宽改造、莒南县撤县建区连通中心城区两大历史性发展机遇，规划建设沿G2现代商贸物流走廊、沿沂沭河生态走廊。沿G2布局一批特色产业基地，打造西部物流业、商贸业和加工业三业联动发展格局，打造商贸物流新旧动能转换的起步区、样本区、智慧物流产业的核心区、引领区。在此基础上，还将依托“米”字型高铁打造未来具有更大带动力的高铁经济走廊。沿沂沭河将加大两河沿岸保护开发力度，重点布局先进制造、现代服务、新六产、红色旅游、节能环保等产业，将沿沂沭河生态走廊建设成为全市新旧动能转换的重大样板工程，为全省全国探索“绿水青山就是金山银山”可复制推广样板、新时代革命老区绿色崛起样板。

3.“三园集聚”，就是打造高新区、开发区和临港区“三块试验田”，先行先试、率先突破、辐射带动，为全市新旧动能转换提供可复制可推广经验，带动全市省级开发区打造成为新旧动能转换的主战场。高新区主要是瞄准“高新”二字，强化基础配套，聚集高端人才，突出研发孵化，全力打造一座科技新城；经济开发区主要是聚焦工业，上大项目、引好企业、做高端产业，全力打造新兴产业示范区；临港区主要是发挥近海临港、大进大出的优势，承接产业转移，全力打造大工业项目集聚区。在“三园”的辐射带动下，其他园区进一步实施科学规划、合理布局、完善配套，极大地增强了项目吸附能力，提升了产业集聚度，从而引领县域经济加快发展。

4.“全域协同”，就是坚持全市一盘棋布局理念，严格遵循主体功能定位和产业准入负面清单，以省级开发区为主体区域，明晰园区产业定位和发展方向，构建开发区错位发展、跨区合作、整体提升的全域协同新格局。根据主体功能定位，临沂将全市划分为中心片区、临港片区、省界片区和生态片区四大片区。

中心片区包括兰山区、罗庄区、河东区，中心城区最关键的是生态宜居，将重点打造总部经济、电子商务、国际贸易、现代物流、金融服务、文化创意等现代服务业。如兰山区是中心城区，要突出解决工业围城问题，中心城区的工业还是要“退城进园”、聚集发展，特别是化工企业要往外疏，不能在人口密集的区域存在。这对城区所在地来说财税肯定会受影响，但为了整体和大局，兰山区忍痛割爱、忍痛舍财，拿出了一系列工业疏解的具体方案和项目单子，下决心转移工业项目。

临港片区包括莒南、临港及临沭北部、沂南东部、沂水东南部，主要是推进莒南县、临港区一体化规划发展，打造成为全市陆海统筹发展海洋经济的先行区和集聚区。

省界片区包括兰陵、郯城、临沭，主要是全面对标苏北，建设全市承接南方产业转移的“传输带”，合力打造承接大长三角地区产业转移的小“金三角”。

生态片区包括沂水、费县、平邑、蒙阴、蒙山旅游度假区及沂南，主要是严格执行国家重点生态功能区负面清单制度，大力发展符合生态环保要求的产业。其中，蒙山旅游度假区要着力发展医养健康、文化创意、精品旅游三大特色产业。

二、确定“8＋8”产业培育计划，以“四新”促“四化”实现产业转型升级

产业是经济发展的基础，没有高质量的产业作支撑，新旧动能转换就是空转、空换。因而，临沂市始终坚持将“转换”作为新旧动能转换的核心，始终聚焦于产业转型升级。从临沂市情况看，传统产业占比60%，高耗能、资源消耗型产业占比60%，长期形成的发展效益不高、产业结构不优、创新能力不强、要素支撑不足的状况没有根本改变。针对这一现状，临沂市着力于以“四新”促“四化”，实现产业转型升级。

（一）确定“8＋8”产业培育计划

临沂市参照省里规划的“十强”产业，确定了“8＋8”产业培育计划，涵盖了全市主导产业、优势产业和潜力产业，确立为今后的发展方向和扶持重点。针对这16个产业发展的不同状况，确立了不同的发展重点。

第一个“8”包括食品、木业、机械、冶金、化工、建材、医药和纺织服装，属于临沂市的传统产业。推进新旧动能转换不是推倒重来、另起炉灶，单纯搞

无中生有;传统产业改造提升得好,也能够焕发新活力、发展新动能。因而,临沂市把传统产业改造升级的重点放在提层次、强实力上,主要是通过企业搬迁、技术改造、引进战略投资者等方式,加快产业改造升级,打造一批千亿元级产业。如作为临沂市八大传统产业之一的食品产业,多数企业利润普遍不高,面临的竞争压力很大。而兰山区的绿爱糖果,发挥创意、转变思路,发展个性化定制,借助于物联网让别人去生产,自己提供设计、包装、广告,产品一经改造提升,附加值就大大提升,一年产值达到6亿多。

第二个“8”包括电子商务、智慧物流、文化创意、精品旅游、农业“新六产”、医养健康、智能制造、数字经济等是新兴产业,重点是产业的培育壮大。其中,电子商务、智慧物流、文化创意、精品旅游在临沂市有一定基础、发展态势向好,主要是通过引进新技术、新业态、新模式,迅速形成规模,着力于将每个产业发展为百亿元级产业,并逐步迈向千亿元级产业。农业“新六产”、医养健康、智能制造、数字经济是培育发展新动能、赢得未来竞争新优势的关键所在,重点在于做好“无中生有”的文章,培育引进一批独角兽企业,推动高新产业的爆发式增长。

(二)确立产业发展“四化”主攻方向

在明晰上述16个重点发展产业的基础上,临沂市确立了“四化”的主攻方向。

一是产业智能化。就是推动传统产业数字化、网络化、智能化建设,促进“老树发新芽”“有中出新”,实现传统产业提质效。主要是按照“一业一策,敲开核桃”的要求,对每个传统产业都要落实“一套班子、一个方案”,引导企业采用新技术新工艺、新设备新材料,对传统产业进行改造提升,使其重新焕发生机。以木业产业为例,全市产值1200多亿元,是由2万多家企业提供的,绝大多数企业生产规模较小、生态环保标准较低、安全生产存有隐患、无牌无证经营。

二是智能产业化。聚焦人工智能、虚拟现实、智慧物流等领域,推动“筑巢引新凤”“无中生有”,实现新兴产业提规模。当前,临沂市具有代表性的新兴“高精尖”项目有:津兰特聚项目研发的新产品,广泛用于航空航天、国防军工等尖端领域;祎禾科技开发的新材料,产品国内首创;富士电梯实施智能制造，是江北首家使用 ABB 机器人自动生产线的电梯企业；隆科特项目采用国际尖端的提取技术，产品达到世界先进水平，等等。对于这些“行业领先”“世界先进”的新兴产业，着力推进智能化发展。

三是跨界融合化。深入实施“互联网＋”行动计划，推进三次产业融合、产城融合、军民融合、城校融合，实现跨界融合提潜能。

四是品牌高端化。深入实施质量强市和品牌提升战略，传承沂蒙精神，弘扬优秀传统文化，大力弘扬工匠精神，实现品牌高端提价值。

三、启动“3 个 100”行动计划，推进“补链、建链、强链”

（一）实施“3 个 100”行动计划

推进新旧动能转换，最终还要落到项目上。临沂市紧紧扭住“四新”“四化”，确立了 300 个质量效益高、创新能力强、发展前景好、牵引作用大的好项目，启动实施“3 个 100”行动计划。主要是聚焦新能源、新医药、新材料、高端装备制造等产业，重点打造 100 个“四新”“四化”项目，培育 100 家高成长性企业，搭建 100 个产业创新平台。这些重点企业项目，总投资 4000 多亿元，目前正在加快推进。

（二）推进“补链、建链、强链”

临沂市在实施“3 个 100”行动计划的基础上，进一步加大招商引资力度。在招商引资过程中，不是“剜到篮子里就是菜”，不是把别人转移的低端产业、污染项目招进来，而是着眼产业转型升级、增强经济核心竞争力，聚焦聚力、定向精准，开展链条式、专业化、企业化精准招商，招引技术含量大、附加值高、经济效益好的项目，以实现“补链、建链、强链”的产业发展目标。为此，在招商对象上，加强对行业领军企业、中国 500 强、世界 500 强的跟踪研究，建立目标数据库、项目数据库、合作载体库，制定招商地图，开展一对一招商；在招商方式上，强化产业招商、专业招商、企业招商，一个产业一个小分队，实现精准招商；在招商领域上，加大招才引智引技力度，积极引进“人才＋资本”“技术＋资本”项目，推动“以引资为主”向“引资与招才引智引技并重”转变。

第三节　临沂市新旧动能转换实践的启示

临沂市启动实施的上述新旧动能转换实践，取得了许多经验，对全省乃至全国新旧动能转换具有一定的启迪意义。

一、良好的创业环境是基础

临沂市在推进新旧动能转换重大工程的实践中，深刻认识到创业环境的重要性，着力于营造良好的创业环境。

(一)创造便捷高效的政务环境

近年来临沂市各级各部门深入实施政府职能转变，持续推进“放管服”改革，为创业发展营造了便捷高效的政务环境。下一步应继续强化为企业服务的思想和意识，特别是对重点项目推行保姆式服务，通过集中审批、网上办理等手段，全面提高项目落地效率；同时，还要对新招引项目、技改项目要实行县级领导干部包保，帮助企业协调解决实际问题，为企业发展创造更好的环境。

(二)打造快进快出的交通环境

临沂号称物流之都，但到现在还没开通高铁，地铁还处于谋划阶段。交通改变生活，交通影响经济。为此，临沂市应在“对外大连通，对内大循环”工作思路的指导下，举全市之力加快交通基础设施建设，特别是对一些重大交通项目，坚持以超前10年、20年甚至50年的眼光来谋划。当前，铁路方面要加快推进鲁南高铁建设，积极做好京沪高铁二线、济莱临高铁、临沂至连云港高铁前期工作；公路方面要加快推进京沪高速改扩建、岚临高速、新台高速建设，积极做好张临高速、董梁高速前期准备工作；航空方面要加快谋划第二条跑道，力争早日正式开通航空口岸。

(三)营造宜居宜业的生活环境

环境就是效益，安居才能乐业。一个地方的生态、生活环境，是扩大开放、吸引投资、吸纳人才的重要因素。为了满足外籍人士、归国高端人才长期

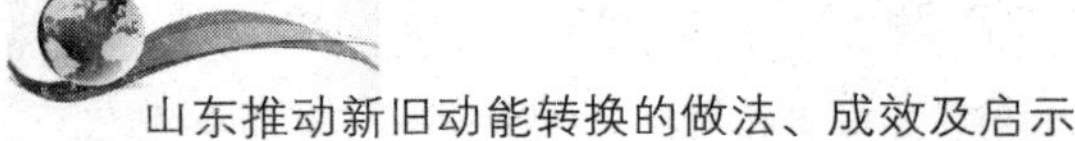

在临沂工作、生活的需要，应在抓好生态环境的基础上，引入先进的规划、建设、管理和服务理念，配套建设高水平的学校、医院，扩大高端服务供给，营造高品位的生活氛围，增强对高端人才、大型企业、高新企业的吸引力。

二、科学的监督考核是导向

在推进新旧动能转换重大工程的具体实践中，临沂市注重监督考核的导向作用。

（一）建立对新旧动能转换工作评价的指标体系

在指标制定过程中主要把握以下原则：一是符合“四新”“四化”发展要求，紧扣新旧动能转换主题，选取的指标具有较强代表性，能够充分反映山东省新旧动能转换实际；二是突出以“四新”促“四化”，框架设计、指标设置、方法应用全面聚焦新动能培育、传统动能改造、产业跨界融合、质量品牌提升等重点；三是力求客观真实，最大限度地挖掘现有统计制度中的指标；四是坚持用数据说话，监测指标和结果分析以定量为主，既反映总量规模，也体现结构变化；既反映当前状况，又体现发展趋势；五是强化系统性和开放性，指标体系需要根据重大工程推进情况，适时修改，补充完善。

（二）注重考核评估结果运用

把加快新旧动能转换重大工程推进工作纳入各县区（开发区）经济社会发展综合考核和党政领导干部实绩考核，考核结果作为各级领导干部选拔任用、考核监督的重要依据。市直责任部门（单位）建立《各县区新旧动能转换考核指标监控台账》，综合运用实地调研、专项督查、中期评估、情况通报等方式，对各县考核指标进度和完成质量及时跟进，全程监测，做好记录。在结果运用上，新旧动能转换重大工程考核不搞并列，全部排出名次，年终兑现奖惩，树立奖优罚劣的鲜明导向。对考核指标推进过程中发现的问题，认真查找原因，及时研究解决。平时考核结果将作为年末对各县目标任务完成情况进行综合评价的重要参考。

三、丰厚的人才储备是支撑

人才是赢得区域竞争主动、实现沂蒙振兴的战略资源。为加快新旧动能转换，迫切要求创新引才机制，强化新旧动能转换的人才支撑。

(一)实施系列人才工程和计划

实施顶尖人才“突破工程”、沂蒙领军人才“引领工程”、高端人才成长“激励工程”、急需紧缺人才“集聚工程”、高技能人才“提升工程”五大人才工程；实施青年人才“储备计划”、沂蒙英才“汇聚计划”、企业家发展“领航计划”、企业博士(后)“助推计划”、名师名医“引育计划”、大学生“凤回沂蒙计划”六大人才计划。

(二)构筑人才聚集载体

打造人力资源服务产业园、具有独立法人资格的新型研发机构；打造人才聚集园区、新型研发机构、科技企业孵化器和众创空间、国内领先优势学科四大创新创业载体。

(三)优化人才生态环境

通过加大财政金融扶持力度、强化人才购房住房保障、建立人才编制“蓄水池”、优化人才发展环境等措施，营造高效人才生态环境。

四、坚强的组织领导是保障

制度问题是有根本性、全局性、稳定性、长期性问题。为加快新旧动能转换，应重视建立健全新旧动能转换工作机制。

(一)成立专门领导小组，强化统一组织领导

由市委书记和市长任组长，有关市领导任副组长，相关部门负责同志为成员，负责全市新旧动能转换的统一领导；围绕“8+8”产业，成立了16个专班，一个重点产业、一名市级领导、一个责任部门、一套工作班子、一个实施方案；围绕服务保障，成立了8条工作专线，从人才、土地、金融、审批等方面提供高效服务；实行周例会、月调度、季督导、半年分析、年度考核，市政府每月召开一次调度会，市委每季度听取工作情况汇报。

(二)细化分解工作任务，分级解决实际问题

压实工作责任，细化分解年度工作任务，明确阶段目标、时间节点、责任单位和责任人，建立工作台账、挂图作战督战，确保按期保质保量完成任务；分级解决问题，县区负责协调解决辖区内问题，各专线专班负责本条工作线

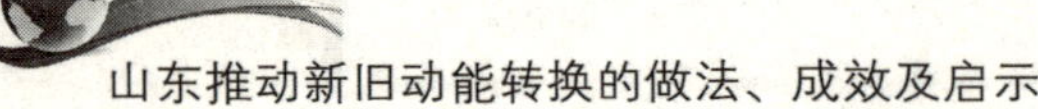

的问题解决，重大问题随时上报市委、市政府解决，做到问题不解决不放过。

（三）强化工作督导考核，严格运用考核结果

市委督委办、市发改委牵头，聘请中介机构参加，对16个产业专班、8条服务保障线、各发展主体进行督导考核，对完成任务好、效率高的单位和个人通报表扬，对落实不力的单位和个人提醒、通报乃至停职追责。

临沂市在科学发展的征程中，标兵渐行渐远，追兵越来越近，新旧动能转换推进工程任重而道远。临沂人必须要下定决心、统一思想、抓住机遇，以坐不住、等不起、输不得的紧迫感和危机感，以勇于担当、冲锋陷阵、舍我其谁的使命感，全力投入到这一重大工程建设中来，奋力开创高质量发展新局面。

第十三章

泰安市推动新旧动能转换的做法、成效、问题及对策

实施新旧动能转换重大工程，是山东省落实党的十九大精神，在决胜全面建成小康社会、开启全面建设社会主义现代化国家新征程中走在前列的重要战略部署，是保障产业转型升级、实现经济由高速度增长向高质量发展转变的关键举措。泰安市根据国家战略部署和省委、省政府的要求，在新旧动能转换发展方面先行先试，积累了初步经验，为实现泰安“走在前列，位次前移”奠定了重要基础。

第一节　泰安市推动新旧动能转换的做法及成效

近年来泰安市深入贯彻落实党中央、国务院和省委、省政府的决策部署，积极适应经济发展新常态，以新发展理念为引领，以提高经济增长质量和效益为中心，以招商引资和项目建设为抓手，深化供给侧结构性改革，探索促进新旧动能转换的体制机制，经济社会发展取得明显成效。

一、主要做法

泰安市推动新旧动能转换主要采取了以下做法：

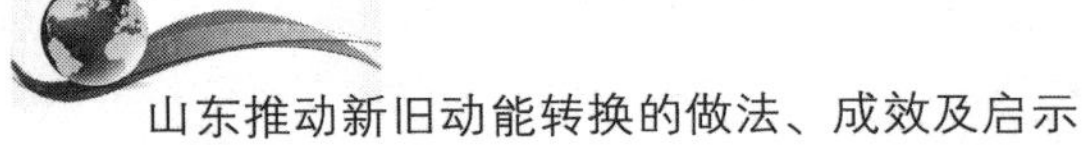

（一）强化协同发力，着力构建协调推进机制

一是健全组织机构。成立了新旧动能转换重大工程建设领导小组，负责研究部署和指导新旧动能转换各项工作，审议重大事项，协调解决有关问题，督促检查工作推进情况。二是创新重点项目建设联席会议制度。建立了“由市重大办牵头提报、市重点项目联席会议决策、各级各有关部门分头落实、市政府督查室督导”的重大项目推进机制，集中高效解决了新旧动能转换重点项目建设中存在的问题。三是完善宣传报道机制。在广播电视台、报社、政府网站等各大媒体开辟了新旧动能转换专栏，设立了新旧动能转换专刊，对新旧动能转换进行全方位、多角度宣传报道，营造全市上下共同关心、共同支持新旧动能转换的浓厚氛围。

（二）强化“三大动力”，着力推动动力变革

一是坚持创新驱动。不断引进高层次科技人才，不断投入研发经费。2017年，投入研发经费83亿元，占GDP比重达到2.5%，高出全省平均占比0.17个百分点，连续3年超过全省平均水平。二是持续深化改革。创新下放行政权力事项。对市级行政权力事项5410项（含子项）进行了全面梳理。在全省率先成立泰安市行政审批服务局，新的服务大厅已投入使用。三是继续扩大开放。与165个国家和地区实现贸易往来，对“一带一路”沿线国家出口增长3.58%；外贸新业态增速明显，新签对外承包工程合同额1.91亿美元，列全省第6位。

（三）强化“三大支撑”，着力打造一流营商环境

一是加速推进“贴心代办，一次办好”改革。全市梳理公布了54个市直部门（单位）的“贴心代办，一次办好”事项清单，涉及政务服务事项785项，拆分服务办理事项2333项。二是汇聚一流人才。出台“人才金10条”，完善“一事一议”，引进顶尖人才政策措施，组建泰安外籍人才工作联盟，不断完善人才服务体系。三是完善基础设施网络。高速公路加快建设，青兰高速泰安至东阿段、济泰高速、宁梁高速、京沪高速公路改扩建工程将完成投资计划，博阳路、泰楼路、万官大街、一天门大街、桃花源路等城市普通干线公路提档升级，城市基础设施竞争力全面提升。

（四）强化产业发展，着力加快重大项目建设

建立了新旧动能转换重大项目库。组织各级各有关部门积极申报省、市新旧动能转换重大项目，经专家评审论证后，确定了第一批入库项目209个，总投资3325亿元，目前已开工162个，上半年完成投资195.7亿元。同时，加大对上争取力度，有31个项目入选山东省新旧动能转换重大项目库，占全省6.9%。加大招商引资力度。围绕“四新”“四化”项目的引进和落地，各级各部门积极开展校企、校地、研企合作。加大与省对口部门沟通衔接，确保上报的除现代金融、现代海洋、国资产业外的其他产业均有签约项目。

（五）强化督导考核，着力谋求发展实效

充分发挥督导考核“指挥棒”作用，研究起草了新旧动能转换重大工程督导考核办法，综合运用共性指标与差异化指标相结合、定量考核与定性考核相结合的方式，提出各县市区和市直部门考核重点。建立了重大事项监测台账，明确责任单位、节点任务、完成时限，实行动态管理、全程督导和对账检查，定期通报工作进展。

二、成效显著

（一）旧动能改造实现新突破

2017年，三次产业结构比例为7.8∶45.4∶46.8，第三产业成为经济增长主动力，对经济增长贡献率达到48.9%。全市规模以上工业企业主营业务收入4882.8亿元，其中，纺织服装、装备制造、食品加工、化工、建材、煤炭等6大支柱产业占比达82.4%。传统产业转型升级步伐加快，规模以上工业企业完成技术改造投资853.5亿元，占工业固定资产投资的61.3%；传统产业与智能技术、信息技术加快融合，催生出的高端装备制造、生物医药等产业集群快速发展。落后低效产能加速退出，煤炭、钢铁、水泥等行业产能利用率均达到合理水平，为先进产能腾出了一定空间。

（二）新经济发展取得新进展

2017年，以新技术、新产业、新业态、新模式为主要特征的新经济增加值占地区生产总值比重明显提高。云计算、物联网、大数据等新一代信息技术快速发展，高端装备和智能制造、新能源、新材料等产业快速成长，战略性新兴产业占地区生产总值的比重达到9%。平台经济快速发展，三星物流信息网、泰山钢网、智慧旅游云平台等一批特色平台不断涌现。现代服务业加快发展，信息、金融、商务服务等生产性服务业增加值占服务业的比重达到50%左右，现代物流、电子商务、快递服务增势强劲，为社会生产和人民生活提供了极大便利。

(三)创新创业迸发新活力

大力实施创新驱动战略，积极构建“塔形”科技创新体系。2017年，全市研究与实验发展(R&D)投入同比增长9%，占GDP的比重达到2.51%，高于全省0.17个百分点。高新技术产业迅速发展，国家级高新技术企业达到139家；市级以上科技创新平台突破500家，其中省级156家，国家级7家；有219项科研成果获得省级以上科技奖励，其中国家级科技奖励24项。泰山玻纤、康平纳、中联水泥三家企业列入国家首批智能制造试点示范项目名单，泰安航天特车“9409工程”获国家科学技术进步特等奖。人才强市战略持续推进，人才资源总量突破80万人，为动能转换提供了有力的智力支撑。

(四)生态建设取得新成效

绿色发展理念更加深入人心，生态环境开发保护的决策评价管理考核制度体系加快建立。泰山山水林田湖草修复试点工程作为全省唯一试点全面启动。深入推进蓝天工程，全市PM2.5、PM10、二氧化硫、二氧化氮等主要污染物平均浓度比2013年分别下降38.5%、30.9%、59%、15.2%，空气质量优良天数比例达到54.6%。积极实施碧水行动，水环境质量大幅改善，主要河湖断面COD(化学需氧量)均值、氨氮均值均达到地表水Ⅲ类标准。加快推进“绿满泰安”行动，林木绿化率达到39.6%，成功创建为国家森林城市。土壤和固废污染防治成效明显，工业固体废弃物资源综合利用率达98.8%。全面完成省政府下达的节能减排目标任务，绿色、生态、美丽的环境成为泰安的宝贵财富和品牌优势。

(五)体制创新激发新优势

简政放权、商事制度改革和营商环境建设取得积极进展。2017年，全市市场主体达到32.88万户，新登记各类企业1.45万户，创历史最高水平。国资国企改革建立了“三位一体”的改革构架和监管体系，农村土地承包经营权

确权登记颁证工作以优秀等次通过省级验收，国有林场改革试点通过国家验收。对外开放水平明显提高，主动融入国家“一带一路”、省“一圈一带”建设，泰山被授予国家级海峡两岸交流基地，搭建了泰山国际登山节、中国（泰山）国际矿业装备与技术展览会、泰山国际特种设备展览会、泰山苗木花卉交易会等展会平台。

第二节 泰安市推动新旧动能转换面临的问题

虽然泰安市积极推进经济转型升级和发展动能转换，经济发展的质量和效益有了很大提高，但由于受当地经济基础、产业结构、经济增长等动力因素的制约，在发展过程中仍然暴露了许多问题，特别是当前经济下行压力较大，土地、资源、环境、劳动力等要素制约趋紧，泰安市经济无论从总量上、增幅上，还是从结构上、效益上与省内先进地市相比依然存在明显差距。

一、思想观念变革不深

思想禁锢是改革最大的障碍，观念落后是最可怕的落后。思想不解放，就不可能迈开前进的步子；观念不更新，行动就不可能真正自觉。在推进当地经济发展中，一些同志思想解放不够，观念变革不深，敢领风气之先的魄力不足。不能用新的视角、新的思维观察问题，分析问题，解决问题；重产量不重质量，竞攀 GDP，唯 GDP 论英雄。在改革发展中，没有创新意识，因循守旧，机械地依附于政策，不求创新。现代发展意识薄弱，不能把当地发展融入全省、全国发展大局中。在实施新旧动能转换中，有的同志第一反应是看上级有没有特殊的优惠政策，给多少钱、给哪些项目，也有的只盯在给多少土地指标、给多少环境容量上。这些思维方式不转变，新旧动能转换就会受到严重束缚。

二、产业结构发展不合理

泰安市工业化发展水平滞后于山东省平均水平，与济、青、烟等城市相比差距更大。工业发展仍以传统产业为主，产业结构层次偏低。从高新技术企业看，高新技术产业产值占规模以上工业总产值的比重为 28.3%，低于全省平均水平 6 个百分点左右。具有较强行业影响力和市场竞争力的龙头企业明显偏少，为龙头骨干企业配套的上下游企业和关联辅助企业发力不足。产业雷同问题较为突出，从区县之间看，普遍存在发展定位模糊、主导产业选择雷同的现象，不但难以打造产业集群和区域品牌，还导致同质化竞争、功能混乱、聚而不群的问题。从园区发展内部看，入园企业关联度小，企业缺乏上下游配套，甚至一些规模小、档次低、技术落后的企业占用了大量资源，不仅投入产出效率偏低，还加大了产业结构调整的难度。

三、资源整合力量相对薄弱

一是高校人才资源整合力度不大。科研人才、专业技术型人才偏少。引进难、引进力度不够的现象明显。二是当地自然资源整合力度薄弱。山水林田湖，绿水青山就是金山银山，但不是直接的金山银山，绿水青山要转化成金山银山，需要有整合、有利用、有开发、有保护。但目前的招商引资及经济发展，往往会忽略这些自然资源所带来的长远的经济效应，将绿水青山这些生态资源白白浪费。所以在新旧动能转换中，资源力量的整合需要进一步提升，包括交通资源、区位优势、文化旅游资源等，挖掘的力度需要进一步加大。

四、创新驱动发展模式尚未健全

企业自主创新的内在动力不足，多数工业企业缺乏原创技术和核心知识产权，主要依靠引进技术、装备和生产线从事加工组装生产，自主研发创新的内在动力不足。创新服务机构发展滞后，省级以上各类创新平台 150 家，其中国家级技术中心仅 5 家，占全省的 3.57%，远远落后于济、青、烟等地市。区域创新体系不健全，企业研发投入能力不足，投融资、人才等要素支撑服务不够，多主体共同参与、上下游企业协同创新的发展局面尚未形成。

五、营商环境优化不足

一些同志对优化营商环境认识不深，对经济转型发展信心不足。有的同志消极怠政，不怕不亲，只怕不清，不敢也不愿深入企业，接触企业家。有的同志到企业也是转一转，蜻蜓点水，走马观花，不解决实际问题，各项政策措施落实不到位，企业的困难得不到解决，营商环境得不到优化，谈何招商引资，转型升级？在简政放权及触及部门权力时，一些同志担当意识不足，因循守旧。在简化办事流程方面，泰安市和先进地区相比还存在较大差距，项目审批难、落地难、推进慢的现象依然明显。这些营商环境的不足大大影响了当地经济的发展。

第三节 推动泰安市新旧动能转换的对策措施

从前面的分析我们可以清晰地看到，加快新旧动能转换，泰安市拥有自己得天独厚的优势。泰安作为全省新旧动能转换“多点突破”中的关键一环，是全省发展的“棋眼”，只有发挥优势、补齐短板，才能在全省新旧动能转换的大潮中走在前列，实现泰安经济发展的凤凰涅槃。

一、转换思维方式，形成思想上的新动能

解放思想是一个平台、是一个要求，转换思维方式才是解放思想的内容。在转换思维方式上需要重点解决好四个方面的问题：一是强化市场化的理念。引导各级领导干部学习掌握新时代中国特色社会主义市场经济的基本规则，培养运用市场化的办法推动工作、解决问题。二是强化产业化的理念。从大水漫灌到精准滴灌，从剜到篮子里就是菜的招商引资到招商选资，要更加注重与本地产业上下游的配套、产业链的延伸和产业集群的培育，逐步实现由追求数量向追求质量转变，由追求氛围向追求落地型转变，由政府主导向市场主导、企业主导转变。三是强化融合化的理念。在产业培育、招商引资和项目建设中，由过去单一碎片化的产业发展模式向一、二、三产融合、跨界融合、医养结合、文旅融合、军民融合发展等方面转变。四是强化国际化的理念。以更加开放包容的姿态，借助泰山国际登山节、中国泰安投资合作洽谈会等展会平台，积极引导企业“走出去”，展现泰安特色优势，提高泰安知名度和影响力。

二、坚持调旧育新，形成产业结构上的新动能

（一）化解淘汰过剩产能

把去产能作为加快产业结构调整、优化存量资源配置的首要任务，探索建立市场出清的长效机制，实现企业优胜劣汰、产业转型升级。明确去产能重点，根据市场形势变化，适时调整去产能行业、领域和力度，使产能利用率保持在合理区间。优化去产能路径，综合运用法治化、市场化手段，分类施策、多措并举、标本兼治，引导企业压减过剩产能、淘汰落后产能，提高供给结构适应性和灵活性。完善去产能政策，加快完善困难企业差异化处置机制，创新债权债务、职工安置等配套政策，切实保障企业发展和维护社会稳定。

（二）培育壮大新兴产业

密切跟踪国际科技、产业发展趋势，把新兴产业摆在经济社会发展更加突出的位置，加快互联网、大数据、人工智能和实体经济的深度融合，推动新兴产业加速崛起、扩容倍增、重点突破。着力发展新一代信息技术、高端装备和智能制造、新材料、新能源和节能环保、医养健康等五大新兴产业，打造新兴产业集聚发展高地，培育形成新动能主体力量。

（三）改造提升优势产业

加快引用新技术新管理新模式，坚持培育和引进并举，科技创新和模式创新并重，强化企业、园区和品牌的载体作用，推动现代高效农业、高端化工、纺织服装、现代物流、文化旅游等优势产业腾笼换鸟、凤凰涅槃、浴火重生，促进全产业链整体跃升，形成新旧动能转换的重大支撑。

三、依托生态资源，形成绿色发展上的新动能

中共山东省委书记刘家义在参加山东省第十三届人大一次会议泰安代表团审议时指出：“高质量发展体现在泰安就是要做好绿色发展这篇大文章，绿色发展就是泰安、泰山最大的新动能。”泰安市将以新旧动能转换为抓手，深入推进以泰山为龙头，以泰安、曲阜为轴心的山水林田湖草生态保护修复工程，实行山水林田湖草系统治理、系统提升、系统建设，打造“山青、水碧、林茂、田沃、湖秀”的新家园。

(一)保护修复自然生态

坚持保护优先、自然恢复为主,协同推进人工修复,全面提高森林、河湖、湿地等自然生态系统的稳定性。实施"绿满泰安"行动,大规模开展国土绿化,全面提升国家森林城市建设水平。开展山、城、河、湖、田生态文明共生要素一体化建设,提高水生态文明城市建设水平。加大生态修复和环境保护投入,实施水土流失、破损山体、矿区塌陷地、独立工矿区等生态脆弱区和退化区的综合治理工程,维持和恢复生态服务功能,建设自然生态屏障。

(二)促进生态经济发展

将绿色发展融入到农业、工业、服务业各方面和全过程,在生产、流通、消费各环节大力发展循环经济,筑牢生态经济之基、夯实生态经济之体、壮大生态经济之力,建立绿色低碳循环发展产业体系。以山水林田湖草生态要素为重点,合理规划建设一批不同类型、不同层次、不同特点,具有观光、体验、休闲、度假、教育、科普等多功能的生态园区,发展壮大生态经济。实施"生态+"战略,依托泰安自然山水生态环境,大力发展绿色生态产业,将生态资源转化为生态产品,发挥生态品牌的磁场效应,吸引绿色产业集聚发展。发展循环经济,推进生产工艺绿色化升级和产业园区循环化改造。实施"工业绿动力"计划,推动传统能源清洁高效利用和绿色能源深度开发利用。创建一批绿色工厂,推进能源精细化管理。

(三)着力打造绿色产业集群

泰安经过这些年的发展,初步拥有了打造绿色产业集群的实力。在这次新旧动能转换的过程中,市委、市政府提出了打造"五大千亿产业集群"的目标。而要落地落实,必须科学施策,扎实推进。一是着力培育幸福产业千亿元级集群。泰安文化旅游业具有得天独厚的优势,是泰安的王牌产业,要继续强化"大景区、大旅游、大项目、大目标"意识,着力构建全域旅游发展新模式。二是着力培育高压特高压输变电装备千亿元级产业集群。计划用3～5年时间,通过参与国家特高压的改造和实施"一带一路"走出去战略,把泰安市高压特高压输变电装备打造成千亿元级产业集群。三是着力培育无机非金属新材料千亿元级产业集群。以泰山玻纤新材料、泰和集团岩棉新材料为重点的大型央企,处于全国同行业领先位置,有雄厚的科技研发实力和产业基础,通过技术创新和智能化改造，争取在3～5年内打造成千亿元级产业集群。四是着力培育现代物流千亿元级产业集群。泰安最具代表性的现代物流产业——峰松物流，是物流产业转型升级的样本企业。2017年交通部在峰松集团召开了两次全国性现场会议，向国内外推广该企业的"无车承运人"大数据平台模式。企业有望年营业额突破1000亿元。五是着力培育高端智能制造千亿元级产业集群。目前泰安有一批实力较强的企业，比如康平纳集团、华鲁锻压机床等正在迅速崛起。

四、强化创新驱动，形成高质量发展的新动能

坚持把科技创新作为新旧动能转换的根本动力，加强制度设计、系统规划和协同推动，持续激发全社会活力和创造力，不断增强经济发展的内生动力。

（一）增强科技创新引领能力

发挥"塔形"科技创新体系的支撑作用和中国科协创新驱动助力工程示范市金字招牌作用，与国家级学会建立密切合作关系，瞄准世界科技前沿，强化前瞻性基础研究、引领性原创研究和应用基础研究，推进关键技术研发、攻关、储备。建立大型研发创新平台，完善科技创新服务体系，加快泰山创新谷建设，大力发展孵化器、众创空间等创业服务机构，搭建科技创新服务云平台，打造泰安市产业升级的策源地和发动机，形成全省乃至全国具有品牌影响力、公益性质的综合科技创新中心。

（二）发挥企业创新主体作用

加快构建以企业为主体、市场为导向、"政产学研金服用"相结合的技术创新体系。引导创新要素向企业集聚，使企业成为创新决策、研发投入、科研攻关、成果转化的主体。支持企业建设一批技术研究中心、工程实验室、工业设计中心、企业技术中心等创新平台，鼓励大型企业开放供应链资源和市场渠道，促进大中小微企业融通发展，提高企业创新创业协同水平。实施高新技术企业培育工程，推进新一轮高水平技术改造三年行动计划。

(三)优化创新创业发展环境

加快创新型城市建设,坚定实施军民融合发展战略,力争建设一批国家级、省级、市级双创示范基地、小型微型企业创业创新示范基地、中小企业公共服务示范平台、创业孵化示范基地和农村创新创业示范基地。加强网上创新工厂、虚拟创新社区、院士创业园等众创空间建设。完善促进大众创业、万众创新的普惠性政策,加快构建有利于创新企业的政策制度环境和公共服务体系。

五、完善要素保障,打造营商环境的新动能

适应新时代新趋势新要求,全面提升政府服务效能,深入实施人才优先发展战略,超前布局重大基础设施建设,为泰安新旧动能转换提供坚实保障。

(一)强化制度环境支撑

以简政放权、加强监管、优化服务、完善法治保障为重点,持续深化"放管服"改革重大工程。通过做足"减法",换取市场活力的"加法"、优化服务的"乘法",打破体制机制障碍。加速推进"贴心代办,一次办好"改革。抓好削权减证、流程再造、精准监管、体制创新、规范用权"五大行动",聚焦企业、群众和基层反映的突出问题,再取消下放一批权力事项。积极推进审批信息、监管信息、处罚信息共享,全面推行"双随机一公开"监管,推进"互联网+政务服务",实现市、县、乡三级政务服务平台互联互通,企业群众办事"零跑腿"或"最多跑一次"的服务目标。

(二)强化人才智力支撑

牢固树立人才第一资源理念,深入实施人才强市重大战略工程,实行更加积极开放有效的人才政策,推动人才结构战略性调整,加快打造人力资源强市。完善人才培育机制,积极推进一流大学和一流学科建设,增设面向新经济、新产业的学科专业,建设新型高端智库。鼓励本科高校、职业院校和培训机构开展技术技能培训、创业创新培训,争创职业教育创新发展试验区。建立开放引才机制,研究制定加快推进人才国际化的意见,建立符合国际规则和惯例的引才机制和服务模式。加大柔性引才力度,支持外籍高层次人才和急需紧缺人才来泰工作、创新创业,提供高效便捷的人才签证、工作许可、

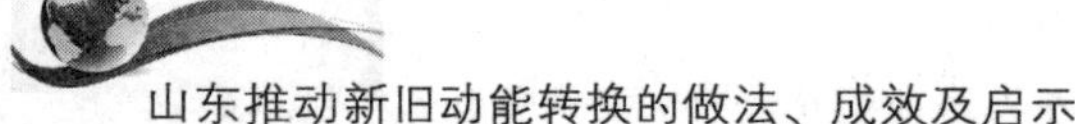

住房、子女入学等服务。支持国内外高校、科研机构在泰安设立新型研发机构和中试基地，力争打造一支当地企业家队伍，一批博士后创新实践基地，引进培育“两院院士”“千人计划”“泰山学者”“泰山产业领军人才”等高层次人才。强化人才激励机制，构建各类人才脱颖而出、梯队发展、自由流动的制度环境。对高端紧缺人才，实施科技成果转让、科研成果奖励政策。在部分新兴经济领域探索实施特殊管理股权制度。完善财政性科研项目和资金管理制度，加大对实施法人治理结构科研院所的创新支持力度。

（三）强化基础设施支撑

现代产业集群的崛起壮大，离不开基础设施的强力支撑。泰安市在这些方面短板制约明显，因而要加大争取力度，主动融入国家和区域干线交通网络，重点加强青兰高速、济泰高速和济泰城际高铁、聊泰铁路等工程的建设，形成布局合理、功能完善、衔接便利的现代化综合运输体系。实施能源保障和能源优化工程，促进新能源和可再生能源发展。加快水利设施建设，积极推进引黄入泰、引黄济湖等重大工程，构筑水利保障体系。加快信息基础设施建设，统筹规划政务数据资源和社会数据资源，完善基础信息资源和重要领域信息资源建设，形成万物互联、人机交互、天地一体的网络空间。

第十四章

济宁市新旧动能转换的现状、制约因素与对策

山东省第十一次党代会报告提出："必须牢牢抓住供给侧结构性改革这条主线，把加快新旧动能转换作为统领经济发展的重大工程。"济宁市根据省委、省政府提出推动新旧动能转换的要求，从本市的实际出发，依据新旧动能转换的特点及趋势，推动新旧动能转换的实践取得了明显的成效。

第一节　济宁市新旧动能转换的现状

济宁市积极推动新旧动能转换，形成了本市的一些特色，并取得了明显的进展和成效。

一、济宁市新旧动能转换取得了一定成效

济宁市推进新旧动能转换取得的成效主要表现在以下几个方面：

第一，"新技术"推动传统产业转型升级。近年来济宁市一批传统优势企业通过科技创新实现转型升级。例如，如意集团拥有的"如意纺"等技术，填补了世界和国内空白，综合竞争力和主营业务收入居中国纺织服装企业竞争力 500 强第 1 位；山推股份研制的 900 马力以上推土机打破了国外对大马力

推土机市场的垄断地位，研制的国内首台无人驾驶遥控推土机，实现了推土机行业无人驾驶技术的重大突破；太阳纸业推出世界上第一张“无添加”生活用纸，多项新技术、新工艺填补国内空白，发展成全国最大的涂布包装纸板生产基地。另外，辰欣药业股份有限公司、山东宏河矿业集团有限公司、山东晶导微电子、山东泰丰液压、中煤工矿集团等企业均在科技创新上取得一定突破。

第二，“新产业”快速成长。最近十年，济宁煤电产业增加值由2007年的40.5%下降到2016年的27.93%。与此同时，电子信息、新能源、新材料等新产业快速成长。一是信息产业成为济宁市经济发展的新动能和资源型城市战略转型的突破口。以济宁高新区、任城区为核心区，以济宁经开区电子材料、曲阜物联网等园区为重点，“一核多园”集群发展的产业布局基本形成。二是以太阳能光伏、LED新光源、动力电池为主导的新能源产业快速发展，润峰集团多晶硅光伏电池光电转化率处于国内领先水平。三是石墨烯、稀土等新材料产业化快速推进，金乡化工园区已被省政府规划为省级新材料产业园区。四是文化旅游深度融合。曲阜文化建设示范区列入国家“十三五”规划。干部政德教育在全国影响力越来越大，辐射带动旅游业加快发展。

第三，“新业态”和“新商业模式”不断涌现。目前，济宁市政府将电子商务作为“一把手工程”，要求各级领导带头学、亲自抓、负总责，推动全市电子商务弯道超车。2016年，济宁市电子商务经营额已突破1000亿元；2017上半年，全市电子商务交易额突破500亿元，增长速度突破50.0%。济宁各县市区涌现出一批有知名度的电子商务品牌，电商平台、园区以及农村电商也在蓬勃发展。例如，中煤集团自主开发运营了国内首个工矿机械行业跨境B2B电商平台——亿矿网，成功由传统销售模式转型为现代销售模式。如意集团架构了“互联网＋智能制造＋个性化定制”纺织服装发展模式，实现了生产集成互联、智能管理、实时监控和智能分析。

二、济宁市新旧动能的转换尚未完全实现

济宁市新旧动能的转换尚未完全实现，“四新”发展缓慢，“四新”还没有成为经济增长的主要动力。

(一)“新技术”整体仍然处于较低水平

2015年济宁市R&D经费仅占GDP的1.78%,低于全省平均水平(2.27%)0.49个百分点,居全省13位,仅高于枣庄、日照、德州、菏泽。济宁市第三次经济普查显示,全市开展研究与试验发展活动的规模以上工业企业法人单位171个,仅占全市规模以上工业企业法人单位数的8.75%。多数企业没有正规研发机构,没有研发人才,没有研发活动,仅停留在加工组装环节,引进技术和装备仍是推进产业升级的主渠道。

(二)“新产业”发展滞后

济宁市长期以传统的生产加工型企业为主,信息、新能源、新材料等新兴产业多数企业处于初创和成长期,新旧动能转换出现“断裂”。2016年济宁高新产业产值占规模以上工业的比重上升为29.9%,比山东省平均水平低3.9个百分点,居全省第九位,与济宁市整体经济在全省的排名水平不相适应。虽然济宁市是山东省信息技术产业基地,但是,信息技术产业尚未形成规模,对经济的辐射带动作用不够。另外,现代服务业发展缓慢,传统的服务业依然占据主导地位。2016年交通运输仓储和邮政业营业收入占规模以上服务业的48.1%,信息服务业、租赁和商务服务业、科技服务业营业收入占比分别为17.6%、16.1%、7.3%,其他六个行业门类规模占比均不超过5.0%。

(三)“新业态”和“新商业模式”尚未形成规模

从电子商务看,济宁市存在电商品牌偏少、影响力度偏低、县市区电商发展不平衡等问题,和发达地区相比存在一定差距。分地区看,济宁高新区和邹城市依然是全市电子商务平台发展的高地,上半年分别实现平台交易额139.0亿元、413.7亿元,两地交易额合计占全市的比重高达99.4%。另外,全市信息化与工业化融合不够,运用“物联网”、工业机器人等信息技术嫁接改造传统产业的步伐不快,智能化产品占比低。一些企业虽已在转型的路上或开始涉足新业态,但新业态短时间未出效益。

第二节　济宁市新旧动能转换的制约因素

济宁市推动新旧动能转换面临诸多制约因素，突出表现为以下几个方面：

一、观念制约

制约济宁新旧动能转换的一大障碍是观念陈旧，集中表现就是济宁的地域文化中中庸保守意识严重，缺乏敢为天下先的精神，喜欢安贫乐道，追求四平八稳。尤其是“官本位”思想仍然十分严重，父母认为孩子在体制内工作才是正式工作，实在没法了才到企业里工作，亲商爱商的社会舆论氛围远未形成。另外，机关、事业、企业收入分配差距的拉大，垄断行业和非垄断行业收入分配差距的拉大，使得人才更愿意挤破头去机关、事业和垄断行业，不愿意去企业创新创造。

二、人才制约

没有人才，即便是投入再多的资金也没用。一些传统工业区之所以落后，人才净流出是重要原因。济宁市目前只有三所大学，靠大学吸引人才的力度不够，而本地外出上大学的学生相当一部分不再回济宁，越优秀的越不愿意回来。回到济宁的人才，一般都是考机关事业单位，或银行、通信等垄断单位，不愿去企业工作。即便一开始去一些企业，也是跳板，没几年又走了。一些企业想采取现代化的管理、想创新、想搞对外贸易、想搞电子商务，但苦于没有人才。同时，由于济宁市没有理工科大学，通过产学研提高创新能力明显不足。

三、成本制约

调研中发现，部分实体企业新旧动能转换存在着不想转、转不动、转不成的困难和瓶颈。其成本高是重要的原因：一是税费压力大。制造业增值税税

率达17%，一般企业所得税税率为25%，加上各种收费，企业的综合税费负担较重。二是社会保险费高。根据目前的社保政策，绝大部分企业"五险一金"的缴纳比例都在工资总额的40%以上。在经济下行、成本增加的压力下，济宁一些企业出现"不缴社保""迟缴社保"或"缴但基数不足"的现象。三是融资成本高，融资难、融资贵问题一直是限制企业发展的一大障碍，即便有新的项目也难以运行。经营成本高使企业没有也难以成为创新的主体。

四、制度制约

观念、人才、企业的制约，均源于制度的制约，制度是制约新旧动能转换的关键。我国南北方的差距之一就是制度的差距。南方更多的是市场主导型，北方更多的是政府主导型，地处北方的济宁亦是如此。政府主导意味着政府直接掌控资源，在土地、资本等重要经济资源配置上作用明显，企业要和政府搞好关系，企业为了上一个项目要跑很多部门，盖很多图章。其结果不仅导致企业制度性成本较高，而且难以形成亲清的官商关系。政府主导型还使得国有企业在关键性领域如石油、电信、金融等领域处于垄断地位，在获得各种资源上具有优势，民企难以进入垄断领域，难以获得资源，从而制约民营经济的发展。政府主导型使得整个社会"官本位"的意识较浓，难以形成崇尚创新的氛围。

第三节　加快济宁市新旧动能转换的对策

济宁市新旧动能转换虽取得了一些进展，但是旧的动能仍然在惯性运作。济宁如何走出困局，实现凤凰涅槃仍任重而道远。如何形成新旧动能转换的长效机制，培育经济增长的"乘数因子"，则是政府必须考虑的问题。

一、推进观念创新，营造新旧动能转换的良好氛围

加快新旧动能转换，要观念先行。

（一）彻底摒弃与创新不协调的旧思想旧观念

如果不在思想观念上彻底打破过去固有的模式，想转是比较难的。济宁

要具备强大创新能力，必须彻底清理与创新不协调的旧思想旧观念，摒弃传统文化中不利于创新、害怕冒尖、害怕冒险、安贫乐道、顺其自然等保守观念，坚决摒除官本位思维，要鼓励创新创造创业，要能容忍失败。

（二）尽快营造大众创业、万众创新的社会氛围

当今时代，仅靠少量高端人才、少数大企业带动是不够的，需要全员、全社会的参与，没有全社会创新意识的觉醒和创新活力的迸发，新旧动能转换不可能真正实现。因此要让创新理念深入人心，让创新的人更受尊重、更容易挣钱，尽快形成大众创业、万众创新的社会氛围。

（三）充分发挥领导干部的带头作用

观念创新，要从领导干部开始。党的十八届六中全会明确指出，党的各级组织要旗帜鲜明为敢于担当的干部担当，为敢于负责的干部负责。目前济宁已出台容错免责政策。应加大宣传力度，通过建立容错免责机制，为干部大胆创新主动担当干事撑起腰杆，最大限度激发干事创业的激情和活力。

二、强化人才政策，增强新旧动能转换的智力支撑

推动新旧动能转换，人才是关键。要成为创新型城市首先要拥有大量创新型的人才。深圳、杭州等都是如此。要紧紧围绕济宁市的实际，设计和制定持久性人才政策，当好人才管理改革试验区，尽快形成人才净流入的局面。

（一）完善人才引进政策

一是把引进重点放在国内知名的高层次专家、重点学科带头人和急需的高技能人才上，引进一个领军人物、团队，可以带动一批重大项目进驻，培育形成一个新的产业。二是加大对大学本科以上毕业生的引进力度。近期为了吸引更多的人才扎根，成都、长沙、合肥、济南等人才引进利好政策频出。借鉴外地好的经验，凡是来济宁工作的大学本科以上毕业生给予补贴，或购房直接打折优惠。三是推动人才向企业流动。人才不向企业流动，企业的主体地位难以确立。因此，要引导企业采取措施留住人才，努力缩小机关、事业单位和企业的各种差距，特别是收入差距。

（二）充分发挥企业家的创造力

企业家是企业的统帅和灵魂，是改革创新的重要力量，也是推动经济社

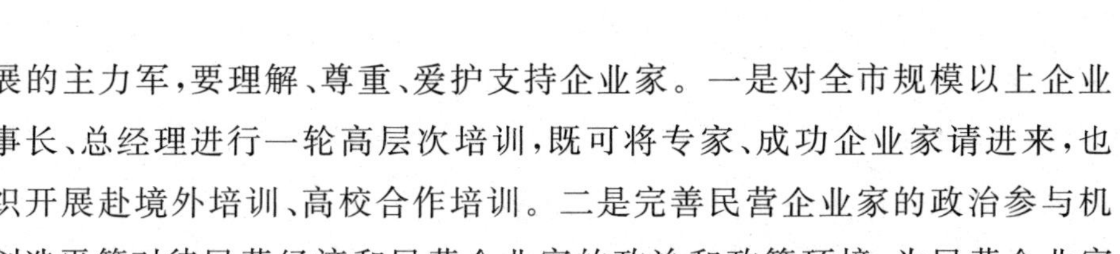

会发展的主力军，要理解、尊重、爱护支持企业家。一是对全市规模以上企业的董事长、总经理进行一轮高层次培训，既可将专家、成功企业家请进来，也可组织开展赴境外培训、高校合作培训。二是完善民营企业家的政治参与机制。创造平等对待民营经济和民营企业家的政治和政策环境，为民营企业家合理、顺畅地表达政治愿望、政治诉求创造和提供平台。三是依法保护企业家的创新收益和财产权，培养造就一大批勇于创新、敢于冒险的创新型企业家。

（三）大力引进知名大学和中学

一些地区通过引进知名大学、中学、助推经济向智慧型方向发展。例如，全国有10余所重点大学将入驻合肥，部分确定选址，不仅吸引人才，而且发展了教育服务业，更好地推动本地转型发展。济宁市已引进昌乐二中、山师附小等学校，今后在引进知名大学和中学上应进一步加大力度。

三、强化企业的主体地位，让企业真正成为新旧动能转换的主体

习近平总书记在视察如意集团时指出，企业是创新主体，掌握了一流技术，传统产业也可以变为朝阳产业。① 深圳的创新模式享有盛誉，4个90%一直未变：90%的研发机构，90%以上的研发人员在企业，90%以上的研发投入，90%的发明专利出自企业。因此，加快新旧动能转换，必须强化企业的主体地位。

（一）加快构建以企业为主导、产学研合作的产业技术创新体系

如意集团的“嵌入式如意工作坊”，就是产学研合作的结晶。一是推进互联网＋产学研结合，依靠网上力量推动企业和科研院所的合作。二是建议政府组建一个以科技创新为内容的公共服务机构，主要职责是为企业和科研院所搭建一个沟通桥梁。由于企业和科研院所缺乏沟通，济宁市的企业在发展中遇到的科技难题可以交由该机构，由该机构负责联系科研院所，通过这种机制，实现产学研的有效合作。

（二）加大知识产权保护力度

产权保护的意义在于：一方面让企业家安下心来，有长期创新、转型的愿

① 参见《习近平：汇聚起全面深化改革的强大正能量》，新华网，2013年11月28日。

望和计划；另一方面，是防止抄袭和造假者分食市场和利润。如果政府不能有效地保护知识产权，企业的研发投资就很难完全回收，得不偿失，企业就没有创新的积极性。因此，要加大知识产权保护力度。

（三）建立多元化的创新金融支持体系

从美国经验看，从早期的天使基金，到中期的风险投资 VC，再到后期的私人股权基金 PE，形成了支持创新的金融产业梯队，成功实现了技术与资金的嫁接。美国的硅谷之所以能够成为硅谷，以色列能够成为一个创业的国度，很大程度上是科技金融支持的结果。因此，要加快科技金融的发展，建立多元化的创新金融支持体系。

四、加快制度创新，构建济宁新旧动能转换的新体制

与推动新旧动能转换的政策相比，制度创新更为重要。制度创新的核心是处理好政府和市场的关系，使市场在资源配置中起决定性作用和更好发挥政府作用，推动发展模式由“政府主导”向“市场调节”转变。加快制度创新，当务之急应从以下几方面入手：

（一）深化行政体制改革，在权力上处理好政府和市场的关系

围绕“放管服”深化行政体制改革，是新旧动能转换的关键。而“放管服”改革的最终目标之一，就是要持续不断地“优化营商环境”，就是“造环境”，营造更有吸引力的国际化、法治化、便利化营商环境，降低企业制度性成本。李克强总理提出“营商环境就是生产力”，环境优了，不仅可以招“财”来，更会引“才”到。一些基层官员更习惯于“抓项目”，加快新旧动能转换，不仅要“抓项目”，更要“造环境”，“抓项目”到“造环境”蕴含着从“计划”向“市场”过渡、由管理型政府向服务型政府转型这一关键的政府职能转变。

（二）深化财税体制改革，在利益上处理好政府和市场的关系

由于我国税制结构的不合理，导致企业税负较重，利润空间降低，限制了企业创新的积极性。近两年虽实行了减税政策，但效果不够明显。因此，必须深化财税体制改革，进一步减轻企业税收负担，打出减税降负组合拳，使企业在税费上有实实在在的获得感。在经济形势不好的情况下，减税降费十分重要。拉弗曲线说明，降低税率不仅不会减少税收，相反往往会增加税收。

(三)深化国有企业改革,在经营上处理好国有企业和民营企业的关系

济宁市2016年底有136户国有企业,大型国企11户,净资产收益率为1.21%、总资产报酬率为2.37%、国有资本保值增值率为100.27%,均比较低。科学研究和技术服务业企业仅有7户,营业收入低于1%。2016年科技支出为5870万元,占全市国有企业营业成本的比重不到1%。与此同时,2016年济宁市民营经济增加值占GDP比重达到48.7%,低于全省2.4个百分点,占比居全省第11位。民营经济显然是济宁经济发展大局中的短板。民营经济是市场经济最富活力、最有创造力的重要力量,中国75%的技术创新来自中小企业,80%以上的新产品由中小企业开发,65%的专利由中小企业发明。因此,要以混合所有制作为新一轮国企改革的突破口,通过发展混合所有制,提高国企效率,激活民营经济,合力推动新旧动能转换。山推股份等国企已经完成或正在进行混合所有制改革,取得一定成效,可继续推广。

五、发展"四新经济",打开济宁新旧动能转换的总引擎

近年来,上海、江苏、湖北等省市纷纷提出要大力发展"四新经济",有的专门出台了《关于加快发展新经济的若干意见》,有的地区建起新经济示范区,有的地区专门开设"四新经济"专题研修班。广东、浙江等新经济成分占70%,传统经济成分占30%;济宁与之反差巨大。因此,要加快发展"四新经济",以"四新"促"四化"。

(一)加快推动技术创新

技术创新是产业转型和产业创新的基础。适应新一轮科技革命的需要,更应加快推动新一轮以信息技术为核心的技术创新。目前济宁市的新技术多以引进为主,企业比较被动,政府税收也比较少。因此,应进一步增强企业的自主创新能力。

(二)加快推动产业创新

济宁市的产业多是传统产业,如化工、煤炭、机械、纺织、造纸等,这些产业多存在环境成本高、产能已近饱和、发展潜力小等问题,已不可能再依靠这些产业推动济宁经济实现更大规模扩张。济宁经济要想实现更高水平发展,必须通过产业创新寻找新经济增长点。当前要紧紧抓住惠普项目落地的机

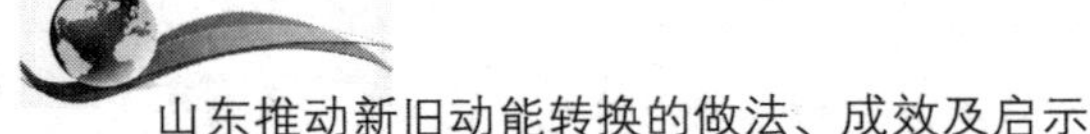

遇，建设好山东信息技术产业基地，在信息技术产业上获得突破性发展，形成先发优势，实现弯道超车，从而推动济宁在区域竞争中脱颖而出。

（三）加快推动业态创新

“互联网＋”最大的特点，就是激活存量经济，推动传统行业的转型升级。因此，要顺应产业跨界融合大趋势，加快推进“互联网＋”行动计划，有序推进互联网与经济社会各领域融合发展。如“互联网＋先进制造”“互联网＋现代农业”“互联网＋文化旅游”“互联网＋智能交通”“互联网＋医疗卫生”“互联网＋数字教育”，提升各行各业创新能力，催生更多经济发展的新业态。

（四）推动商业模式创新

传统零售模式不仅存在流通环节多、效率低、成本高、经营时间与空间限制等问题，而且存在供需信息不对称，消费者无法及时得到全部商品信息，商家找不到顾客。因此，要积极引导企业适应互联网时代发展要求，加快商业模式由B2C（企业到用户）向C2B（用户向企业）创新。支持个人利用网络平台，开展O2O（在线离线/线上到线下）交易。大力发展分享型经济。分享经济最大的特点是利用了闲置资源，没有增加新的投入，是一种效率较高的商业模式，因此，应大力推行分享经济，以激活社会资源。

第十五章

德州市新旧动能转换的成效、问题及对策

2018 年 1 月，国务院批复了《山东新旧动能转换综合试验区建设总体方案》，德州市 2 个国家级开发区（高新区）和 11 个省级开发区（工业园区）纳入试验区范围。德州市位于山东省西北部，南接省会济南，北邻京津冀，是山东新旧动能转换试验区和京津冀协同发展两大国家战略的融合部，新旧动能转换的潜力巨大。党的十八大以来，德州市转变发展方式，优化经济结构，转换增长动力，新旧动能转换取得了初步成效。但是，德州市工业化尚未完成，需要完成经济发展和转型升级的双重任务，新旧动能转换存在经济发展水平相对落后、产业结构不合理、新要素相对不足、对外开放度低等问题。针对存在的问题，德州市要把京津冀协同发展、国家新能源示范市、国家现代农业示范区三项工作和新旧动能转换试验区建设有机融合，通过新旧动能转换，构建现代化产业体系，实现经济高质量发展。通过深化济南都市圈战略，突破行政边界藩篱，实现区域协同发展。加快对济南、青岛、雄安方向的高速公路建设，加快提升宜商、宜业、宜居的环境。

第一节　德州市新旧动能转换的优势及成效

德州市区位优势明显，要素支撑良好，新旧动能转换潜力巨大。近年来，

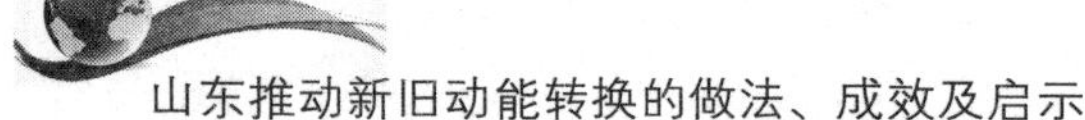

产业竞争力逐渐增强，体制机制不断完善，对外开放出现积极变化，绿色发展成效显著。

一、新旧动能转换空间潜力巨大

德州市位于山东省西北部，黄河下游北侧，南隔黄河与省会济南相望，北接河北沧州、衡水，东西分别与滨州、聊城接壤。市区距济南100公里，天津200公里，北京300公里，青岛400公里，烟台500公里。所辖齐河、禹城、临邑三县（市）与济南新旧动能转换先行区接壤。德州市属于省会城市群经济圈和济南都市圈，纳入西部经济隆起带和半岛城市群战略，正在建设京津冀协同发展示范区，是山东新旧动能转换试验区和京津冀协同发展两大国家战略的融合部，对山东半岛城市群与京津冀城市群融合发展起着重要作用。德州市辖区全部为平原，土地资源较为丰富，自然条件较好，工业化进入中期阶段，经济正在转型升级，有2个国家级经济开发区（高新区）和11个省级开发（工业园区），在山东省新旧动能转换试验区建设中能够发挥重要作用。

二、新旧动能转换成效初显

党的十八大以来，德州市积极推进供给侧结构性改革，实施产业结构调整和转换升级，新旧动能转换取得初步成效。

（一）综合实力持续提升

2013年以来，德州市经济保持平稳增长，2017年实现地区生产总值3140.2亿元，年均增长8%。公共财政预算收入完成187.5亿元，年均增长9.3%。全社会固定资产投资完成2641亿元，年均增长11.8%。社会消费品零售总额完成1537.1亿元，年均增长11.6%。人民生活水平大幅提高，城镇和农村居民人均可支配收入分别达到24640元和13389元，分别同比增长8.3%和9.3%。产业结构持续优化，三次产业比例由2013年的10.4∶52.0∶37.6调整为2017年的9.9∶47.7∶42.4。累计完成进出口总额244.5亿元，实际利用外资1.3亿美元。综合实力的持续提升为新旧动能转换提供了充足的韧性、潜力和回旋余地。

（二）产业创新能力逐渐增强

党的十八大以来，德州市坚持创新发展理念，实施创新发展战略，取得较好成绩。企业创新能力不断提高，截至2017年年底，德州市共建成企业技术中心、工程技术研究中心、工程实验室（工程研究中心）、国家地方联合工程实验室等人才平台载体共903个，其中国家级28个，省级263个，市级612个。产业创新动力不断增强，全市高新技术产业产值达到3401.9亿元，是2013年的1.8倍。协同创新不断深入，围绕产业链布局创新链，依托重点产业成立了12个产业联盟，山东省技术转移转化中心布局德州，山东大学晶体材料、生物工程、智能装备3个研究院落户，全市1000家企业与587家高校院所建立了密切合作关系。创新队伍不断壮大，“黄金30条”的政策效应持续发酵，2013年以来，全市引进两院院士、千人计划、泰山学者等高层次人才538人，是历史总量的近10倍，省级人才改革试验区、国家级引智试验区成功创建。

（三）新旧动能转换的体制机制不断完善

党的十八大以来，德州市积极落实中央和山东省的各项体制机制改革政策，经济活力不断迸发。供给侧结构性改革的积极效应不断释放，“地条钢”企业全面取缔，“散乱污”整治力度加大，供需失衡状况得到改善；直接融资规模不断扩大，上市企业达到9家；企业成本进一步降低，出台了《关于减轻企业税费降低企业成本的实施意见》，有效降低了企业用地、用能、融资、创新创业等发展成本。“放管服”改革持续深化，累计推出改革措施230余项，“市县同权”改革试点积极开展，取消、下放、调整权力事项212项；市场主体活力不断增强，2017年达到36.5万户，比2013年新增16.1万户。

（四）对内对外双向开放呈现积极变化

长期以来对外开放和对外经济是德州经济的短板。党的十八大以来德州市坚持开放发展理念，采取各种措施补齐开放发展短板，开放潜力加快释放，对内对外双向开放格局逐步形成。对内开放方面，协同发展示范区建设迈出坚实步伐，2017年引进京津冀亿元以上产业项目135个，其中91个开工建设，到位资金额56.4亿元；开发区主阵地作用更加突出，全市省级以上开发区已培植百亿元级产业17个，500亿元级产业4个，公共财政预算收入占全市的79%。对外开放方面，积极参与“一带一路”建设，深入开展“百企下

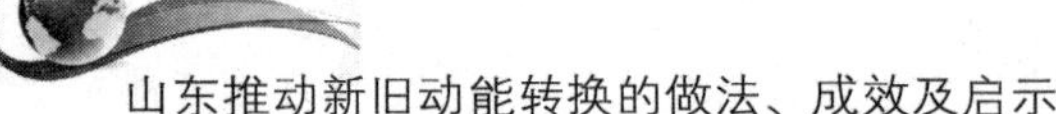

南洋”活动，对接东盟取得突破性进展，2017 年与东盟地区贸易额达到 39.5 亿元，增长 17%，占全市对外贸易额的 16%。

（五）绿色发展成效初显

德州市坚决打好打赢污染防治攻坚战，环境空气质量实现持续改善。2017 年取得了空气质量改善幅度在全国 169 个城市位列第八的好成绩，夺得“蓝繁”增加天数、PM10 改善幅度、空气质量综合指数改善幅度、省级生态补偿资金“四个全省第一”。累计淘汰 10 蒸吨及以下燃煤锅炉 3690 台，削减燃煤 260 多万吨，累计推广清洁煤 120 余万吨，居全省前列；全部淘汰黄标车，中心城区清洁能源和新能源公交车比例达 97%以上；对 191 家涉 VOCs 企业开展治理，其中石化行业已全部完成；将 273 家企业纳入错峰生产范围，有序落实错峰生产减排措施。

（六）动能转换要素支撑条件良好

从动能转换的传统要素支撑条件看，德州市具备较好的基础。德州市劳动力资源丰富，2017 年常住人口 579 万人，虽然自 2000 年起德州已经进入“老年型”社会，2016 年 60 岁以上老龄人口已经超过百万，但是老龄化低于全国水平，劳动人口占到常住人口的 70%左右，劳动人口素质提高，接受大学教育的人口在增加。德州市土地资源丰富，2017 年末德州市土地总面积 1035767 公顷。建设用地 185231 公顷，占土地总面积的 17.88%。耕地 643783 公顷，占土地总面积的 62.16%；园地 13956 公顷，占土地总面积的 1.35%；林地 61835 公顷，占土地总面积的 5.97%；其他农用地 95351.85 公顷，占土地总面积的 9.21%。德州市资本市场发展较快，金融机构 2017 年存款余额达 3098.02 亿元，贷款余额为 1797.78 亿元，同比都有增长。资本市场发展迅速，2017 年 4 家企业在沪深交易所上市，上市企业总数达到 9 家，3 家企业登陆新三板，新三板挂牌企业总数达到 22 家，直接融资 304.95 亿元。

第二节　德州市新旧动能转换面临的问题及原因

德州市工业化尚未完成，面临快速增长壮大总量和转型升级提高质量的

双重发展任务。新旧动能转换中面临经济发展水平相对落后、产业结构不合理、新要素相对不足、对外开放度低、生态环境压力大、营商环境有待改善、基础设施亟待提升。

一、面临发展壮大和动能转换的双重任务

德州市工业化处于中期阶段,经济发展水平和发达地区尚存较大差距。2017 年德州市 GDP 达 3140.18 亿元,居全省第 11 位,占全省的 4.3%;人均 GDP 为 54197 元,居全省第 14 位,分别相当于山东省、济南、青岛、烟台的 74.4%、52.2%、45.4%、52.2%;财政收入 187.5 亿元,占全省的 3.07%,相当于济南、青岛、烟台的 27.7%、16.2%、31.2%;全市居民人均可支配收入 19083 元,分别相当于山东省、青岛、烟台的 70.9%、49.2%、59.1%。与浙江、江苏及其地市相比,人均 GDP 相当于浙江、江苏、温州、湖州、嘉兴、徐州、淮安、镇江的 58.9%、50.1%、91.4%、65.3%、57.7%、71.7%、78.4%、42%。居民人均可支配收入相当于浙江、江苏、温州、徐州、淮安、镇江的 45.4%、54.5%、44.2%、77.8%、76.5%、51.3%。从产业发展来看,另外两个问题也较为突出:一是产业基础薄弱,总体规模偏小。规模以上企业达到 3022 家,居全省第 5 位;但大企业少,缺少像青岛海尔、潍柴动力等对地方经济和产业发展有龙头带动作用的知名骨干企业。二是产业门类多,高端产业少。全市工业中传统产业主营业务收入占 75%左右;产业集群竞争优势不明显。因此,德州市面临“快速壮大经济总量,提高人均收入”和推进新旧动能转换实现经济转型升级的双重任务。

二、产业结构不合理

德州市传统产业规模体量大,占比 70%以上,是经济增长的主导力量,新兴产业占比虽逐年提高,但是尚未形成整体性、规模性、持续性增长趋势。德州市传统产业的高比例,占用了大量的资金、土地、劳动力等资源要素,不利于区域经济的快速可持续发展。战略性新兴产业总体规模处于劣势,不利于新动能的形成聚集。产品结构总体上处在价值链中低端,原料制品多、中间产品多、最终产品少,工业产品多、服务产品少,传统工业产品多、高新技术和高附加值产品少。德

州市的服务业所占比重偏小，2017年德州市三次产业结构为9.9∶47.7∶42.4，全国为7.9∶40.5∶51.6，山东省为6.7∶45.3∶48.0，浙江为3.9∶43.4∶52.7，江苏为4.7∶45.0∶50.3，温州为2.6∶39.4∶58.0，徐州为9.1∶43.6∶47.3。

三、“四新”经济和新生产要素相对不足

“新技术、新产业、新业态、新模式”是相对传统技术、产业、业态、模式而言的。新技术、新产业、新业态、新模式是新旧动能转换和实体经济发展的核心，知识、技术、信息、数据等新生产要素是新旧动能转换和实体经济发展的支撑。德州市新技术、新产业、新业态、新模式也有一定的发展，但是处于起步阶段，发展不足。知识、技术、信息、数据等新生产要素也不断发展和积累，但与发达地区相比仍显不足。

四、体制机制障碍突出

“放管服”改革没有完全到位，有的下放市县的权力属于多年“零办理”的“僵尸权力”，群众获得感不强。有的形成审批关卡“暗门”，审批难、办事难等问题依然存在。有些办事流程仍不同程度存在程序繁琐、环节复杂、时限过长等问题，远未达到企业和群众的期望值。据有关部门统计，群众对部门服务流程设置总体满意率为66%，网上办理率不到60%。有的部门重审批、轻监管，特别对新兴业态反应迟钝，标准化监管机制不健全。信息共享渠道不畅，信息不对称现象比较普遍。

五、对内对外开放优势较弱

德州市加快推进新旧动能转换，需要提高对外开放度，积极拓展对外经济联系，引进国际企业项目，提高外资经济的比重，同时鼓励有条件的企业对外投资，对外承包工程，对外加强产能合作，发展对外贸易等。但是，目前对外经济方面仍然是一个短板。对内融入区域经济一体化发展方面有很大进展，但仍然没有达到理想的结果。向南融入济南，实现济德同城化提出了多年，但是推进缓慢。京津冀协同发展示范区启动三年效果显著，成为德州经济社会发展的一个重要抓手，但是受各因素制约，山东融入京津冀桥头堡的

潜力远远没有充分发挥。

六、资源环境压力仍然较大

德州市环境保护和生态建设形势仍然严峻。从大环境看，德州市处于京津冀大气污染传输通道，雾霾天气频发，属于国家重点环保督查地区。从德州市来看，全市高耗能、高污染的传统产业占比依然较高，循环经济发展水平有待提升，受环境污染倒逼机制影响较大。从环保投入来看，较为严峻的环保形势带来财政资金和企业在该方面的投入力度持续加大，一定程度上限制了企业在研发创新等领域的投入。

七、基础设施制约明显

新旧动能转换的逻辑是提高效率，交通、信息、能源等基础设施制约着经济效率的提高。交通方面，基础设施的制约表现在三个方面：一是交通运输方式不够齐全，相互衔接不够紧密。德州市目前已基本建立了以铁路、公路等运输方式为主的交通格局，但多元立体、互联互通的现代综合交通运输体系尚未建立，运输设施衔接效率不高。二是从路网结构看，干线路网公路通行能力不足。如京台高速（德州段）、部分国省道德州路段运输能力处于饱和状态，不仅影响过境交通，而且对于德州市对外交通产生影响，不利于德州市“南融北接”战略的实施。三是城区交通结构不尽合理。伴随着城市化进程不断加快，汽车保有量持续增长，城区拥堵问题日渐突出，迫切需要发展城市快速轨道交通来满足城区东西方向和南北方向快速通达的交通需求。

以上问题对新旧动能转换形成障碍，影响着德州市产业转型升级和经济高质量发展。出现这些问题的原因主要有两个方面：一是该市历史上是在国家和山东省的发展全局中被定位为边缘经济区和农业区，工业和基础设施投资不足；二是市场意识、商业意识、争先担当意识不足，人才、资本、资源外流。

第三节 推动德州市新旧动能转换的对策

德州市进行新旧动能转换实质上就是经济发展方式转变的过程，是转型升级的过程；是依托特定区域的经济发展实际，以新经济为引领，以新兴产业为抓手，淘汰过剩落后产能，培育壮大新动能，改造提升传统动能，推动经济保持中高速增长、产业迈向中高端水平的过程。提出如下转换思路：协调新旧动能的关系，把加快经济发展作为关键，把提高发展质量作为核心，把技术和制度创新作为动力，实施向南、向北、向东融合发展战略，把人民的获得感作为方向，加快基础设施建设。应把京津冀协同发展示范区、国家新能源示范城市、国家现代农业示范区三项工作和新旧动能转换试验区建设有机融合，通过新旧动能转换，构建现代产业体系，实现经济高质量发展。深化济南都市圈战略，通过突破行政边界藩篱的大都市区建设，实现德州在内的山东西部经济突破发展。加快实施德州市对济南、青岛、北京方向的公路工程建设，努力提高德州宜商宜业宜居的环境。

一、以京津冀协同发展推进新旧动能转换

党的十八大以来，中央为协调南北区域发展先后制定实施了京津冀协同发展和山东省新旧动能转换综合实验区两大战略。德州被纳入京津冀协同发展战略，并被赋予“产业转移、科技成果、农产品供给和劳动力供给基地及京津南部重要生态功能区”的定位。2015 年 10 月，德州市启动协同发展示范区建设，整体发展开始围绕示范区建设展开，三年来取得很大进展。2018 年1 月山东省启动新旧动能转换综合试验区建设，德州市的两个国家级开发区(高新区)和 11 个省级经济开发区(工业园区)被纳入试验区。德州市作为山东省唯一纳入两大国家战略的城市，处在两大战略的融合发展部，应发挥好山东省全面对接京津冀桥头堡的作用，把德州市打造成“两大战略共同发力，新旧动能转换和协同发展”的样板城市。

二、以深化济南都市圈战略推进新旧动能转换

长期以来，山东省东部发展较快，中西部发展较慢，区域经济发展不平衡明显。加快中西部地区的发展，实现区域经济平衡，成为进入新时代山东必须解决的问题。《山东半岛城市群发展规划(2016～2030)》提出的建设济南都市圈规划是解决这一问题的好战略。因此，要加快“济南为核心，德州、聊

城、泰安、莱芜、淄博为次中心”的济南大都市区建设，区内打破行政边界藩篱，实现商品、要素自由流动，基础设施建设、社保民政一体化，建立跨市协调机构统一各项规划，为山东西部发展提供战略动力。德州市应以推进济德一体化为抓手，充分发挥齐河、禹城、临邑与济南新旧动能转移先行区为邻的优势，实施产业转型升级提升工程，打造德州市为对接融入省会济南的山东省新旧动能转换试验区样板城市。

三、以国家新能源示范城市建设推进新旧动能转换

国务院批复的《山东新旧动能转换综合试验区建设总体方案》提出：以新一代信息技术、高端装备、新能源新材料、现代海洋、医养健康等产业为重点等产业培育新动能。2011年国家能源局批复德州创建国家新能源示范城市以来，德州市积极探索新能源的规模化利用，新能源和可再生能源在能源结构中的占比逐年提高，新能源和节能环保产业成为德州市重点发展的六大千亿元级产业集群之一。2016年规模以上企业168家，实现主营业务收入678亿元。省政府应将德州国家新能源示范城市纳入省级重大工程，在新能源项目建设方面给予倾斜。

四、以国家现代农业示范区建设推进新旧动能转换

国务院批复的《山东新旧动能转换综合试验区建设总体方案》提出：提升传统产业改造形成新动能，发展现代高效农业。2015年1月，德州市被农业部批复为国家现代农业示范区。2017年4月，德州市开始实施《德州市现代农业发展总体规划(2016～2020)》。现代农业是德州动能再造的“大机会”。德州市要以建设周边城市“放心农场”为总平台，高强度导入现代装备、现代技术和现代商业模式，形成持续投资流；优化调整农产品品种品质结构，重点发展高水平主粮基地和高端农业，建设高端“智慧农业长廊”；积极推进一批百亩级智慧农业大棚建设，建成符合全球良好农业标准产品的生产中心、国内设施农业标杆性工程，在全国率先建成生态信任农业先行示范区。德州市应全面落实《德州市现代农业发展总体规划(2016～2020年)》，确保到2020年全面实现农业现代化。

五、加强向南向北向东的通道建设

国务院批复的《山东新旧动能转换综合试验区建设总体方案》提出:完善智能安全的基础设施网络。基础设施主要包括交通、能源和信息三个方面,高效良好的基础设施网络是德州市新旧动能转换的保障。目前,德州市的交通基础设施不能满足需要,应当加强综合交通网建设。向南应加快实施京台高速德州到齐河段拓宽改造工程,加快实施省道 S101 齐河黄河大桥到平原西仓西的改线工程,规划实施沿京沪高铁南北向连接主城区、平原、禹城、齐河、济南新旧动能转换先行区的高等级公路,提高德州主城区—平原—禹城—齐河—济南的城镇密集的交通效率。向北应加快京德高速任丘到德州段立项建设,提高德州到雄安新区的交通效率,促进协同发展示范区建设。向东应加快德上高速德州连接线 105 口到京台高速段的高速公路建设,加快德州到高青的高速公路建设,加快济南都市圈高速环线长清到禹城及禹城到济阳段的立项建设,提高德州到青岛、烟台、威海、淄博、潍坊及济南市济阳、商河、章丘的交通效率。

六、规划建设市级新旧动能转换先行区

作为山东新旧动能转换综合试验区的有机组成部分,德州在推动新旧动能转换过程中应以德州经济技术开发区和德州(禹城)高新技术产业开发区为载体,建设德州市的新旧动能转换先行区。德州开发区 1998 年启动以来,经过 20 年的发展,建成了生态科技城、德州创新谷、京津冀产业合作区等平台,目前正在积极推进东部新城建设。德州(禹城)高新区 1999 年启动以来发展较快,建成了中央创新区等平台,拥有省级以上创新平台 62 家,高新技术产业产值占比 45.7%,区域示范引领作用强劲。从产业空间看,德州经济技术开发区、德州高新技术产业开发区,基础设施不断完善,功能定位日益清晰,建设德州新旧动能转换先行区将成为推动新旧动能转换的重要载体、高端高质高效产业的集聚区、创新驱动和绿色集约发展的示范区。

七、建设宜商宜业宜居环境

德州市推进新旧动能转换必须打造宜居、宜商、宜业的环境。德州市的

市场意识、创新意识、竞争意识、开放意识、效率意识和江浙地区相比差距较大,行政效率也较低,和省内发达地市相比也有一定差距。推进新旧动能转换必须“干部先换思想,城市先优环境”。进一步推进“放管服”改革,努力营造审批事项少、办事效率高、发展服务优的营商环境。深入推进简政放权,聚焦阻碍转型发展的重点环节,把该放的权力彻底放下去,把该管的关节依法管起来。打通信息孤岛,推进政务公开。创新政府服务方式,推广“互联网+政务服务”模式。深化商事制度改革,加快实现“多证合一,一照一码”“先证后照”和企业登记全程电子化。激发市场主体活力,构建“亲”“清”新型政商关系,形成尊商、重商、厚商、护商的良好氛围。

第十六章

聊城市推动新旧动能转换的做法、成效、问题及对策

推动新旧动能转换是山东省正在加速推进的重大工程，也是聊城市实现争先进位、科学发展必须完成的重大工程。把加快新旧动能转换作为统领聊城市经济发展的“牛鼻子”，为全省新旧动能转换做出积极贡献，是聊城市当前推进新旧动能转换的重要课题。

第一节　聊城市推动新旧动能转换的做法与成效

在聊城市委、市政府的大力推动下，聊城以创新发展为重要动力，扎实推进“建链、补链、延链、强链”工作，从而推动了新旧动能较快接续平稳地转换，传统动能改造取得新进展，新动能不断孕育成长壮大，经济综合实力不断提升。

一、聊城市推动新旧动能转换的做法

聊城市推动新旧动能转换主要采取以下做法：

（一）紧密部署落实

全省动员会议之后，聊城市委、市政府高度重视，动员全市各级各部门把

思想和行动迅速统一到省委、省政府的决策部署上来。各县市区、市直有关部门结合本区域、本领域实际，明确了新旧动能转换的思路、目标和重点任务，确定了提请省和国家予以支持的重大事项；各重点企业及时调整发展思路，研究提出了对接综合试验区建设、加快新旧动能换的重大项目。

(二)加强组织领导

成立了以市长任组长，相关市级领导同志任副组长，常务副市长兼任推进办公室主任的新旧动能转换重大工程战略规划领导小组及办公室，研究确定了近期工作方案，明确了落实推进任务。

(三)深入调查研究

以“四新”促“四化”为重点，市级层面拟定了15个重大调研课题，制定了详细调研方案，明确牵头部门和配合单位，组织精干力量，开展综合调研。市直有关部门、各县市区结合各自实际，开展专题调研。

(四)加强沟通对接

根据对接全省“10＋1”重大项目和聊城市动能转换的实际，确定了一批重大工程、重大项目，积极争取纳入省综合试验区规划，并通过采取各位副市长带队、分管部门组团，到省直对口部门集中沟通汇报的对接方式，提高了对接效率。

二、聊城市推进新旧动能转换的成效

聊城市以新经济、新产业、新业态和新模式为主要特征的新经济增加值占地区生产总值的比重日渐上升，新旧动能转换呈现良好发展态势。具体表现在以下几个方面：

(一)高新技术产业蓬勃发展

云计算、物联网、大数据、移动互联网等新一代信息技术迅猛发展，高新技术和产业相融合的层次提升，加快了三次产业的换档升级步伐。农业提效步伐加快，成功获批国家级现代农业示范区和农业科技园区。2017年，聊城达到省级农产品质量安全市标准，莘县等6个县(市、区)通过省级农产品质量安全县验收，东阿、高唐获批国家级出口食品农产品质量安全示范区。工业提质工程深入实施，2017年全市高新技术企业总数达到113家，规模以上高新技术产业产值占规模以上工业总产值的30.03%。在全省率先建成质量大数据中心，建成国家铜铝产品质检中心和省级钢管、棉纱产品质检中心。全市铜加工能力达到90万吨、铝加工能力达到220万吨，鲁西集团精细化工和化工新材料产品占比达到80%以上，服装、家纺、产业用纺织品三大类占到纺织行业的27%。

（二）新兴产业锋芒显现

工业“建链、补链、延链、强链”工作扎实推进。一是高新技术产业呈现较快发展态势。2017年高新技术产业总产值为2493.08亿元，同比增长20.19%，增幅居全省第2位。二是装备制造业实现较快发展。2017年规模以上的全市装备制造业增加值同比增长9.8%，增速比规模以上工业总体增速高2.6个百分点，比2016年提高0.7个百分点，占规模以上工业增加值的比重达到31.1%。三是战略性新兴产业发展态势良好。纳入战略性新兴产业统计企业的数量不断增加。2017年全市战略性新兴产业企业达到375户，比2016年增加130户，总量列全省第11位，占GDP的比重达到9.99%。其中，规模以上工业战略性新兴产业企业达到245户，占全市规模以上工业企业户数的8.79%，实现产值1280.39亿元，占规模以上工业总产值的比重为17%，同比提高2.9个百分点。四是六大高耗能行业增速放缓，占比下降。2017年全市六大高耗能行业实现工业增加值同比增长3.2%，增速比规模以上工业总体增速低4个百分点；占规模以上工业增加值的比重30.9%，比2016年下降0.8个百分点。

（三）新兴业态孕育成长

共享经济、平台经济、个性化定制、云制造等新兴业态不断涌现。基于物联网、云计算、大数据等新技术的应用和创新日益活跃，孕育了新的经济形态，以数字经济、“巧取网”为特征的新业态快速发展。

一是电子商务发展迅速。电子商务成为全市经济新的增长点。2017年聊城市电子商务交易实现134亿元，同比增长21.2%；网络零售87.74亿元，同比增长31%。截至2017年年底已经建成聊城电商产业园等8个电商园区，为电商企业孵化、人员培调、集约服务等发挥了良好的促进作用。积极开展电商扶贫及人才培训，加快推进建设农村电商示范村，建设完成冠县、莘县、临清、高唐和东昌府区等 5 个县级农村淘宝服务中心，农村淘宝村级服务站 300 多个，数量位居山东省第 2 位。2017 年莘县电子商务交易额达到 108.9 亿元，拥有淘宝店铺 3000 余个，网购网民数量超过 30 万人，并积极推进电子商务进农村综合示范县建设。东昌府区路庄村淘宝网商户达 300 余家，工艺葫芦网上销售占全国的 90.9%以上，被评为“鲁西葫芦第一村”，被阿里研究院评为“淘宝村”，吸引了 10 余家物流公司进村设点，形成了“互联网＋生产基地＋消费者”的电商模式。

二是现代物流业快速发展。截至 2017 年底，聊城市有Ⅲ级物流园区 1 家、Ⅱ级物流园区 1 家和Ⅰ级物流园区 1 家；4 星级物流企业 2 家，3 星级物流企业 5 家，2 星级物流企业 2 家。各种快递公司配送网点遍布城乡，截至 2017 年 12 月底，全市邮政企业和快递服务企业业务收入(不包括邮政储蓄银行直接营业收入)累计完成 11.79 亿元，同比增长 22.8%；业务总量累计完成 17.92 亿元，增长 46.8%。全市快递服务企业业务量累计完成5676.55万件，增长 53.2%；业务收入累计完成 4.36 亿元，增长 36.9%。三是节会经济蓬勃发展。成功举办了好客山东，参展客商逐年增加，2017 年达 300 余家，专业采购商达到10 万人，与千余家大型超市、市场签订了农副产品购销协议，畅通了农副产品销售渠道，成为推动农业科技成果转化、促进新旧动能转换的重要载体。

(四)商业模式实现新突破

信息、金融、科研和技术服务等现代服务业加快发展，电子商务、快递服务增势强劲，为商业模式实现新突破提供了重要支撑。“互联网＋政务服务”走在全省前列，聊城市公共资源交易中心已经正式运营。农村土地确权颁证工作以优秀等次通过省级验收。新型农村合作金融试点实现全省首批全覆盖，创新推出了国内首支市级股权质押增信基金、省内第三支市级直投基金，新成立市财金公司、土地储备集团两大融资平台，组建了注册资本 10.2 亿元的市级担保公司，成立了规模 100 亿元的城市发展股权投资基金和 60 亿元的产业发展基金，资本规模位居全省前列；新增新三板挂牌企业 6 家，“新三板”挂牌企业总数达 25 家，居全省第六位；齐鲁股权交易市场挂牌企业总数达 311 家，居全省第二位。完成规范化企业改制 245 家，新引进金融机构 7 家，全市直接融资 184 亿元。市县级公立医院、科研机构完成法人治理结

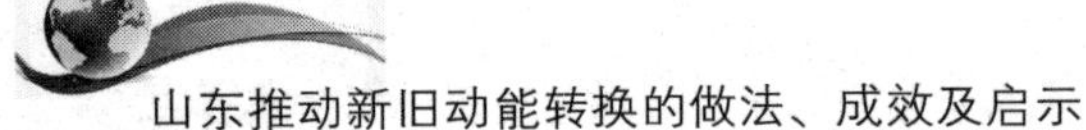

构改革。以阿胶产业为例，大力实施“阿胶＋”战略，引领产业向上中下游产业链延伸，打造阿胶全产业链融合发展新模式，全产业链建成后，预计每年实现收入60亿元。

第二节　聊城市推动新旧动能转换面临的问题及成因

近年来，聊城市的新旧动能转换取得了明显进展，但由于思想观念落后、创新环境较差、要素支撑不足等问题存在，聊城市的新旧动能转换工作与先进地市相比还有明显的差距。

一、聊城市推动新旧动能转换面临的问题

聊城市推动新旧动能转换面临诸多问题，主要表现为以下几个方面：

（一）经济结构亟待优化

从三次产业结构看，2017年聊城市第三产业增加值占GDP的比重为39.1%，比全省平均水平低了8.9个百分点，比济南市低20.8个百分点，比青岛市低16.3个百分点，比德州市低3.3个百分点。聊城市现代服务业占服务业的比重不足50%，而济南市为52.2%，青岛市为54.7%，可见差距之大。从工业结构看，2017年聊城全市高新技术产业产值只占规模以上工业总产值的30.03%，低于全省4.96个百分点，比济南市低了近15个百分点。聊城市有色金属加工、化工等传统重工业占比达67.3%，仍为工业增长的主动力，经济结构转型升级任重道远。

（二）增长动能亟待增强

受制于聊城市重工业占比较大的现实，在国家环保、安全等政策约束加大的新形势下，传统动能增长进一步放缓。与此同时，新兴产业企业总体规模依然偏小，在国民经济中所占份额明显偏低，新动能的带动作用不够。2017年全市达到规模标准的新业态企业总计不到500家，新业态企业规模普遍较小，且没有所在行业的龙头企业。同时，新的经济增长点没有形成，2017年全市列入国家“三新”统计的3种新产品中，新能源汽车、光纤、光缆

产量分别下降了11.39%、10.9%、0.6%;限额以上批发零售业有网上销售企业9户,仅占限上批零业的1.4%,通过公共网络实现的商品销售额比上年下降19.8%。

(三)创新能力亟待提高

一是创新投入不足。2017年聊城市研发投入占GDP的比重为2.149%,比2016年提高0.03个百分点,提高点数位次仅列全省第14位,低于全省平均0.2个百分点,比青岛市低0.72个百分点,比滨州市低0.49个百分点。二是各项发明专利数量较少。2017年聊城市的发明专利申请量是青岛市的1/17,是济南市的1/9;万人拥有有效发明专利量是青岛市、济南市的1/10,也明显低于全省的7.57件/万人,在全省排名第14位。2017年聊城市的PCT专利申请量为4件,而青岛市和济南市分别高达762件和133件。三是企业研发活跃度不高,大型工业企业的创新引领作用并未得到有效发挥。2017年在聊城市统计局调查的2386家工业、建筑业、服务业等规模以上企业中,有研发活动的仅有228家,占比不足10%,而同期全省有研发活动的规模以上企业占全部规模以上企业的比例为23.4%。

二、聊城市推进新旧动能转换存在问题的原因

聊城市推进新旧动能转换存在问题的原因主要有以下三个方面:

(一)思想观念不够解放

首先,部分领导干部思想认识不到位。一是经济结构调整、产业结构优化已经进行了一二十年,面对当前的新旧动能转换,部分领导干部仍然错误地认为只是一个新口号,并没有认真学习弄懂什么是新动能,什么是旧动能,新旧动能转换的科学内涵是什么,依旧按照自己头脑中的理念与做法来推进经济发展,甚至认为长期以来所做的工作都是新旧动能转换。二是部分领导干部认为新旧动能转换的主体应当是企业,政府部门的作用不大,甚至可有可无。当前新旧动能转换的主体当然是企业,但这并不意味着政府就不需要作为。政府需要为整个聊城市的新旧动能转换做好规划并以此引导企业,积极为企业争取和提供相关政策上的支持。另外,新旧动能转换必须要有良好的环境,这需要政府创新体制机制,转变政府职能等。若政府不能更好地起

到推动作用，则新旧动能转换会是无序的、缓慢的、低效的。

其次，部分企业经营主体思想陈旧。一是不少企业经营者认为自身业绩不错，目前不需要转换动能；二是部分企业经营者非常清楚动能转换的必要性，但认为成本太高，不愿进行；三是不少中小企业经营者认为新旧动能转换是非常神秘和高大上的事情，针对的是大城市或者大企业，离自己很远。这些企业由于不能准确认识到新旧动能转换的重要性、战略性和根本性，导致目前聊城市新旧动能转换的内生动力不足。

（二）创新环境不够优化

一是"放管服"改革力度不够。聊城市出台了《关于深化放管服改革进一步优化政务环境的实施意见》《聊城市深化重点领域行政审批制度改革工作实施方案》等，市级"最多跑一次"许可事项1746项，其中112项实现"零跑腿"。同时，出台了《聊城市人民政府关于助推新旧动能转换做好就业创业工作的实施意见》《贯彻〈中共山东省委、山东省人民政府关于支持非公有制经济健康发展的十条意见〉实施方案》等文件。2017年全市新登记市场主体7.2万户，私营企业达到8.1万户，新增新三板挂牌企业6家。但是，同期青岛市行政权力事项精简56.5%，审批事项精简58.9%，4519项政务服务事项实现"最多跑一次"，其中1878项实现"零跑腿"。2017年青岛市新登记各类市场主体25.1万户，净增18.2万户，5户企业在境内外上市，22户企业在新三板挂牌。可见聊城市在"放管服"的改革力度与成果上远远滞后于青岛市。

二是各项体制机制的改革较为滞后。各种体制机制的创新是为推进新旧动能转换破除体制机制的障碍，实现优化营商环境和聚集优质资源。只有对创新敢于先试先行，才能抢先吸引各种资源，增强市场活力。例如，2017年青岛市人社部门在全省人力资源与社会保障系统率先出台了《深化改革创新，主推新旧动能转换重大工程实施方案》，破除各种制度障碍，加大力度引才育才。聊城市在没有集聚各种要素的经济优势的前提下，对于各种机制体制的改革没有抓住先机，吸引各类优质资源的形势不容乐观。

三是创新培育机制不健全。山东省2017年10月下发了《关于激励干部担当作为干事创业的意见（试行）》，其中明确提出了建立与完善容错纠错机制。此前，青岛、济南、德州已经试点出台地方性法规。目前聊城市还没有跟上步伐。同时,知识产权保护的相关规章和机制建设也比较落后。聊城市知识产权保护协会于 2015 年 12 月成立,是聊城唯一一家知识产权维权中心。在此之前,全省已有 12 个地市建立起知识产权维权中心。此外,培育创新文化要使社会公众关注创新、支撑创新、参与创新,科普工作必不可少。但是,聊城市当前的创新文化建设与科普工作出现严重不平衡,政府往往重科研轻科普,对科普工作重视程度不够。例如,聊城科技馆位于市民活动中心内,没有独立的场馆与醒目的标志,很多市民甚至不知道聊城有科技馆。在青岛、潍坊、济南等地的科技馆无法满足需求而建设新馆的同时,聊城市的科技馆却没有真正发挥作用。

(三)要素支撑力度不够

资金、人才的匮乏是制约聊城新旧动能转换的重要因素。在人才方面,聊城市经济发展水平相对落后制约了人才的引进。经济发展水平不同会影响人才的流向。经济发展水平高,人才聚而多;经济发展水平相对较低,人才分而少。聊城市地处鲁西地区,与山东省的东部沿海地区相比经济发展水平相对较低。2017 年聊城市 GDP 在全省各地市中排名第 12 位,属中下游。在城镇居民可支配收入方面,2017 年青岛市为 47178 元,济南市为 46642 元,而聊城市只有 25231 元,可见差距之大。聊城市经济发展水平的落后,使得其吸引人才处于劣势,目前面对全国“人才争夺战”的局面,吸引人才更是难上加难,甚至可能面临一方面吸引人才,同时又出现人才外流的窘境。

在资金方面,金融风险的存在影响了聊城市企业的融资规模。当前部分县(市、区)存在着严重的金融风险隐患,部分企业资金链和担保链风险仍然存在,互联网金融风险和潜在债务风险需要关注和应对。例如,据山东冠县常发板业有限公司反映,受到担保单位技术落后、经营不善或决策失误等原因的影响,公司融资渠道严重受限,无法新增贷款,甚至面临为担保单位偿还利息以及冻结账户的风险,严重影响了公司的发展。个别企业资金链、担保链断裂风险导致区域性金融风险的问题依然存在。

第三节　推动聊城市新旧动能转换的对策

推动聊城市新旧动能转换应采取以下措施：

一、解放思想、转变观念，充分调动各方面的积极性

思想是行动的先导。有什么样的思想观念，就会有什么样的发展结果。新旧动能转换是一场自我革命。它要求思想再解放、改革再深入、工作再抓实。从聊城实际看，要完成新旧动能转换这一艰巨任务，聊城市各级党委政府、企业家和社会各界必须解放思想、转变观念，构建解放思想再造机制，齐心协力做好这项工作。

（一）党委政府要解放思想、转变观念

聊城各级党委政府必须要深入开展思维模式转型行动，着眼未来、着眼趋势、着眼问题导向，将固有的牛顿式线性管理模式转化为扩散型、能量型的量子管理模式，一切工作“高端思维，升维思考，降维打击，降维突破”，确保用最优化的方式、最迅速的行动将新旧动能转换战略执行到位。还必须要有担当意识，为敢于创新者负责。

（二）要让企业家解放思想、开拓进取

政府要舍得花大价钱对企业经营者进行思想再造。如政府可以每年拿出一部分培训费分期分批地让企业经营者去美国、日本、德国等发达国家和国内先进地区进行培训学习、参观考察，使其亲身感受到动能转换给企业发展带来的好处，在灵魂深处受到震撼，增强其推动新旧动能转换的积极性和主动性，变“要我上”为“我要上”；同时要提高行动积极的企业家的政治待遇和荣誉感。可邀请有关专家、学者及知名企业家来聊城传经送宝，让他们进行相关的专题培训和个案辅导，使企业经营者懂得企业进行新旧动能转换的必要性和紧迫性，了解新旧动能转换的知识，学会具体操作方法。

（三）深化“放管服”改革

要全面优化投资审批事项，核减收费项目，减少各种证明材料，全面展开

“只跑一次”或“零跑腿”改革。推进政务服务“一窗”受理、“一网通办”，打通信息孤岛，实现信息共享。对企业事中事后事项，实施精准监管，规范各种政务用权行为。大力推进商事制度改革，严格执行权力清单责任清单、负面清单“三张清单”，全面落实“五证合一”“一照一码”“双随机一公开”制度，放宽市场准入，营造一流的营商环境。

（四）要加大新闻宣传力度

地方党委政府对新闻媒体要进行严格把关，加大对新旧动能转换企业的正面报道，特别是加大对企业新旧动能转换工作报道的力度，积极宣传推广新旧动能转换企业的典型经验，营造良好的舆论氛围。

二、合理组合各类新的生产要素，创建新的发展模式

首先，应夯实技术创新基础。目前，政府要扶持技术创新，必须建设好三支科研队伍，即由国家级院所、研发中心和实验室组成的高端创新队伍，开展引领新产业的新技术研究；由一般院校、本地大企业、在聊落户的国内外大企业组成的中端创新队伍，围绕聊城发展中最紧迫的问题开展消化吸收再创新，并承担部分集成创新任务；由大量的中小微企业以及广大市民、高校学生等组成的基层创新队伍，在各自的岗位上创新创业。同时，还要实现四个根本转变：一是从以项目审批为主向以规划引导为主转变；二是从以政策管理为主向以政府服务为主转变；三是从以对企业经费补助为主向创新跨越的奖励为主转变；四是从以单个项目支持为主向行业共性项目支持为主转变。

其次，要加大优质高效投入。一是扩大投入规模。坚持多投快上，通过向上争取、银企合作、引进外资、激活民资、企业融资等多种形式，广筹资金，扩大投资规模。二是“有保有压”，确保项目发展质量。对科技含量高、地方财政贡献大、耗能占地少、污染环境轻、吸纳就业多的项目应重点支持，对不具备开发条件强行上马、经济社会和生态效益差的项目进行清理，对现有的落后产业进行改造、淘汰，坚决避免盲目开发、重复建设和资源浪费。三是优化投资结构，提高投资效率。要不断完善投资机制，在保持投资合理增长的基础上，对企业的投资领域和投资规模提供指导，避免盲目扩张和低水平的重复建设。

再次，努力聚集人才资源。要努力做好人才培育引进工作：一是引进高端人才。紧紧抓住京津地区人才和企业外溢的机遇，实施优惠政策，引进高级技术、管理、营销人才，重点引进科研开发人才和技术创新人才。二是储备后备人才。引进高等院校毕业生，不断充实人才队伍的基础，增强后备力量。三是改革企业领导人选拔制度，通过企业家市场选聘优秀经营管理人才。四是依托职业技术学院和高级技工学校，加强培训高级技术工人，迅速壮大高级技工队伍。同时，还要优化人才环境，努力做好留住人才工作，即要用事业留人、用待遇留人、用感情留人、用实招留人。

最后，要创建新的发展模式。要通过创建"产业联盟＋产业基地＋产业基金＋产业人才基地"相结合的新模式，打造自然天成的热带雨林型产业生态系统。努力做到加快建立由企业、科研机构组成的创新联盟，培育创新团队和人才，打造拳头产品，形成创新链；在开发区和高新区试点建设新经济创新基地。依托现有各类园区和基地，放大一批、做优一批、做强一批、培育一批，打造成为新经济发展的策源地和集聚地；推进创新企业与投资机构的对接。开展"新动能和创业投资发展"专题调研，举办项目融资对接会，搭建创投机构和创新企业投融资平台。依托行业协会、龙头企业、产业园区和相关教育机构，建设高技能人才实训基地。

三、营造良好的创新环境

首先，要培育创新文化环境。一要激励技术发明，优化专利申请奖励制度，激发出创新积极性。制定更加科学合理的专利申请奖励制度，带动科技工作者有动力申请更多的专利。二要提高科研与综合技术服务业平均工资，激发创新的主动性。赋予科技创新领军人才更大人财物支配权、技术路线决策权，最大限度地调动科技创新领军人才的科技创新热情。提高科研人员成果转化收益分享比例，促使科研人员更加注重科技研发和有动力推动科技创新的发展。三要营造创新文化环境。构建激励创新的社会文化氛围和宽容失败的评价机制，以创新文化为引领，推动实现创新持续性提升。要在全社会营造鼓励大胆创新、勇于创新、包容创新的良好氛围，既要重视成功，更要宽容失败，使各类创新主体不怕失败、敢于创新、勇于创新、积极创新和主动创新。

其次，培育公平市场环境。一是大力推动创新成果市场化转让。加强技术和知识产权交易平台建设，推动创新成果交易平台的开放准入，建立各种为创新成果转化服务的中介机构，并着力打造影响国内外的科学技术成果交易平台，提升技术成果的市场化水平，促使市场在创新成果交易转让中的支配地位，提高技术市场成交合同数和成交额，促进科技成果的资本化和产业化，促使技术成果的快速转化成生产优势、产业优势和创新型经济竞争优势。二是形成高技术产业和创新互相促进的良性发展。要引导高新技术产业大力开展自主创新。同时要加大科技创新成果在高技术产业中的运用，提高高技术产业发展质量，推动新旧动能转换。三是发展开放创新和技术全球化转让交易。要坚持“引进来”和“走出去”相结合，特别要着力整合全球全国创新资源，积极引导创新机构在聊城设立成果转化中心，把握世界科技创新发展趋势，形成适应产业发展和产业深度融合的科技创新。提高技术产品外销比重以及技术交易额比重，促使技术国际国内收入大幅度提高，实现科技成果的资本化和产业化，加快推动新旧动能转换。

再次，培育企业成长环境。一是大力培育形成一批有国际竞争力的创新型领军企业，并坚决支持科学型中小企业发展，大幅度提高有 R&D 活动的企业数，使企业成为新旧动能转换的主体。二是鼓励和引导企业增加研发投入。通过政策激励、经费补贴、技术购买、投资合作等方式途径，引导企业加大在 R&D 上的经费支出和 PCT 专利申请，提高企业发展与研究水平，提高企业 PCT 专利申请量和拥有量。推动企业积极培养创新人才队伍，特别是培养 R&D 人员，提高企业拥有科学家和工程师的数量，并推动企业实施全员科学技术培训，全面提升企业员工科学素养。三是鼓励和引导企业加强对技术的吸收再创新。企业的创新发展可以通过自主创新实现，也可以通过对先进技术的吸收再创新实现，鼓励和引导企业加强对技术的吸收再创新，支持提高企业技术引进经费支出、购买国内技术经费支出和技术改造经费支出、消化吸收再创新经费支出。四是引导企业加强研究开发平台建设。企业实现创新发展，实现产品研发创新和提高产品质量，在国际国内竞争中立于不败之地，必须建设企业自己的研究开发中心，形成企业创新发展的核心竞争力。要积极引导和推动企业组建研究开发中心，使企业的研究开发中心成

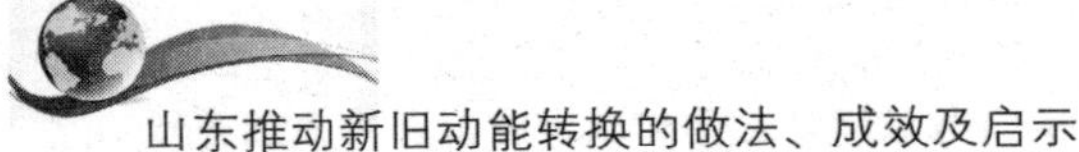

为科技创新活动主要场所，提高企业的整体创新水平。

最后，要培育大众创业、万众创新环境。一是利用科技企业孵化器及加速器，扶持中小科技型创新企业发展，推动大众创业万众创新蓬勃发展。中小型科技企业是创新驱动战略实现的重要支撑，是科技创新的重要主体，是创新型经济的重要组成部分。科技企业孵化器是培育和扶植高新技术中小企业的服务机构。孵化器通过为新创办的科技型中小企业提供物理空间和基础设施，提供一系列服务支持，促进科技成果转化，帮助和支持科技型中小企业成长与发展。二是大力建设创业孵化园，提高科技企业创业载体的扩展。全面建设和提升省级以上高新技术创业服务中心、留学回国人员创新创业园、大学科技园、众创空间等各类科技企业创业载体规模，推动创业企业、创业人员的快速增加。三是加大科技创新中介服务机构和科技创新基础设施建设。要大力建设行业协会、产业技术联盟、技术交易市场、生产力促进会、大学科技园等科技创新中介服务机构。科技创新基础设施建设能够为大众创业万众创新提供条件支撑和途径，如“互联网＋”、大数据是大众创业万众创新的重要推动力量；要提升科技创新的基础设施建设的规模和水平，加大信息传输、软件和信息技术服务业以及移动通信投资，提高宽带互联网发展水平，促进互联网和新旧动能转换的深度融合。

第十七章

菏泽市推进新旧动能转换的做法、问题及对策

山东省全面展开新旧动能转换重大工程动员大会召开以来，菏泽市深入贯彻落实《中共山东省委、山东省人民政府关于推进新旧动能转换重大工程的实施意见》和《山东省人民政府关于印发山东省新旧动能转换重大工程实施规划的通知》精神，按照全省新旧动能转换“三核引领，多点突破，融合发展”的总体布局，紧紧围绕“十强产业”和“以四新促四化实现四提”的主攻方向，紧密结合菏泽市经济社会发展实际和产业发展特色，深化改革、夯实基础，深入推进新旧动能转换工作。

第一节 菏泽市推动新旧动能转换的做法

自山东省召开全面展开新旧动能转换重大工程动员大会后，菏泽市各级各部门围绕贯彻落实山东省委、省政府会议精神和“突破菏泽，鲁西崛起”的部署，积极推动新旧动能转换，取得了阶段性成效。

一、加强组织领导

菏泽市高度重视新旧动能转换工作。2018 年 2 月份以来，菏泽市参照

省里模式，将菏泽市新旧动能转换战略规划领导小组调整为菏泽市新旧动能转换建设领导小组，由市长任组长，市直37个有关单位的领导为成员，领导小组下设推进办公室，由常务副市长任办公室主任，并从市直有关部门抽调骨干人员集中办公，具体负责全市新旧动能转换统筹推进、调度协调和督导考核等工作。各县区也普遍成立了新旧动能转换工作领导小组，设立办公室或专项工作组，积极推进新旧动能转换相关工作。

二、强化统筹推进

菏泽市委、市政府研究制定了《关于实施新旧动能转换"十大工程"加快推动菏泽后来居上的意见》，确立产业倍增、科技创新、园区升级、资本助力、立体交通、城市提升、乡村振兴、生态优化、全民创业和民生改善等十大工程，为全市推动新旧动转换工作的主抓手。牡丹区、巨野、东明、单县、曹县、鄄城县围绕落实"十大工程"，制定了实施意见。高新区、定陶区、成武县研究制定了新旧动能转换工作实施方案或实施意见。菏泽市重大办根据省委书记刘家义在省动员大会上的讲话精神和省总体方案、实施规划和实施意见，制定了4个分工方案，细化分解了448项工作任务，明确了市级分管领导、牵头单位、配合单位，制定印发了《2018年菏泽市新旧动能转换推进工作要点》和《2018年菏泽市新旧动能转换重点工作督导考核监测台账》，坚持每月调度有关部门工作情况并及时上报。同时，加强学习培训和宣传造势，菏泽市委理论学习中心组邀请山东省发改委副巡视员许竹升来菏泽作专题辅导，菏泽市发改委在浙江大学组织举办了"菏泽市新旧动能转换专题培训班"；开通了"菏泽新旧动能转换重大工程"官方微信公众号，在《菏泽日报》设立《新旧动能转换看菏泽》专栏，已刊出系列报道30余期。

三、深入调查研究

菏泽市组织了4个调研组深入县区、企业和项目进行调研，撰写了23个调研报告，并编辑了《新旧动能转换有关政策汇编》；积极配合省产业转型发展等5个调研组，开展"突破菏泽，鲁西崛起"专题调研，深入研究、编撰整理了全市9个重点产业，以及11个县区产业发展情况等，共计100余万字的资

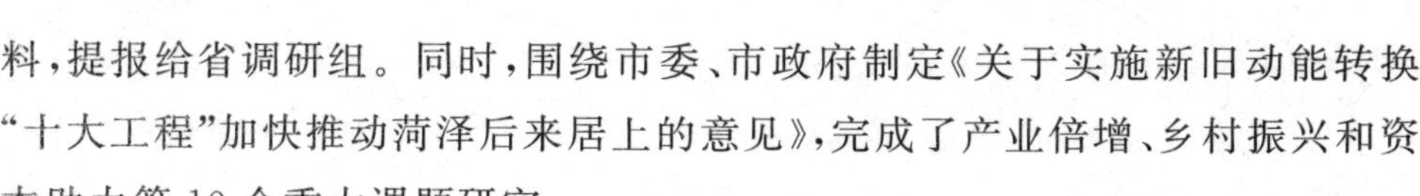

料，提报给省调研组。同时，围绕市委、市政府制定《关于实施新旧动能转换“十大工程”加快推动菏泽后来居上的意见》，完成了产业倍增、乡村振兴和资本助力等10个重大课题研究。

四、争取支持政策

在山东省新旧动能转换重大工程实施规划编制过程中，多次到省汇报、协调和衔接，得到了大力支持，省规划体现菏泽市元素50余处，数量位居全省前列。落实刘家义书记关于“突破菏泽”的指示精神，在认真研究并充分借鉴省内外促进区域协调发展政策的基础上，精心梳理了100多条，并最终提炼了28条拟争取省支持的政策。

五、注重规划引领

2018年4月中旬，菏泽市编制完成了《菏泽市新旧动能转换重大工程实施规划》(评审稿)，送省重大办评审，省反馈意见给予了较高评价，认为菏泽市的规划总体定位准确，转换路径清晰，内容比较全面，符合省要求和菏泽发展的实际。根据省反馈意见，规划起草组又陆续征求了市委、市人大、市政府、市政协四大班子领导，各县区和市直有关部门的意见，不断进行修改完善。2018年11月12日，《菏泽市新旧动能转换重大工程实施规划》(菏政发〔2018〕34号)正式印发。积极指导督促各县区编制本地新旧动能转换实施规划，市开发区、郓城县已完成规划初稿。同时，启动了七大主导产业、乡村振兴、立体交通和服务业发展等十几个规划的编制，全方位助推新旧动能转换。

六、推动产业发展

菏泽坚持增量崛起和存量变革并举，培育壮大新兴产业与改造提升传统产业并重，聚焦七大主导产业，调旧育新，扩容倍增。新兴产业不断涌现，新型化、智能化、自动化等装备成为新增长点，石墨烯、新型电池、激光器等新产品从无到有、快速膨胀，国内第一条工业化量产的石墨烯有机太阳能电池生产线投产，国内第二家3D打印装配式生产企业投产。电子商务快速膨胀，菏泽市镇村电子商务服务站点累计建成7800余个,“阿里巴巴·菏泽产业带”入驻企业增加到1721家;已建成电商园区51个,入驻电商企业3600余家。传统产业提质增效,组织县区和重点企业筛选论证了110个重点技改项目,引导企业优化投资方向和扩大有效投资;对规模以上企业实行“一企一策”,推动主导产业扩规模、上水平、增效益。2018年前三季度,菏泽市规模以上工业增加值可比增长8.6%,高于全省平均水平3.5个百分点左右。同时,设立了菏泽市新旧动能转换基金,重点支持主导产业、基础设施、人才科技、乡村振兴扶贫、文化旅游等领域加快发展。

七、提升创新能力

加强人才队伍建设,菏泽市制定出台了《菏泽市人才新政30条》,实施动能转换领军人才特殊支持计划等,在成都举办招才引智招商引资归雁兴菏集中签约仪式,并先后在济南、成都、北京建立市级招才引智工作站,在荷兰建立海外招才引智工作站,引智网络得到进一步拓展。充分发挥“绿色通道”引才功能,组织17家市直部门引进高层次人才61名。大力培育科技型企业,74家企业申报国家级高新技术企业,44家企业列入科技型中小企业信息库拟入库名单。加强科技创新平台建设,14家单位申报2018年度山东省工程技术研究中心、2家企业申报千人计划工作站;10家企业与3位院士、14位“千人计划”专家签订了柔性引进合作协议;省级工程技术研究中心、院士工作站等创新平台持续增加,累计达到121个。

八、狠抓重大项目

按照“大、新、好、实”要求,菏泽市学习借鉴杭州、广州等四地的经验做法,全市策划了2000多个新旧动能转换项目,筛选储备了1100多个,编印成册对外推介了220个。在省储备的900个新旧动能转换项目中,菏泽市列入65个;在560个省重点建设和新旧动能转换第一批优选项目中,列入44个,个数居济青烟3个核心区外14市首位;首届儒商大会推介了600项目,其中菏泽市48个,占17市的9.8%。建立健全了领导包保责任制和月调度、季通报、半年观摩、年底考核的督导机制,市级领导负责督导所联系县区,并按照

工作分工包保项目，及时研究推动解决土地、环评、拆迁等突出问题，有力推动了省市重点项目加快建设。2018年前三季度，220个市重点项目完成投资706亿元，占年度计划的80.7%，快于时间进度5.7个百分点；菏泽机场、鲁南高铁等重大项目取得突破性进展。

第二节 菏泽市推进新旧动能转换存在的问题

从目前的情况看，菏泽市新旧动能转换工作虽然取得了阶段性成果，但仍存在着一些困难和问题，主要表现在以下几个方面：

一、对新旧动能转换的认识仍不到位

一是对新旧动能转换的内涵认识不清。新旧动能转换的核心是经济转型和产业升级，着力点是实体经济，目标是实现高质量和高效益发展。因此，新旧动能转换应当围绕发展新技术、新业态、新模式、新产业和产业智慧化、智慧产业化、跨界融合化、品牌高端化而展开，通过改造提升传统产业、培育新兴产业实现存量变革和增量崛起。但目前有些人对新旧动能转换的认识是“蜻蜓点水，浅尝辄止”，仍停留在浅表认知上，甚至把新旧动能转换当作一个筐，什么都往里装。比如，有的企业上马了一些新设备、更新了几条生产线、改进了一些生产技术等，甚至是换个包装、改个名字，新瓶装旧酒，就认为是进行了新旧动能转换。

二是对新旧动能转换的长期性认识不足。新旧动能转换是一项涉及思想观念、发展方式、体制机制和技术革新等诸多方面深刻的革命性变革，其发展过程是复杂的、长期的和艰巨的。新旧动能转换是一个渐进的过程、长期的过程，不可能一蹴而就，需要既立足短期又要放眼长远，辩证地看待新旧动能转换的长期性、复杂性和系统性，需要持之以恒、久久为功。

三是对新旧动能转换的主体认识不准。当前各级政府都把新旧动能转换作为首要任务，大力推动这项“牛鼻子”重点工作，新闻媒体、报刊等也在大力宣传各地新旧动能转换重大工程的进度、取得的成绩和经验做法等。在这

种形势下，有些同志就认为，新旧动能转换完全是政府的事情，政府是新旧动能转换的重要推动者，而忽视了企业在新旧动能转换中的主体作用和地位。政府的产业规划和顶层设计最终需要企业的创新发展来落实，经济结构的转型升级也最终需要企业的转型升级来实现。

四是对新旧动能转换的重要性认识不够。推动新旧动能转换是解决菏泽市经济结构不优、发展质量不高等问题的必由之路，是顺利爬坡过坎、实现后来居上的重大历史发展机遇和强大动力。但还有对其重要性认识不到位的现象。有的对其精神实质领会不够深，没有充分认识到新旧动能转换既是重大责任，也是重大机遇，还是重大挑战。也没有认识到这是菏泽市经济转型升级的重要窗口期，是经济发展方式、生产要素配置、生产力布局规划的一次重新洗牌，更是菏泽市“决胜全面小康，实现后来居上”的关键之战。

二、产业层次比较低

一是新兴产业发展滞后。2017 年菏泽市战略性新兴产业实现增加值 377 亿元，仅占全省、全市地区生产总值的 5.1%和 13.4%；全市 3596 家规模以上工业企业中，新兴产业类企业 117 家，占比仅为 3.2%。能源化工和农副产品加工等传统产业主营业务收入占规模以上工业的比重高达 70%以上，机电设备制造、生物医药等新兴产业的占比还不到 30%，新兴产业占比较低的现状仍未根本改变。

二是主导产业层次较低。近年来菏泽市立足资源优势，把加快培育能源化工产业、生物医药产业、机电设备制造产业、农副产品加工等产业作为主要抓手，强化规划引领，加大政策扶持，大力实施工业强市战略，取得了较快发展。但从整体来看，菏泽市的多数产业、行业、产品还处在微笑曲线的底端，处于价值链中低端。在能源化工产业中，石油加工、炼焦等传统行业占比 70%以上，精细化工仅占 15%左右。在农副产品加工产业中，多数是年收入在亿元以下的劳动密集型中小微企业，产品档次较低，技术含量较低，多为低端产品，产品附加值较低，缺乏深加工产品和市场差异化产品。虽然市场有需求，但市场竞争能力差，盈利水平低，抗市场风险的能力弱。在机电设备制造业中，多数产品处于附加值较低的“产品配套、来料加工、产品组装”等环

节，产品附加值低，盈利水平弱，缺乏整机整车的拳头产品和知名品牌，企业之间也没有形成比较成熟的配套关系，整个产业上下游承接力低。

三是高新技术产业发展水平较低。菏泽市高新技术产业产值占规模以上工业比重低于全省1.22个百分点，高新技术企业92家，高新技术企业数量仅占全省总数的1.46%，居全省倒数第2位。菏泽目前尚未建立国家级高新区、省级农高区。

三、创新驱动能力不足

一是研发投入不足。2017年菏泽市全社会研发投入占地区生产总值的比重1.4%，低于全省1个百分点，居全省末位。

二是科技创新平台建设滞后。国家工程技术研究中心、企业国家重点实验室至今尚为空白，国家企业技术中心也只有山东达驰电气有限公司1家，省级工程技术研究中心仅有14家，省级企业重点实验室也只有1家，数量较少。

三是科技人才仍然十分缺乏。引领产业发展的高层次人才匮乏，特别是缺少高层次科技创新人才，国家引进的海外高层次人才"千人计划"已有6000余人，其中山东省205人，而菏泽市只有2人，不足全省的1%，"万人计划"、泰山领军人才数量分别占全省的1.8%和4.43%。同时，五大主导产业、战略性新兴产业发展急需的实用型技能人才普遍缺乏，人才与产业发展的匹配度有待提高。

四是科技创新发明较少。2017年菏泽市国内发明专利申请量(1356件)和授权量(223件)分别占全省的2.0%和1.17%，PCT国际专利申请仅1件，占全省的0.06%；专利密度(万人拥有有效发明专利量)为1.26，在全省17市中位于末位，远远小于全省7.57的专利密度。这些问题必须尽快解决，也才能更好地满足新旧动能转换对科技发展的战略需求。

四、环境容量约束趋紧

经济发展进入新常态，能源消费增速放缓，高耗能、高排放行业发展减慢。特别是随着菏泽市工业化、城镇化进程加快，消费结构持续升级，能源需求刚性增长，资源环境约束趋紧，节能减排形势依然严峻。

一是国家对大气污染治理加强。菏泽被确定为京津冀大气污染传输通道城市，纳入环保部下步专项督查的重点区域。国家《京津冀及周边地区2017～2018年秋冬季大气污染综合治理攻坚行动方案》要求，山东省7个传输通道城市中，济宁市PM2.5平均浓度要同比下降10%以上，其余六市都要求下降15%以上。并且按照重污染天气应急预案，一旦启动应急响应，对菏泽市企业尤其是能源化工企业影响很大。

二是节能降耗约束增强。为加快新旧动能转换，推动经济社会绿色发展，节能降耗约束增强。菏泽市出台的《“十三五”节能减排综合工作方案》，提出到2020年全市万元国内生产总值能耗比2015年下降17%，能源消费总量控制在1646万吨标准煤左右；全市化学需氧量、氨氮、二氧化硫、氮氧化物排放总量分别控制在13.20万吨、1.21万吨、9.10万吨、7.59万吨以内，全市挥发性有机物排放总量控制在11.14万吨以内，无疑给菏泽工业经济发展和新旧动能转换带来不小的压力。

五、区域城乡协调发展相对落后

菏泽市仍是山东省发展最不平衡不充分的一块区域，2017年实现人均生产总值32486元、人均财政收入2149元，分别仅占全省的45%和35%。即便从总量来看，菏泽市经济总量也仅高于日照等4个人口小市，与东部发达城市的差距更大，仅为青岛的1/4。菏泽市城乡协调发展也急需加强，目前城镇居民人均可支配收入为24116元，农村居民人均可支配收入为11753元，城市是农村的2倍多；菏泽市城镇化率为49%，低于全省11.6个百分点。

六、金融支撑能力较低

一是资金量不足。2017年末菏泽全市本外币存款余额是3494.8亿元，占全省比重仅为3.84%，全市金融机构贷存比是57.5%，低于全省平均水平20个百分点，在全省最低，而且存贷款相差1484亿元，大多流向了外市。同时资金规模基数较低，上市企业较少，资金量对经济社会发展支撑不足。

二是不良贷款“双升”依然存在。虽然菏泽市金融风险总体可控，但不良贷款"双升"态势仍在延续。2018 年一季度，全市银行机构不良贷款余额达到 77.9 亿元，较年初增加 16.33 亿元；不良贷款率达到 3.72%，较年初提高 0.66 个百分点，同比提高 0.94 个百分点，不良贷款余额和不良贷款率均处于近年来的高位。部分企业"担保"连带效应也加大了信贷风险，区域性资金链断裂风险增加。目前来看，全市需重点关注的担保圈企业 23 家、不良贷款类企业 188 家。

七、基础设施建设亟待加强

新旧动能转换应基础设施先行。基础设施建设肩负着推动经济结构调整和发展方式转变、拉动投资、扩大就业、促进节能减排的重任，是新旧动能转换的三大支撑之一。但目前菏泽市重大基础设施欠账较多，机场、高铁还未建成，高速公路里程为 309.4 公里，仅占全省总里程的 5.3%，还有两个县尚未通高速公路。县乡公路还存在路面窄、质量差、档次低等问题，城市轨道交通、地下综合管廊和海绵城市等设施建设滞后，已成为制约菏泽市经济社会快速发展和新旧动能接续转换的重要因素。

第三节　加快推进菏泽市新旧动能转换重大工程的对策

2018 年 9 月 6 日，中共山东省委、省人民政府印发《关于突破菏泽、鲁西崛起的若干意见》，支持菏泽在转型升级中实现跨越发展，把菏泽打造为鲁西崛起的高地、全省新旧动能转换的示范区、鲁苏豫皖四省交界的区域性中心城市。《关于突破菏泽、鲁西崛起的若干意见》中的菏泽元素，为推动菏泽经济社会发展送来了真金白银，也为深入推进全市新旧动能转换重大工程带来了重大机遇和强劲动力。

一、加强宣传引导，营造转换浓厚氛围

新旧动能转换是一项系统工程、长期工程，既需要全市各级政府各部门共同努力、协调推动，也需要社会各界和企业主体共同参与、良性互动。

提高认识,准确把握新旧动能转换的内涵,充分认识新旧动能转换的长期性、复杂性、系统性和极其重要性是做好这项重大工程的前提和基础。新旧动能转换不是静态的,随着经济社会的发展、科学技术的进步,其内涵和外延以及载体和形式也是在不断发展和变化,但是以“四新促四化实现四提”的主攻方向不会变,经济转型和产业升级的转换核心不会变,企业作为转换主体的角色不会变。要加强宣传引导,进一步解放思想、更新观念,冲破僵化不合时宜、影响阻碍新旧动能转换的思想观念束缚,从传统发展模式、单一的GDP增长速度情节和守旧守成中解放出来,从机械的政策依赖、窄视野、小格局和“我的政绩”中解放出来,统一思想再解放、广解放、深解放,凝心聚力达共识、促转换、谋发展,提高政府及相关部门做好新旧动能转换重大工程的服务能力和工作水平,激发企业参与和推动新旧动能转换的主动性、积极性,在全社会营造出推动新旧动能转换已成为事关菏泽长远发展、实现后来居上关键一战的浓厚氛围。

二、强化组织领导,建立健全工作机制

强化组织领导,充分发挥市县区新旧动能转换重大工程建设领导小组和推进办公室的作用,配齐配强工作机构和人员,完善沟通协调和工作联动机制。落实市新旧动能转换工作联席会议制度,定期研究解决重大工程推进中的问题。加强工作督导检查,对重大事项特别是重大项目建设、重点事项推进和重要政策争取、落实等情况,建立调度机制。特别要认真学习研究山东省委、省政府制定出台的《关于突破菏泽、鲁西崛起的若干意见》,全面梳理涉及菏泽市的政策、事项,逐条逐项做好衔接和对接,明确落实责任人和配合单位,确保各项工作落到实处。同时,对需要协调国家和省的政策,要加强与上级有关部门的沟通联系,争取支持政策尽快落地实施。对菏泽市可以自主决策的政策,加快推进速度,尽快付诸实施。大力推进“放管服”特别是“一次办好”方面的改革,坚持好市级领导值班制度,认真抓好 11 个专项工作方面的改革,着力营造良好环境,促进市场主体快速增长,不断壮大新的经济增长点。严格抓好督导考核,对新旧动能转换重大事项特别是重大项目建设、重点事项推进和重要政策争取、落实等情况,加强工作督导检查,适时对全市新

旧动能转换重大工程推进情况进行观摩，找准问题，精准施策，加快推进。

三、突出规划引领，加快推进一批重大项目

坚持规划先行，强化顶层设计，突出规划引领。在目前的基础上，与山东省委、省政府《关于突破菏泽、鲁西崛起的若干意见》充分衔接，进一步修订完善市新旧动能转换重大工程实施规划。加快编制全市高端化工、生物医药和新能源新材料等七大主导产业发展规划，并指导各县区编制出台新旧动能转换实施规划。同时，制定具体实施方案，明确时间表、路线图、责任制，落实到县区、部门和企业等，并加强调度、督导和考核等工作，推动主导产业快速发展。

坚持"大、新、好、实"的原则，围绕主导产业、基础设施和民生工程等，再策划论证一批好项目，充实菏泽市项目库，力争有更多项目进入省新旧动能重大项目库。在重点项目建设上，加强调度、督导和推介力度，用工程的办法实行挂图作战、分类推进，确保重点项目落地生根、开花结果。特别是要加快推进菏泽机场、鲁南高铁、雄商高铁等项目前期工作，促其尽快开工建设。突出抓好市民文化中心、体育公园和棚户区改造等民生项目建设，着力提高群众的幸福感。

四、强化科研支撑，激发创新创造活力

多措并举，实现高新技术产业新突破。在政策引导方面，加大科技优惠政策宣传力度，全面落实研究开发费用加计扣除减免税等税收优惠政策，让企业科技创新真正得到实惠。同时，集中优势资源，以重点产业为突破口，利用科技计划项目引导企业加快产业转型升级，为提升高新技术产业创新能力提供科技支撑。在研发投入方面，积极探索民间资本进军高新技术产业的途径，逐步形成以财政拨款、金融贷款、企业自筹、社会集资的多元化、多层次、多渠道的科技投融资体系。

双管齐下，发挥科技园区示范先行作用。在推进高新区发展方面，要以升促建加快推进。聚焦高新技术产业发展方向，坚定不移抓招商引资，实施专业招商、科技招商、产业招商等，力求精准招商；坚持"政府引导，市场导向，

企业主体，多元驱动”的原则，坚定不移抓科技创新，实施“政产学研用金介”有机融合，严格落实科技创新奖励政策，加大人才、创新平台、科技成果引进力度，提升创新水平；聚力聚集新材料产业，以航空高铁装备制造、镁合金轻质材料、石墨烯等为重点，引进落地高端项目，全力加快推进项目建设，培育壮大新模式、新业态。在加强农业科技园区建设方面，要以建促升加快推进。进一步理顺体制机制，明确农业科技园区建设的管理机构和责任主体，赋予相应管理权限，独立自主的行使园区各项管理职能，承担园区建设的主体责任；进一步加大政策、资金支持，以菏泽市委、市政府的名义明确关于支持园区建设意见，对落地园区的企业落实财税、金融等有关优惠政策，形成稳定的政策支持体系。

多路并进，强化创新平台建设。一是要着眼于菏泽市新旧动能转换重大工程、战略目标，选准切入点和打造方向，筛选出一批产业优势强、成长潜力大、技术带动作用突出的企事业单位、各类创新平台重点培育，对获得批建和立项的各类创新平台做好后续的政策服务和支持。二是要积极打造各类市级创新平台，为争取省级以上创新平台提供充足储备。启动市级重点实验室建设，积极培育省级重点实验室，重点抓好山东玉皇新能源科技有限公司的“二次电池和材料重点实验室”建设，支持其尽快建成省级重点实验室。三是要及时兑现创新平台激励政策，加强对各类创新平台建设情况的跟踪督导，提升服务质量，切实解决各类科技平台在建设中出现的困难。四是整合聚集全市创新资源，加快建设公共重大创新平台，推进山东省科学院菏泽分院、中科院山东综合技术转化中心菏泽中心尽快启动实质性运转，推进先进制造研究院等大型公共科研载体建设。

五、优化产业布局，积极培育发展主导产业

围绕新旧动能转换工程的实施，认真落实新发展理念和高质量发展要求，聚焦高端化工、生物医药、机电设备制造、新能源新材料、现代农副产品加工、现代商贸物流、电子商务等主导产业，着力优化产业布局，推进产业集聚发展，推动产业提档升级。一要做大做强优势产业，聚焦生物医药、石油化工、电子商务等具有一定发展基础的主导产业，加快转型升级，持续扩面增

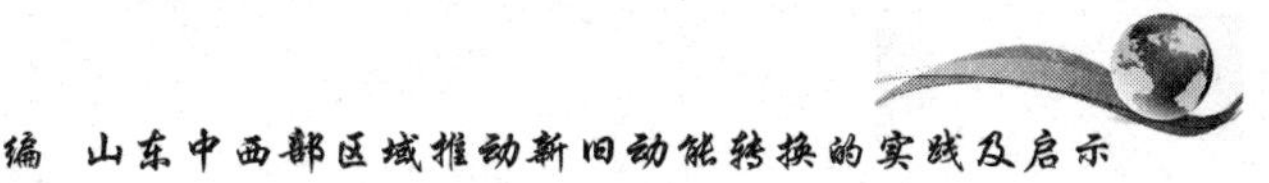

量、实现总量倍增。二要发展壮大一批新兴产业,如新能源新材料、现代商贸物流和金融保险等。三要超前布局一批未来产业,如新一代信息技术、高端装备制造和生命健康产业。四要改造提升一批传统产业,如纺织服装、食品生产和木材加工等。同时,按照高端化、品牌化、集约化的原则,加大产业倍增工程实施力度,重点抓好产业规模膨胀、产业链条延伸和产业转型升级等,努力把菏泽市的主导产业做大做强。

六、拓宽融资渠道,着力破解资金制约瓶颈

用好用活新旧动能转换基金。菏泽市级财政出资 30 亿元设立了引导基金(一期)。通过引导基金注资和市场化募集,吸引国内外金融机构、企业和其他社会资本投资,争取山东省新旧动能转换基金返投,形成不少于 150 亿元规模的母基金。然后母基金再通过出资发起设立或增资若干只子基金,撬动各类社会资本,形成不少于 400 亿元的基金规模,重点投向"四新""四化"领域的产业发展、基础设施建设、高新技术产业、乡村振兴和扶贫开发以及文化旅游等全市新旧动能转换的重大领域或者重大项目。

保持金融支持新旧动能信贷总量平稳增长。引导金融机构把更多的信贷资源配置到新旧动能转换重点产业和领域上来,落实普惠金融定向降准政策,运用信贷政策支持再贷款、再贴现等工具,增加对重点领域和薄弱环节的融资支持。

加强与金融机构的对接合作。加强线上线下常态化银企对接,探索政府财政资金作为银行风险准备金等方式,发挥政府资金"四两拨千斤"的效应,加速释放贷款规模,撬动更多的社会资本参与新旧动能转换。同时,帮助符合条件的企业发行企业债和上市融资,并尝试采用合资合作企业运作模式等,促进银行信贷和企业债券、基金、股权融资形式相互结合,以降低融资风险,提高收益。

七、创新思路方法,大力推进"双招双引"

立足发挥产业基础、拉长产业链、巩固优势产业,找准目标精准招商,把新旧动能转换重大项目作为"双招双引"的合作重点,围绕七大主导产业,创

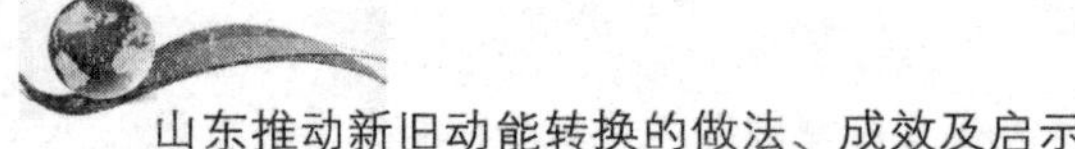

新招商理念和模式，全面提升项目策划、包装、管理和服务水平，引进更多龙头企业或核心关键项目、引领型项目。坚持招商引资与招才引智同谋划、同部署、同推进，外出招商时一并开展招才引智，推介项目时一并推介人才环境，实现招引项目和招纳人才同推进、双丰收。以贯彻落实《菏泽市人才新政30条》为主线，坚持引才育才并举、数量质量并重，持续优化高层次人才结构。实施新旧动能转换领军人才特殊支持计划，对能够帮助企业突破关键技术、解决重大难题或与企业联合开展自主创新研究的领军人才或团队，经评选认定后一次性给予100万元项目资助；设立市级“一事一议”引才通道，对急需紧缺的顶尖人才和团队项目实施“一事一议”评价标准，经认定后最高给予8000万元的综合资助；设立高层次人才专用编制，建立完善人才服务绿卡制度和人才服务联席会议机制。

第六编

坚持在去产能中培育新动能

第十八章

山东省化解过剩产能置换形成新动能

产能过剩行业作为产业供需结构性矛盾的突出表现，严重阻碍资源优化配置进程。山东省作为产业结构偏重的省份，在本轮新旧动能转换中必须将化解过剩产能放到调整产业结构的突出位置，从而实现经济动能的优化、调适与演进。

第一节　山东化解产能过剩的做法及成效

山东在化解产能过剩方面做了许多有益的探索，并取得了明显的成效，具有可借鉴价值。

一、山东化解产能过剩的做法

2018年1月，国家发改委印发的《山东新旧动能转换综合试验区建设总体方案的通知》中明确提出：山东省应重点化解钢铁、煤炭、电解铝、火电、建材等行业过剩产能，保持合理产能利用率。2018年2月，山东省政府在《新旧动能转换重大工程实施规划》中将生铁、粗钢、电解铝、煤炭、煤电、玻璃、水泥、低速电动车、轮胎九大产业作为本轮新旧动能转换去产能的重点，从而形成“五大去产能方向”指导下的“九大去产能产业”工作布局，化解行业过剩产能的力度前所未有，并实现了实质性的进展。

二、山东化解产能过剩的成效

自深化供给侧结构性改革成为经济工作的主线以来，山东省坚持“腾笼换鸟”的思路，分类施策、标本兼治，注重工作速度与推进质量的协调，化解过剩产能取得显著成效，具体体现在：

（一）按时保量完成化解过剩产能任务

2017 年，山东省严格执行中央规定的各产业化解过剩产能的任务，坚持破除低端供给，层层压实责任。其中，生铁、粗钢过剩产能化解任务提前 3 个月完成；电解铝、煤炭过剩产能化解任务超额完成。在化解速度和数量上均位居全国前列（见图 1）。

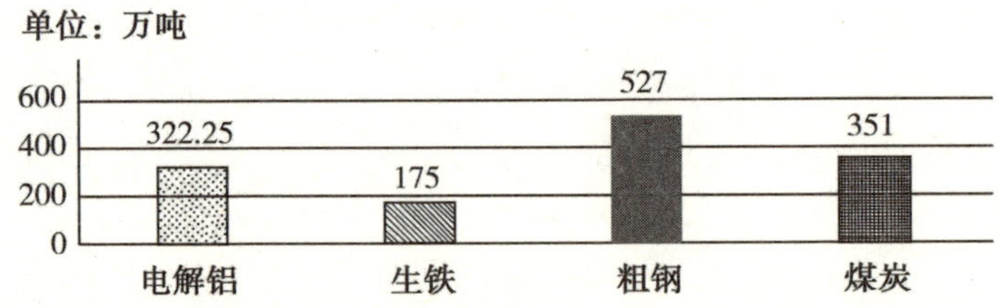

图 1　山东省 2017 年部分产能过剩行业产能化解情况统计

除上述产业外，2017 年山东省化解煤电产能 166.65 万千瓦；2017 年底前，暂停实际控制人不同的企业间水泥熟料、平板玻璃产能置换；加速淘汰生产标准低、缺乏竞争力的低速电动车企业，截至 2017 年年底生产企业已减少至 20 家。一系列重大举措密集出台落地，充分体现出党委、政府对破除这一经济转型“中梗阻”问题的重视与担当。

（二）行业龙头企业盈利水平提升

化解过剩产能的直接经济效应在于优化供需结构，促进产品价格回暖和经济效益提升。从山东省各重点行业龙头上市企业盈利情况看，2017 年盈利较 2016 年均有所好转。特别是与经营者利益相关的净利润及与投资者利益相关的基本每股收益两大指标运行呈现稳中有进、进中向好的发展态势。部分个股经历多年亏损后实现盈利。这些积极变化增强了企业抵御经营风险的能力，也增加了投资者对市场的信心，助力实体经济转型升级（见图 2、图 3、图 4）。①

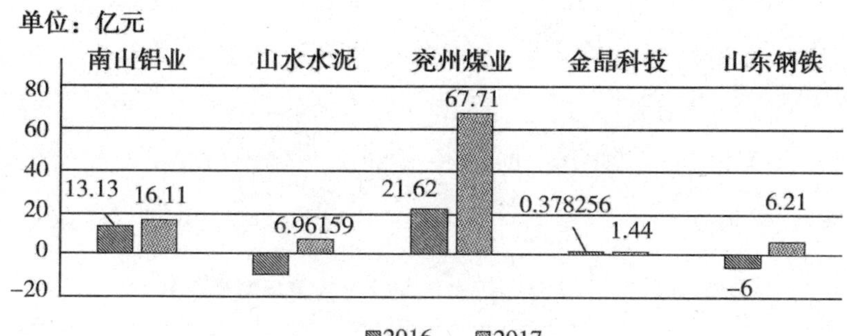

图 2　部分上市企业净利润变动统计（2016～2017 年）

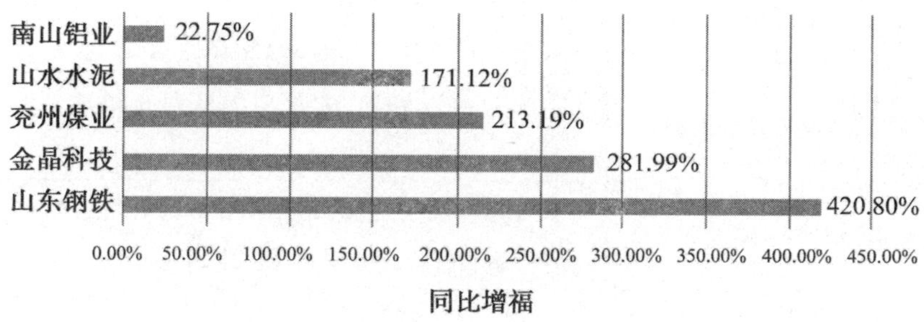

图 3　部分上市企业净利润同比增幅统计（2016～2017 年）

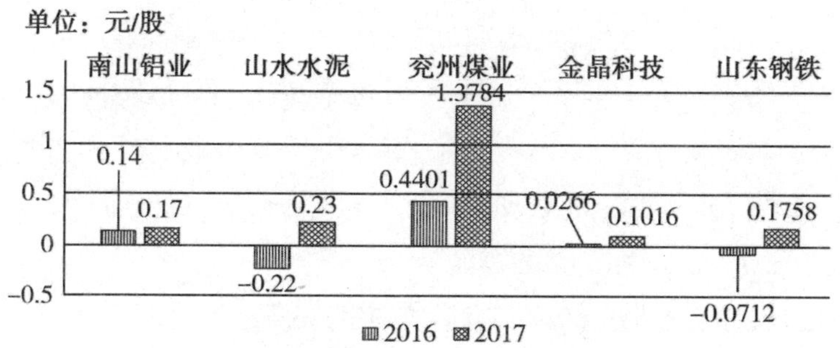

图 4　部分上市企业基本每股收益变动统计（2016～2017 年）

① 数据来源：各上市公司 2016、2017 年年报。其中，山水水泥为港股，其余为沪深两市主板股票。

(三)顺应高质量发展要求,推动产品供给转型升级

化解过剩产能的目的在于为新动能发展腾余空间。在完成化解过剩产能任务后,相关企业必须深入研判高质量发展要求下市场需求新变化,及时以高品质商品补足市场供给缺口,从而实现产品供需高水平均衡。在调研过程中,我们发现部分企业已经对产品使用价值加以创新,从而使产品增强对市场需求的适应性,在市场中占据向经济价值转化的优势,助力企业实现新跨越(表1)。

表1　部分企业2017年新产品研发及投入市场情况统计

企业名称	新产品
三角轮胎股份有限公司	目前国内最大尺寸(63英寸)子午工程巨胎
山东南山铝业股份有限公司	以生产航空板、汽车板为主的20万吨超大规格高性能特种铝合金材料生产线实现批量供货
山东省药用玻璃股份有限公司	试验成功耐碱玻璃,为国内输液药物增加新的包装材质
山东钢铁集团有限公司	开发铁道车辆用耐候H型钢、铁路线杆用钢等40多种新产品,10项新产品填补国内空白

(四)提升产能利用率与行业竞争力

产能利用率是工业总产出与生产设备设计产能的比率(即实际产量/设计产能×100%),用以衡量产能提质增效水平。按照国际通行标准,产能利用率超过90%为产能不足,79%~90%为正常水平,低于79%为产能过剩,低于75%为严重产能过剩。2017年上半年,山东省工业产能利用率为79%,高于全国76.3%的平均值,实现了近三年来最好水平,以产业"瘦身疗法"促进产业"肌体健康"的良性效应正在显现。

此外,化解过剩产能也促进了行业集中度的提升。以轮胎行业为例:山东恒丰集团通过对华侨集团、德瑞宝轮胎、涌金轮胎资源的收购与盘活,壮大自身实力;山东华盛通过租赁山东永泰化工集团已停产设备实现双方稳定生产;青岛双星通过联合其他国有企业,出资收购韩国锦湖轮胎45%股份,有效提升国际市场占有份额。运用市场化方式完成行业内部整合,发挥规模经济效应，提升产能利用率，体现出市场优胜劣汰的客观规律。

（五）优化产业间及产业内部结构

长期以来山东省工业形成的“两个70%”①布局在新发展理念的要求下亟待转型。2017年山东省通过大规模化解过剩产能，资源更多向工业战略性新兴产业②与第三产业配置。对山东省三次产业结构及工业内部布局优化提升发挥了积极作用，也为传统行业改造提升形成新动能、新兴行业扩容倍增培育新动能奠定较为坚实的基础（见图5、图6、图7）。③

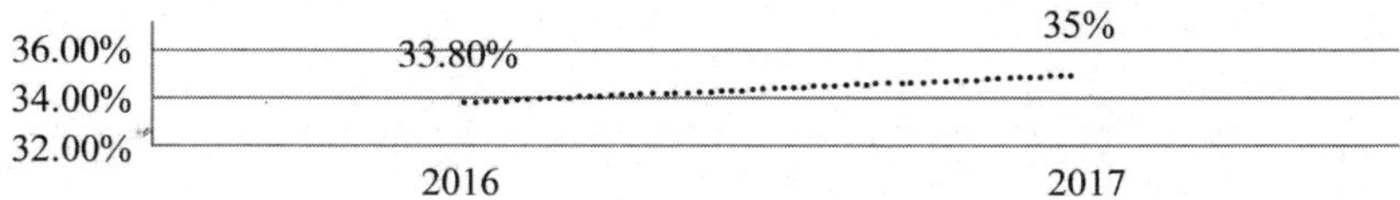

图5　高新技术产业产值占规模以上工业的比重变化统计（2016～2017年）

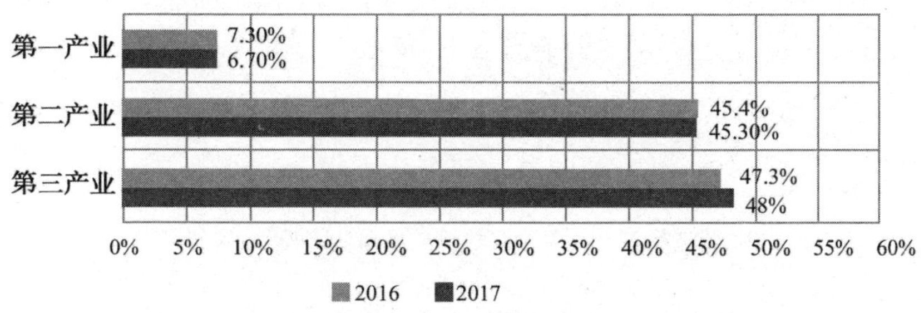

图6　山东省三次产业结构比重变化统计（2016～2017年）

---

①　即传统产业占工业比重约70%，重化工业占传统产业比重约70%。

②　包括节能环保产业、新一代信息技术产业、生物产业、高端装备制造产业、新能源产业、新材料产业、新能源汽车产业等七大产业中的工业相关行业。

③　数据来源：2016～2017年山东省国民经济和社会发展统计公报。

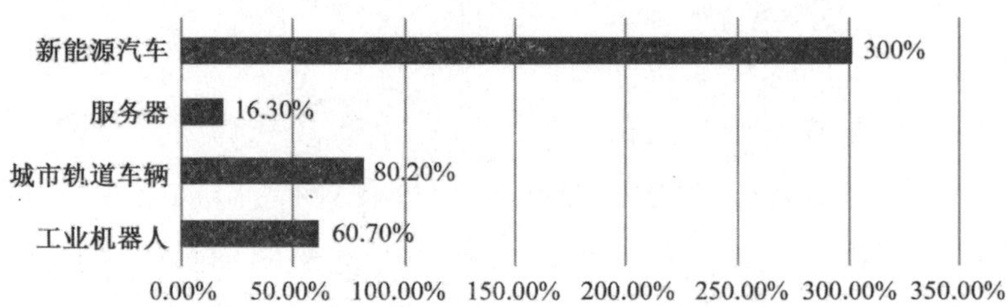

图 7　部分高技术产品 2017 年产量增幅统计

第二节　山东省化解过剩产能置换形成新动能面临的困难与问题

当前，山东省虽然在化解过剩产能置换形成新动能方面取得一些成绩，但受过剩产能存量大、新动能培育周期长等因素影响，通过产能置换形成新动能将是山东省面临的重大课题。从一定意义上讲，只有做好无效供给“去”的工作，传统动能的“提”、新兴动能的“扩”方能实现。因此，明确化解过剩产能过程中面临的症结，是解决问题的前提和关键。

一、化解存在反弹压力，影响化解总体成效

长期以来，基于财政增长压力与短期生产经营效益动力双重作用，部分地方政府与企业形成“保产能”的“决策—执行联合体”，对化解过剩产能在执行力度上搞变通、打折扣，一定程度上延缓了山东省化解过剩产能的力度与时效。

以电解铝产业为例，2017 年山东省电解铝产量为 725.3 万吨，较 2016 年下降 14.8%，但部分地区电解铝产能不降反升。“十二五”期间，滨州市违规建设一批电解铝项目并在手续完备方面使其合规。截至 2017 年中央第三环保督察组开展环保督查时，滨州市有 268 万吨违规电解铝产能仍在正常生产，占全省违规电解铝产能的 83.5%。聊城市相关部门将拟建产能虚报为建成产能，致使 53.05 万吨违规电解铝产能不下反上。上述行为严重阻碍山

东化解电解铝过剩产能工作的推进，使得山东省电解铝总产能远超国家控制目标，化解压力进一步增大。①

类似问题也存在于煤炭产业。2014 年国家印发《重点地区煤炭消费减量替代管理暂行办法》，明确到 2017 年山东省煤炭消费量比 2012 年要减少 2000 万吨。但受制于产业结构偏重等因素影响，2012～2016 年山东省煤炭消费量不降反升。煤炭在全部能源消费中的比例长期偏高，与全国煤炭消费量及在全部能源消费量中所占比例双下降的趋势不相契合（见图 8、图 9）。②虽然山东省在 2017 年下半年实现了减少 2000 万吨煤炭消费量的目标，但部分地区存在以行政手段完成经济调控任务的现象。特别在冬季因用能受限进而影响正常生产生活的情况时有发生。将化解产能的长期任务利用行政手段在短期完成，将不可避免产生负面效应。

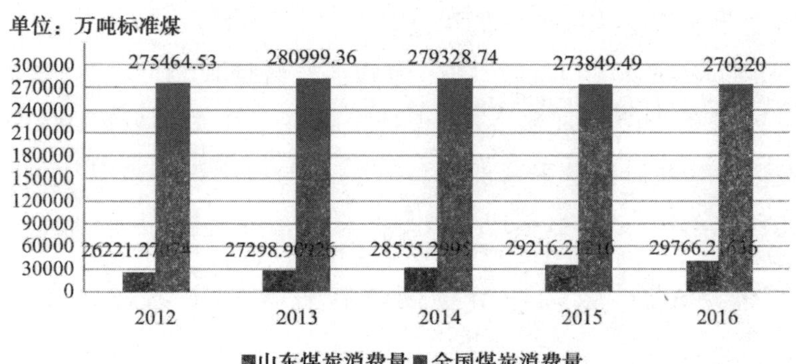

图 8　全国与山东煤炭消费量统计（2012～2016 年）

① 山东省 2017 年电解铝产能控制目标为 400 万吨，截至中央环保督察时，实际产能达 1260 万吨。

② 图中数据根据国家统计局、山东省统计局 2012～2016 年公布的相关原始数据测算而成。

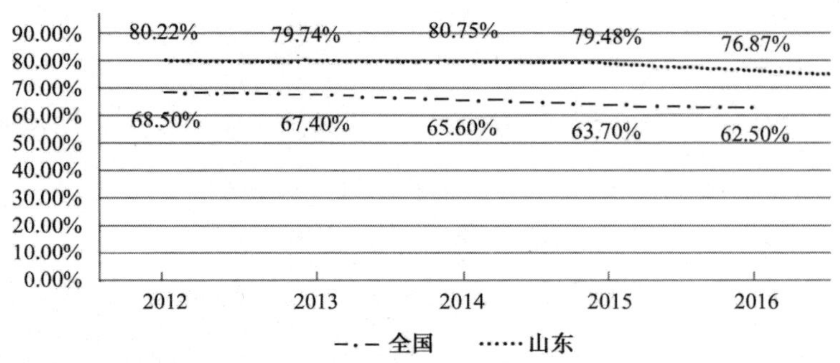

图9 全国与山东煤炭消费量占全部能源消费量比例统计(2012～2016年)

上述问题反映出部分地区产业发展与新发展理念不相适应。面对新时代社会主要矛盾的显著变化及高质量发展要求下产业发展新导向,必须将发展更高形态、更可持续的产业放在重要位置,同时建立全新的地方经济考核体系。但受制于部分地区长期依赖过剩产能拉动地方财政收入,在短期新经济动能不足以弥补经济利益缺口时,为确保经济增长,对深层次的利益格局调整在实践过程中采取规避态度,致使产业在长期畸形发展中积聚较大风险。而在风险释放阶段所采取的"以堵代疏"的做法进一步干扰了国家对产业结构的优化调整,必须引起地方政府与企业足够重视。

二、"僵尸企业"依赖非市场因素存在与按市场规律去产能存在矛盾

本质上讲,过剩产能出清有赖于市场经济机制与规律作用的充分发挥。但因相当一部分过剩产能集中于"僵尸企业",致使在实际去产能中难以完全按经济规律推动,一定程度影响了过剩产能化解的效率与效果。

"僵尸企业"是指已经丧失自我发展能力和市场活力的企业,集中于部分国有企业与传统行业。其盈利程度较差,大部分连年亏损,生产处于半停产或完全停产状态,主要依靠政府财政补贴、银行长期续贷等一系列非经济规律支撑维持,其存在受非经济规律影响较大。山东作为国有企业与传统行业的双重集中地,"僵尸企业"问题较为突出。根据前期有关部门梳理,山东各行业有僵尸企业448家,其中约80%处于停产状态。这一巨大存量使化解过剩产能面临较大困难与阻力。依赖非市场因素存在的"僵尸企业"与按市

场规律"去产能"之间的矛盾主要体现在以下三个方面：

1. 以优化经济发展为导向化解过剩产能在实际执行中面临牵涉多因素的"僵尸企业"保留问题。首先，部分僵尸企业虽然处于经营下滑区间，但仍是部分地方稳定财政收入与经济增速的主动力与主渠道。在GDP总量考核体系作用下，地方在保留"僵尸企业"方面有原生动力。其次，"僵尸企业"生产主要依赖众多并不具备复杂劳动水平的劳动力。一旦"僵尸企业"大规模集中关停，劳动力短期难以实现替代就业，可能触发社会风险。这使得地方会以"防风险"为由延缓去产能进度。最后，在上述两方面因素作用下，地方对于去产能将形成两种异化导向，即"多说少做，严控社会风险"或"反向支持，力保经济增速"。两种方式看似在短期做到应对危机，但对于缓解产业结构症结并无益处，反而为更严重问题的爆发埋下隐患。

2. 具有长期调控特点的去产能易受短期价格因素扰动，进而使地方明去暗补，使"僵尸企业"搭上"涨价短途车"。必须肯定的是，自中央把去产能工作放到"三去一降一补"[①]经济工作主线首位以来，各地在化解过剩产能方面做出了卓有成效的努力，在一定程度上调整了产能供需关系，促使主要产品价格出现温和回升(见图10)。[②] 而这一短期阶段性成果容易使市场主体产生误判，认为长期价格上涨具有必然性。并且在新动能潜力与经济价值释放较为缓慢的情况下，地方通过支持"僵尸企业"获取短期投机性利益的行为可能会时有发生，这对从长期调整与优化产业结构将造成深刻负面影响，进而影响新动能的培育。

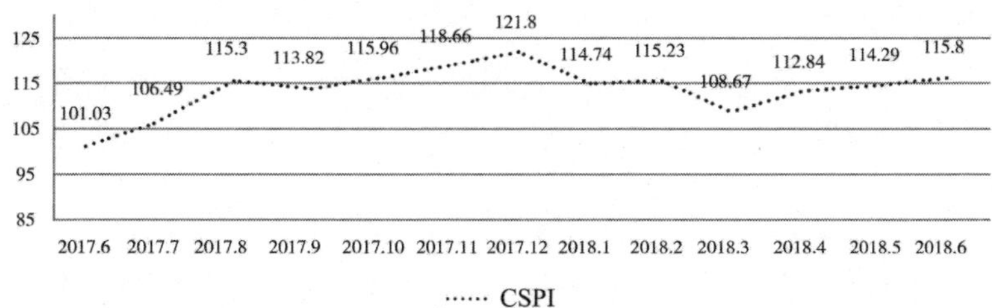

图10 中国钢材价格指数(CSPI)走势统计(2017年6月～2018年6月)

① 指去产能、去库存、去杠杆、降成本、补短板。

② 数据来源：中国钢铁工业协会。

3.若资产问题处理不当，去产能可能加剧“僵尸企业”与注资机构间债务链条断裂风险。在经济发展高速期，“僵尸企业”依赖政府支持与银行注资尚可勉强生存。伴随去产能政策深入推进，一部分严重资不抵债的“僵尸企业”退出市场将成为必然。但在实际中，一方面“僵尸企业”仍然存在对政府“兜底”的预期，因而缺乏主动出清积极性；另一方面，一旦盲目、武断使“僵尸企业”破产，国有资产保值压力将会加大，并且当前银行主要资产负债由房地产业贷款与实体企业贷款组成。在坚决遏制房价上涨的形势下，“僵尸企业”的“一刀切”破产将激化银行信用风险爆发点，可能对金融稳定产生巨大冲击。

由此可见，在上述三大因素扰动下，山东省实现“僵尸企业”和“去产能”的“双出清”目标有较大难度，亟待探索一系列协同性强、风险性小的举措，以实现“僵尸企业”有序退出与化解过剩产能两大目标的共生与双赢。

三、产能置换政策的目标导向与实践结果存在偏差

化解过剩产能，要求在更大程度、更广范围发挥市场对资源配置的决定性作用，更多采用经济手段实现过剩产能的出清。在此导向下，产能置换政策成为中央与地方在具体去产能过程中指导相关行业与企业运用的重要产业政策之一。

产能置换的核心是将过剩产能置换成优质产能，从而利用市场机制调整行业内部产品结构，达到“良币取代劣币”目标。针对不同地区和行业特点，可分为等量置换（建设产能等于退出产能）、减量置换（建设产能小于退出产能）以及产能置换奖励①三种方式。2013年以来，国家接连出台一系列有关产能置换的文件，从宏观政策层面为特定行业产能置换工作确立了指导原则与工作目标。

从政策层面看，产能置换的政策目标可概括为两点：一是数量控制，即确保过剩产能总量只减不增；二是质量优化，即提升既有产能发展质量。而在利用行政化管制方式调控产业的惯性思维下，产能置换在某些区域与行业运作中偏离了本应遵循的目标导向。主要表现在：通过公开产能置换，将过剩产能运转合规化，同时既存产能发展仍处于中低端，呈现出“数量控制风险”

① 即每退出一单位过剩产能，产能指标供给方可享受一定资金支持。资金来源由地方财政及产能指标需求方按一定比例共同承担。

与“质量优化困局”并存。这将消解去产能已取得的积极成果，难以发挥产能置换应起的作用。当前山东省在产能置换方面，亟待化解以下问题：

（一）产能置换周期较长

目前，各地产能置换主要按照“待置换产能关停—地方公示—上级审批—指标交易”的流程进行，每一个环节均需耗费较多时间且不可同时进行。而当流程完成，指标出卖方拟开展先进产能生产布局时，可能会错过最好发展时机，造成“旧的已去，新的难来”的后果。在整个产能置换流程运转效率不高的情况下，产能指标置换的动力释放会受到发展预期不明朗的扰动，从而使企业宁愿抱残守缺，一定程度上降低企业淘汰落后产能的动力。

（二）产能置换地域范围存在局限性

按照国家要求，产能置换允许部分行业产能指标进行跨区域交易。但出于对地方财政收入与经济增速的保护倾向，受制于地方行业主管部门的压力，产能指标出让方会尽量选择将指标留在区域内进行置换，以尽可能保留部分产能，确保地方经济增长。由此带来的后果是：一方面，本区域内产能指标需求方的吸纳能力有限，在区域内易形成供过于求的局面；另一方面区域外潜在的指标需求得不到有效满足，从而资源难以在更大范围实现高效率配置，影响了产能潜在经济效益的释放。

（三）产能置换指标交易价格所导致的经济效应优劣需在实践中进一步研判

产能置换指标交易价格的确定，很大程度上取决于产能供给控制量与社会产能需求量之间的关系，前者由产业政策确定，而后者由市场动态决定。产能供给大于社会需求，则交易价格偏低；反之将上扬。伴随化解过剩产能工作的深入推进，产能置换指标交易市场总体上呈现卖方主导的局面，指标需求方为获取指标会在交易竞价过程中层码加价，推高交易价格，存在为极力获取交易指标采取非理性购买行为的可能，进而以提高全社会用能成本代价弥补过高交易成本。最终后果是增加了社会福利损失。

第三节　山东省化解过剩产能置换形成新动能的路径

在加快新旧动能转换，实现高质量发展成为新时代经济工作目标的背景下，山东省既应不折不扣遵循中央有关去产能工作的决策部署，又应坚持问题导向，制定可行性强、运行风险低的工作路径，并总结具有示范引领性的经验做法，在完成“去”这一首要任务的基础上，努力做好“增”与“提”两篇文章，力争为全国资源型地区产业转型升级提供可资借鉴的经验。

一、解决过剩产能问题的核心：政府与市场作用的准确定位与有效发挥

充分发挥市场配置资源的决定性作用，科学履行政府宏观调控职能，是社会主义市场经济的改革方向。化解过剩产能既是政府决策问题，也是市场调整问题，根本在于政府与市场关系的恰当配合，这是解决产能过剩问题的核心。从目前的成就及问题看，在政府与市场作用发挥得当、关系处理正确时，产能过剩问题的解决较为顺利；反之，则会影响整体调控效果，甚至会触发一系列社会风险。因此，准确定位、有效发挥政府与市场在化解过剩产能中的作用，将直接对新动能的培育产生深刻影响。

从上述原则性结论出发，化解过剩产能置换形成新动能的总体政策架构可表示为图 11：

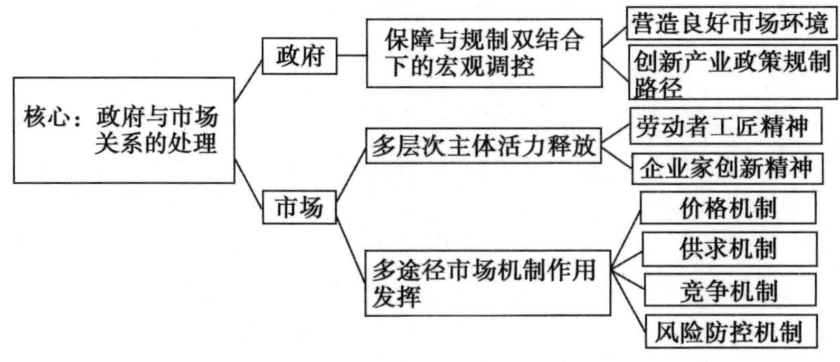

图 11　化解过剩产能置换形成新动能的总体政策架构

二、政府的产业调控导向:保障与规制双结合

恰当的产业政策能够使政府从宏观上对产业发展做出科学分析,并通过资源配置格局重构弥补市场失灵造成的不足。当前,政府必须明确其“有效作用”和“有限作用”的定位,既要做好良好市场环境的培育,为产能优化发展提供制度支撑;又要创新产业政策规制路径,跳出“规制失灵”怪圈,以在保障与规制双结合下的调控中实现政府调控在产业发展中的良性转变。

就营造良好市场环境而言,首先应明确产能过剩不完全等同于产能落后。产能过剩强调数量供需失衡,产能落后则侧重强调供给质量与多层次需求的不匹配。从国际范围看,当前山东省部分过剩产能在质量上仍具有比较优势。因此,在内部市场出清困难的情况下,推动国际产能合作,扩容外部需求,将会成为山东省当前和今后一个时期化解过剩产能的重要途径,同时也可利用这一周期为新动能培育赢得时间与空间,符合产业形态演进升级的一般规律。

推动国际产能合作,涉及国际政治经济领域制度对接,单纯依靠企业完成存在较大难度。因此,政府必须协助企业增强对外部经济规则的适应能力,从国家重大发展战略出发,研究企业自身发展规划与产业发展顶层设计的契合点;并在国际产能合作规则与制度框架下,最大限度满足企业要求,及时为企业收集提供准确、中立性信息供企业决策参考,解决信息不对称问题;协助企业做好就业、债务问题的转置处理工作,为产能“走出去”降低社会性成本,使企业在国际产能合作中赢得先机。

在做好国际产能合作的同时,政府针对相关产业的规制应及时跟进。产能调控出现失灵现象,很大程度上源于功能性产业政策在执行中过度重视政策的直接供给,忽视政策作用于产业内部的机理演变,使之在一定程度上异化为强制性行政干预,甚至在实践中简单等同于“关停并转”。因此,政府应结合新时代经济调控职能定位,以多元化目标导向的社会性规制为调控产能的政策主线。例如:将能耗、环保、安全生产标准作为界定产能是否留存的主要依据,以高标准倒逼落后产能自动出清,提升其在动态调整中的资源优化配置能力。此外,对于当前苗头日盛的产能兼并行为,政府在做好合规性审

查的同时，必须抑制行政垄断在兼并过程中的不当干预，从而使产能兼并真正成为市场主体的自主经济行为，提升竞争的规范性。

三、新旧产能转换的推动力：企业双重主体作用的培育与释放

化解过剩产能归根结底要依靠产能生产端——企业转变生产模式，培育新经济增长点。除了加快固定资本的更新速率、提升资本有机构成外，对于企业家“创新精神”与劳动者“工匠精神”在产能调整中的再突破、再释放，也亟待纳入构建产业新动能的工作框架，以期为实现产业发展质量突破提供重要人力资本支持。

企业家精神的核心是创新。而创新作为从无到有的探索性工作，其创新收益与创新成本的对比将是企业家是否开展创新性活动的重要影响因素。当创新成本奇高，而创新收益回报偏弱时，企业家往往选择规避创新性活动，转而获取短期可见利益。因此，有效发挥企业家创新精神的关键在于增加创新性活动的收益预期，减轻创新风险。结合山东省企业家精神培育与发展实际，首先，要鼓励有资质、有能力的企业拓展直接融资渠道，主动吸纳社会流动资本，以市场“用脚投票”的正向选择机制倒逼自身生产方式变革与盈利效率提升，同时通过其自身发展获取资本市场的认可与支持，为实现扩大再生产奠定资本基础，形成企业盈利与资本增殖之间的良性循环；其次，为防止企业家因信息不对称出现投机性、盲目性创新行为从而增大创新风险，需要在企业内部建立职业经理人制度，消除部分企业“家族式管理”的不足。对于重大创新性活动，企业家需在深入了解产业发展前景的基础上，审慎做出决策，并吸纳专业管理型人才负责具体工作的实施，实现专业人做专业事，提升创新活动的成功率与收益率。

与企业家精神释放相对不足相比，劳动者“工匠精神”曾在山东省传统产业发展中发挥过举足轻重的作用。在新形势下，振兴“工匠精神”既要坚持其精益求精、持之以恒的精神要义，又应结合新一轮科技革命凸显的新特征，赋予劳动者更重要的使命与担当。从当前产能过剩行业发展实际出发，一要加快适应新旧动能发展要求的一线人才引进工作，重点引进接受过系统专业知识和前瞻学科知识培育的技师学院、高级技工学校毕业生，为新动能培育储

备后备人才；二要充分发挥老一代劳动者的“传帮带”作用，使新生代劳动者通过在生产一线的“干中学”迅速将新技术应用于更大范围生产。同时，老一代劳动者也借此了解技术前沿发展现状，不断更新自身知识结构。通过劳动者的代际协作，充分发挥各自比较优势，助力产业脱贫解困。

四、高水平产能调控的环境支撑：多途径市场机制协同配合

产能过剩问题的形成与恶化，既受行业自身短期经济行为与地方财政增长压力等因素影响，也与市场机制发挥作用不平衡、不充分存在密切关系。因此，真正发挥市场机制及其各子机制在产能调控中的协同作用是营造良好外部市场环境的关键，也为产能调控在更高水平实现市场化运作提供重要环境支撑。山东省产能调控未来应建立以下机制体系：

（一）完善上游产品价格与生产用能价格协同配合的价格机制

从个体看，出于自身经济利益需要，产能供应方主动去产能的意愿较低；而从产业发展全局看，化解过剩产能只有依靠各产能供应主体共同参与才能取得成效。这种因个体的理性选择造成集体的非理性决策易使产能调控陷入“囚徒困境”，从而以行政化方式实现资源配置的强制平衡成为一段时期以来去产能采取的主要方式方法。实际上，通过价格机制的杠杆作用，可以在市场规律的运作下增加产能供应主体参与调控的主动性与自觉性。当前，一是要做好生产用能阶梯定价的科学制定工作。鉴于产能过剩行业大多具有高耗能特征，因此要在扩大生产用能阶梯定价差距，特别是在提升非理性用能定价上发力，促使企业尽快将用能成本作为重要成本纳入生产全过程，提升集约生产能力；二是做好价格的区间调控工作，防止去产能背景下上游产品价格大幅上涨影响下游行业盈利水平，采用适时调控、分类调控等微观价格调控价格方式，将全行业链价格稳定在理性水平，从而实现经济稳中求进、进中向好的目标。

（二）充分发挥竞争机制在培育优势产能供应主体方面的重要作用

产能调控牵涉到既有产能布局优化与深度调整，行业主体间竞争应成为常态。并且产能过剩行业多集中于大中型国有企业与集体企业，做好调控也是优化国有经济结构，培育具有行业竞争力企业的重要路径。目前，山东省

部分产能过剩行业在竞争机制运用上仍存在不小差距，致使产能生产存在“面广，利低，质弱”的问题，影响全行业的盈利提升与转型升级。当前，山东省应以增强行业竞争力与企业内部运行活力为目标，鼓励行业内国有企业战略性重组，加快推进其与非公有制企业之间的混合所有制改革，通过市场规律实现“小散乱污”产能的市场淘汰。同时，政府应为竞争机制的充分发挥提供重要制度保障，并最大限度支持企业行使自主经济决策权，通过既有产能资源整合，提升资源、资本、技术运用效率，为新动能培育提供强有力市场主体支撑，进而树立新时代“再工业化”的比较优势，推动山东省由“工业大省”向“工业强省”转变。

（三）在产能调整中充分发挥以优化供给端为主的供求机制作用

从供求角度分析，当前过剩产能背后隐含无效供给与有效需求的结构性错配。在产业发展由“生产者主权”时代进入“消费者主权”时代后，既有产能已难以做到自动出清，不符合需求的商品资本难以向货币资本转化，产品挤压问题日益尖锐；同时对扩大产能内需也产生较为明显抑制。因此，产能调整不仅是减量问题，更具有提质方面的任务。因此，相关行业与企业应着力重视有效信息在推动产能调整过程中的重要性，通过信息收集、信息交易，研判当前产品需求结构特征，寻求既有技术突破可行性与当前市场供给盲区的结合点，组织由管理者、市场信息调研者、一线技术工人等各类人员组成的专门力量加大研发力度，及时向市场提供有效供给，从而通过需求多样化倒逼实现供给高端化，助推产能供求机制达到高水平动态平衡。

（四）建立政府规制方与产能调控端协同运转的风险防控机制

当前，产能调控已不单纯是产业自身问题，诸如职工安置、债务处理、资产保值等与社会风险密切相关的问题也不容忽视。因此，必须将防范化解产业自身运行风险与降低社会全局风险同等对待，建立风险防控机制。为此，一是做好企业管理者与劳动者的信息疏解工作，从政策层面就劳动者所关心的就业及保障问题分门别类做好解释说明，消除劳动者因对政策本身缺乏全面认知而产生的误解；二是针对被减量与被兼并的产能生产主体，必须将保障职工相应权益纳入产能调整与置换制度框架，最大限度保障职工转岗不下岗，转业不失业；三是政府作为产业政策的制定者与监管方，对于社会风险的诱因应做好准确预判，在产能调整的全过程中及时搭建企业与劳动者、企业与资本供给方之间沟通协商的桥梁。对于产能供应方难以解决的社会性公共问题，政府应补齐短板，确保产能调整工作不因非经济因素延缓，最大限度实现劳资双方、资本供需方之间的利益保全，为产业演进升级腾余空间，降低风险。

第七编

充分发挥企业在推动新旧动能转换中的主体作用

第十九章

充分发挥铁路在山东新旧动能转换中的助推作用

《山东省新旧动能转换重大工程实施规划》的正式发布和山东省全面展开新旧动能转换重大工程动员大会的召开，标志着山东省新旧动能转换重大工程开启了正式航程。在推动新旧动能转换中企业是主体，特别是在铁路成为山东新旧动能转换的重要制约因素时，更应重视探讨发挥铁路企业在推动新旧动能转换中的重要作用。

第一节　铁路发展对山东新旧动能转换的助推作用

铁路作为国民经济大动脉、关键基础设施和重大民生工程，是综合交通运输体系的骨干和主要运输方式之一，在我国经济社会发展中的地位和作用至关重要，在新旧动能转换中必然要发挥重要的助推作用。

一、铁路特别是高速铁路的发展本身就是高新技术产业发展的一项重要内容，是新旧动能转换工程的重要组成部分

我国铁路特别是高速铁路经过多年的发展，技术越来越先进，高铁工程建设、装备制造、运营管理三大领域成套技术体系保持世界领先水平，中国标

准动车组命名复兴号并实现时速350公里商业运营，高速铁路已经成为国家的亮丽“名片”，是我国高新技术水平的典型标志。高速铁路的发展为其他高新技术产业的发展提供良好的契机和强大的推动力。因此，山东省委书记刘家义同志在山东省全面展开新旧动能转换重大工程动员大会上的讲话中指出：规划到2035年，高铁通车里程达到5700公里，时速350公里的高铁占比提高到80%；世界最先进的时速500公里磁悬浮将出现在山东。《山东省新旧动能转换重大工程实施规划》提出：强化轨道交通装备领先地位，建设一流基础设施，建设具有全球影响力的轨道交通装备研发制造和集成服务基地；打造“三环四横六纵”的快速铁路网络，完善“四纵四横”货运铁路网。这些都是直接对铁路企业提出的任务要求。铁路发展是新旧动能转换中的不可忽视的重要内容、不可或缺的组成部分。

二、铁路发展有助于补齐交通基础设施要素短板，为新旧动能转换提供强大的运力支持

新旧动能转换需要强大的运力支持。一直以来，铁路在全国综合运输网络中起着担纲作用。《中长期铁路网规划》《铁路“十三五”发展规划》作出了加快发展铁路的战略规划，到2030年基本实现内外互联互通、区际多路畅通、省会高铁连通、地市快速通达、县域基本覆盖；构筑“八纵八横”高速铁路主通道，山东半岛等城市群建成城际铁路网。“十三五”期间，山东省17市全部高铁通达，基本形成以济南、青岛为中心的“1、2、3小时”高速铁路交通圈。这必将为山东新旧动能转换提供越来越可靠的运力保障，为新旧动能转换所最急需的人才资源、劳动力资源、技术资源、信息资源、自然资源提供便利的流通条件。

三、铁路发展有助于推进区域一体化发展，为新旧动能转换拓展广阔的空间

铁路路网规模大、联动性强、速度快、运能大、效率高，铁路在助推区域一体化发展方面具有优于其他交通方式的优势。铁路发展有助于加速区域空间结构的重塑，产生区域空间结构效应。随着高铁的发展，必将提高要素资

源配置效率，强化基础设施互联互通、要素市场统一开放、公共服务共建共享，加快形成“三核引领，多点突破，融合互动”的新旧动能转换新格局。同时，铁路发展将大大拓展区域开放合作的空间，加快融入京津冀协同发展国家战略，加强环渤海地区合作，密切与长三角、珠三角、东北等地区经济联系；发挥济南中欧班列的龙头带动作用，带动山东深度融入“一带一路”建设。

四、铁路发展有助于产业布局优化和产业结构升级，助推新动能的形成

首先，高铁能加速沿线主要城市的工业转型，促使产业空间布局更趋合理，促进产业升级。如山东借力京沪高铁，吸引了不少高端产业落户，经济布局得到优化。其次，高铁有助于诱增形成新兴产业，形成新动能。高铁本身就是各种高新技术的集大成者，随着未来高铁技术水平的大幅度提升和推广，对做优做强高端交通装备产业、新能源装备产业（智能输变电设备、高压超高压成套设备、高速铁路变压器等智能电网及配套设备）、新一代信息技术产业，推动能源消费电能替代，提高电能在终端能源消费中的比重，推动新能源新材料产业，将产生越来越强的引导和带动作用。再次，高铁有助于提升传统产业改造，促进产业结构调整优化。一方面，高铁发展有利于化解过剩产能置换形成新动能，有效促进钢铁企业转型开发高铁等领域高端产品，重点发展轨道交通车辆车体用铝材、车体模块化零部件、高性能特薄板带材等铝型材产品，继续保持铝精深加工行业世界竞争力；另一方面，高速铁路具有速度优势，能够显著吸引壮大旅游、商贸、房地产、文化教育等与人流聚集和速度有直接关系的现代服务业的发展，特别是精品旅游、文化创意、新型物流，成为带动城市现代服务业发展的新的增长点和增长极。

五、铁路发展有助于促进区域经济增长和生态环境保护，为新旧动能转换提供良好的经济基础和综合环境

铁路在拉动区域经济增长方面作用巨大，首先表现在自身的运营对经济的贡献，更多的是其功能性带给整个社会的强大推动力。当前，我国高铁的发展势头异常强劲，对我国经济的带动作用将不可估量。新旧动能转换离不

开环保安全的环境。铁路已经进入电力牵引时代，在节能、环保、安全等方面，铁路具有突出优势。专家们认为，交通运输各行业中，从单位运量的能源消耗、对环境资源的占用、对环境质量的保护、对自然环境的适应以及运营安全等方面来综合分析，铁路的优势最为明显。高速铁路由于在全封闭环境中自动化运行，又有一系列完善的安全保障系统，所以其安全程度是任何交通工具无法比拟的。这将有利于促进资源节约和环境保护，为新旧动能转换提供良好的综合环境。

第二节　铁路发展存在的问题

山东省委书记刘家义同志在山东省全面展开新旧动能转换重大工程动员大会上的讲话中指出：现代产业集群的崛起壮大，离不开基础设施等要素条件；我省在这些方面短板制约明显，现在我省高铁出省通道只有1条，省内高铁尚未实现互联互通；这集群那集群，交通跟不上难成群。因此，铁路必须坚持问题导向，在查找不足和差距上下功夫。

一、铁路基础设施存在短板，溢出效应不明显

铁路特别是高铁的快速发展，能产生巨大的溢出效应。溢出效应的产生有两个基本前提：一是铁路必须实现组网才能实现规模效应和网络效益的最大化；二是溢出效应具有滞后性特点。这就需要铁路网规划和建设要适度提前。然而，山东铁路基础设施存在明显短板，路网规模、质量与区域经济发展不相匹配，溢出效应不明显，对区域经济的助推作用不足。以江苏省为例，随着沪宁、京沪、宁杭、宁安、郑徐等高铁线的陆续投运，高铁满足百姓出行需求、产业转移需求、城市建设和经济结构调整需求的功能越来越明显。而且，该省正在加快打造“轨道上的江苏”。新旧动能转换是关乎山东省高质量发展的一篇大文章，绝不仅仅是产业升级和产业集群打造，建立起与新旧动能转换规划相匹配的综合交通体系是重要基础和运输保障。

二、铁路运输服务创新不够，不能很好地满足山东人民日益增长的美好出行需要

当前，铁路运输的主要矛盾也逐步由原来运能严重不足、不能满足运量需求逐步转化为运输供给不平衡不充分的矛盾。从铁路运输服务来看，随着服务消费提质扩容，铁路在适应大众化、个性化、信息化出行需求方面，在高铁网和互联网双网融合、进一步改善旅客出行体验方面还有大量工作要做。随着传统产业转型升级，铁路在适应货主快捷省时的运输需求，以及提供多式联运、智能化运输、全程物流等方面还有许多亟待改进的问题。《国务院办公厅关于进一步推进物流降本增效促进实体经济发展的意见》明确提出了要提升铁路运输在整个物流体系中的占比，而这一政策优势没有被铁路充分利用。

三、铁路运营市场化程度不够，不能很好地满足山东区域经济社会发展需要

山东省 GDP 年均增速为 7.4%以上，服务业增加值占比将由“十二五”末的 45.3%提高至“十三五”的 55%。发达的第三产业和巨大的旅游市场，对铁路客运发展是巨大的利好。然而 2017 年山东省人均铁路乘车频率为 1.35 次左右，低于全国铁路的平均水平。济南局集团公司的客运市场份额已占全省的 21.9%，但客运市场还有较大挖掘空间。从货运来看，2017 年全国铁路货运量占铁路、公路、水运、航空、管道运输方式总货运量的 7.8%，货运市场份额不足，成本低的比较优势没能得到很好发挥。从港口运量来看，欧洲国家的国际港口，海、铁、公多式联运比重占货物运输总量的 30%左右，我国不到 5%。山东港口年吞吐量突破 15 亿吨，与世界 180 多个国家和地区 700 多个港口通航，铁路在疏港能力建设方面还有大量工作要做。再从铁路非运输业发展来看，由于市场化程度不高，经营机制不活，面对巨大的铁路资产资源，市场化开发力度明显不足，一定程度上存在着“抱着金饭碗没饭吃”的现象。

四、铁路在多式联运中的骨干作用发挥不明显，不利于山东参与国际合作的区位优势的增强

山东省参与国际合作的区位优势越来越少，2017年山东省外贸依存度比全国低近10个百分点。如何增强参与国际合作的区位优势，发挥海上大通道优势和沿海区位优势，发挥铁路在综合交通运输体系中的骨干作用至关重要。但是，除了2017年之外，近些年来铁路货运所占市场份额一直呈现出下降趋势，铁路骨干作用发挥不明显。造成这样状况的原因是多方面的，从铁路企业内部来分析有三方面原因：一是物流基地建设滞后于经济发展，疏港能力不足；二是多种运输方式之间缺乏有效衔接，港铁联运、港铁公联运、铁水联运严重不足。如以集装箱为载体的多式联运具备规模化成本优势以及灵活的优点，美欧发达国家集装箱运输占比较高，30%～40%为常见比例。但是，我国的多式联运方式尚未普及，我国集装箱运输占比仅有5.4%；三是各种交通方式之间信息孤岛问题突出，标准不统一。

第三节　加快铁路改革发展，助推山东新旧动能转换

山东新旧动能转换已经进行了科学周密的战略安排和部署，全面推进新旧动能转换这项系统工程，需要铁路运输企业直面问题和挑战，主动作为，积极落实新旧动能转换“铁路篇”，完善路网，创新机制，内部挖潜，不断提高质量效益，满足新旧动能转换提出的新要求。

一、补强铁路基础设施短板，加快推进交通强省建设

为推动“四新”“四化”企业项目落地，必须打造产业集群所需要的综合交通网络体系。铁路要在推进交通强省战略中走在前列，补强基础设施短板，真正做到“交通强省，铁路先行”。

（一）以组建山东铁投集团为契机，着力解决好铁路建设融资难问题

今后五年，山东全省将投资5550亿元，新建高铁3400公里，建设任务十分繁重。山东省政府确定组建山东铁路投资控股集团有限公司，公司定位为

支持全省综合交通特别是高铁等重大基础设施建设，推动产业融合、协作发展的投融资主体。要以组建山东铁投集团为契机，更好发挥政府和市场两方面的作用，真正形成政府和市场两个主体共同推进高铁建设的强大合力和良性机制，提高高铁建设运营管理专业化水平，努力化解高铁建设资金制约，有效解决山东省高铁建设资金不足的问题，为高铁现代化建设提供有力保障。

（二）积极推进铁路建设蓝图落地实施

按照中长期铁路路网规划，贯彻分类分层建设原则，有序推进铁路建设，优化路网结构，扩大路网规模。一是着力解决高速铁路发展不充分问题。尽快建成青连铁路、济青高铁，加快推进鲁南、雄商、郑济铁路建设，争取京沪二通道尽快开工，完善干线路网；积极推进济南至滨州、莱芜、泰安，潍坊至莱西、烟台和莱西至荣成等城际铁路，尽快实现“市市通高铁”目标。二是着力解决普速路网发展不平衡问题。加快推进大莱龙铁路扩能改造，贯通德龙烟通道，打通路网瓶颈；建成董家口疏港铁路，完善港口集疏运系统；积极配合地方政府适时推进支线地方铁路建设，进一步提高路网覆盖，争取早日在全省形成发达铁路网。

（三）更新铁路建设理念，注重系统配套

一方面，铁路企业要着眼长远、主动作为，提前介入、深度介入铁路建设。树立“今天的建设质量就是明天的运营安全”的理念，把控工程质量安全，以“零容忍”态度对待工程质量问题，为运营安全提供源头保障。坚持“建设为运营服务”的理念，注重项目前期功能定位和投入产出分析，协调解决分类分层建设难题，确保项目投产后的效率效益。另一方面，突出系统优化，注重系统配套。按照“点线协调、干支配套、能力匹配”的原则，打通“瓶颈段”，疏通“微循环”，提高路网运行效率。

二、持续深化铁路运输供给侧结构性改革，不断提高发展质量和效益

铁路企业落实高质量发展要求，必须持续深化供给侧结构性改革，继续深化运输服务创新，实现社会效益和经营效益最大化。

(一)以“让旅客体验更美好”为目标,推进客运服务创新

客运硬件设施改造升级方面,以创新服务手段、提升服务理念、改善服务体验为目标,建成临沂、高密、潍坊、淄博、章丘等站客运设施改造工程,推进济南、泰山等地市级和部分县城级车站客运设施提升改造。客运市场经营方面,围绕旅客出行需求,提升服务品质,拓展客运市场。依托客运大数据支撑,优化客车开行方案,推行周“4+3”开行组织模式,增加客运有效供给。推行城际列车“公交化”开行,促进管内客流增长。客运服务创新方面,完善高铁互联网订餐,动车组在线选座,智能验票进站,中转接续换乘,大站智能导航,购票微信支付、支付宝支付,打造客运特色服务。

(二)坚持以市场为导向,以效益为中心,推进货运服务创新

一是坚持“抓港口,稳大宗,增白货”,灵活运用价格政策,推进各种交通方式融合发展。深化与日照、青岛、烟台三大港口合作,提高铁路疏港和辐射能力,稳定扩大大宗运量。二是创新货运产品,推进集装箱、商品车和冷链运输,拓展海铁联运,开行跨局、跨境货物班列和管内循环班列,掌控市场资源,提升货运市场占有率。三是积极推行货票电子化。取消手工填记、纸质传递,采用电子格式传递的方式,实现数据共享、全程管控,适应国内物流“一单制”的运输需求。在减少作业结合部和作业差错同时,还能提高工作人员的工作效率和服务质量,推动公路、水运、航空等运输方式信息共享。四是积极探索“高铁+快递业”如何发展。通过连续三年实施的高铁“双十一”快件运输试点,探索适合高铁快运高附加值的运输结构;探索和其他运输企业优势互补的合作模式;探索高铁快运中安全管理、运输衔接的经营管理方式。积极借鉴上海局集团公司的经验和做法,推动济南铁路局和省内快递业融合发展,发挥公路、铁路各自优势,扬长避短,降低社会物流成本。

(三)延伸客运服务链条,做强“齐鲁大动脉”文化品牌,助推山东“精品旅游产业”

新旧动能转换包括建设精品旅游产业。就是通过创新旅游发展机制,推动旅游业与农业、工业、教育、文化、体育、城乡建设以及上下游产业融合发展;扩大高质量、个性化旅游精品供给,完善旅游服务体系;积极创建全域旅游示范省。济南局集团公司要找准定位,精准发力,主动融入,助推精品旅游

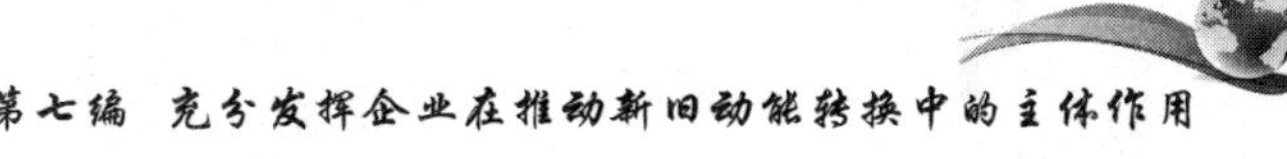

产业。一是做强做大“齐鲁大动脉”文化品牌，全面提升“好客山东”品牌价值和影响力。目前，济南局集团公司已经形成了“海之情”“阳光家园”“儒苑”“多彩旅程”等服务品牌和经营品牌。其中，“海之情”“阳光家园”荣获中国驰名商标。铁路企业应持续加强品牌创建，打造服务靓丽名片，为进一步提升“好客山东”品牌价值和影响力。二是延伸客运服务链条，做优做强商旅服务，推进“高铁网＋物联网”建设，推动山东旅游产业转型升级。大力推进高铁站信息化、智能化建设，提升旅客体验。行，有站内精准导航系统，通过安装手机“齐鲁大动脉”或“12306”APP，实现方便快捷的站内导航；购，有无人超市；坐，有共享按摩座椅；游，有高铁＋共享汽车、VR＋旅游。通过VR＋旅游的方式，直接向旅客展示景点、酒店、餐饮、购物等旅行信息，使旅客获得“未去先知、身临其境”体验。三是发挥高铁成网优势，拓展高铁旅游市场。高铁网与旅游圈之间有一种天然的默契。高铁网的布局使沿线城市的距离大大缩短，同城效应增强，城市之间的休闲活动更加密集，以高铁网为依托的“高铁休闲圈”形成后，城市游憩的范围也不再局限于城市内部和城市郊区，而是扩大到高铁所连接的区域城市。因此，打造“一程多站”旅游项目成为旅游市场的新亮点。随着2018年底350公里时速济青高铁的开行，要积极引进“复兴号”，与全国铁路“复兴号”战略对接，扩大高铁旅游和“好客山东”品牌效应。

三、加快形成铁路企业市场化运行的体制机制，激发市场主体活力和内生动力

要适应铁路行业设备联动、作业联劳、管理联系的特点，围绕建立现代国铁企业经营管理体制，推动各方面改革创新，推动铁路运输企业成为自主经营、自负盈亏、自担风险、自我约束、自我发展的市场主体。

（一）加快构建公司制运行机制

按照铁路总公司关于公司制改革“三步走”目标，进一步厘清铁路总公司和铁路局集团公司的管理关系，明确权责，全面确立铁路局集团公司市场主体地位。当前，铁路局集团公司已经形成了党委会、董事会、监事会、经理层新的“三会一层”法人治理结构。下一步，按照“两个一以贯之”的要求，推进

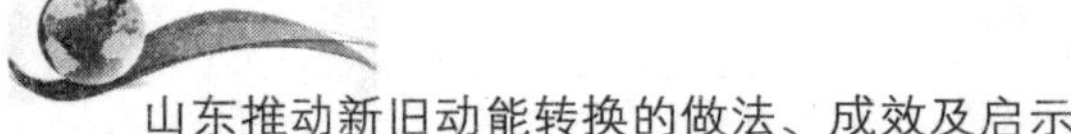

公司制改革后企业治理工作创新，健全公司法人治理结构，规范运作形式。推进以公司章程为核心的管理制度体系建设，完善企业内部治理体系和国有资产监管体系。继续加强公司治理的探索与实践，规范各治理主体的权责边界，完善各项议事规则，尽快形成各司其职、各负其责、协调运转、有效制衡的运行机制。

（二）实现管理制度体系建设新转变

公司制是现代企业制度的有效组织形式，是建立中国特色现代国有企业制度的必要条件。公司制改革不仅仅是换名字、换牌子、换印章，关键在于制度体系的完善和重构，要积极推进现行管理制度的“立、改、废”工作，以公司章程为核心，以“三会一层”议事规则和职工代表大会制度为基础，积极构建以市场为导向、以效益为中心的管理制度体系。不断修订和完善集团公司“三重一大”事项决策实施细则，进一步规范决策行为，防范决策风险；以“安全、质量、效率、效益”为重点，研究建立符合市场化经营需要的考核评价体系，充分调动全员安全生产、经营创效的积极性。

（三）深化非运输企业改革

按照专业化、规模化、网络化的原则，深入推进非运输企业公司制改革和重组整合工作，建立科学合理的考核评价体系和经营激励机制，推动非运输企业经营资源配置优化、经营管理规范化。以骨干非运输企业为重点，整合相关资源，开展资本运营，提高非运输企业经营发展水平。

（四）积极稳妥推进“三项制度”改革

干部人事制度、用工和收入分配制度等三项制度改革是构建面向市场的经营机制的重要制度创新。按照《关于改革国有企业工资决定机制的意见》相关规定，加快建立健全与劳动力市场基本适应、与企业经济效益和劳动生产率挂钩考核的劳动用工和收入分配制度，真正做到管理人员能上能下，使各类优秀人才能够脱颖而出；员工能够能进能出，使用工更加规范灵活；收入能增能减，使劳动创造财富得到有效的体现，充分激发企业的经营活力。

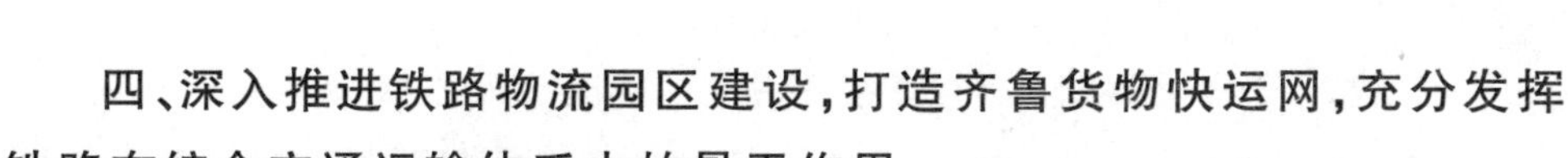

四、深入推进铁路物流园区建设，打造齐鲁货物快运网，充分发挥铁路在综合交通运输体系中的骨干作用

按照山东省新旧动能转换制度安排，要实现济南、青岛、烟台“三核引领”，先行先试、率先突破、辐射带动，为全省新旧动能转换工作树立标杆。济南局集团公司要为实现“三核引领”服务，不断提高市场份额，降低社会物流成本，为新旧动能转换的产业集群减负，通过生产资料配送直接为高新企业服务。

（一）加强疏港能力建设，充分发挥海上大通道优势和沿海区位优势

一是加强海铁联运系统配套暨疏港铁路技术研究，创新货运产品，拓展海铁多式联运，提升货运市场占有率。二是加快推进专用线进园进厂进港，建成阳信魏桥铝业、邹平等专用线，强力推进青岛港前湾集装箱港区铁路建设，积极推进其他效益好的专用线建设，解决“最后一公里”，扩大货运有效供给，推进货运由公路向铁路转移。三是加快黄岛物流基地综合开发，确保黄岛集装箱作业区按期建成投产。四是积极配合济南国际内陆港建设。济南国际内陆港的目标定位为国家铁路一类口岸，要建成中欧班列区域集结中心、多式联运海关监管中心、区域性综合保税陆港、高端生产性服务业集聚区。济南国际内陆港建设是铁路发展的一次大好机遇，也是发挥铁路优势，助力新旧动能转换的重要载体和支撑。

（二）强力推进物流基地建设，与新旧动能转换总体布局相配套

近年来，济南局集团公司在济南、青岛、临沂、齐河等全省 17 个地市规划布局建设了 23 个铁路物流基地，截至 2017 年年底，15 个铁路物流基地已建成投产，8 个铁路物流基地正在高标准建设推进。下一步要在深度开发上下功夫，打造成服务引流上线、多式联运并举、具有铁路特色的内陆港，更好地服务于铁路货运向现代物流转型。济南新旧动能转换要形成“一体两翼”格局，其中，齐河被规划为“西翼”。齐河铁路物流基地位居“西翼”，是一级铁路物流基地，2016 年 9 月开建，2017 年 12 月开通运营。该基地位于山东省省会经济圈以及国家规划的“东部沿海南北物流通道”与“东部沿海至西北地区物流通道”交汇点，占地 4603 亩，在济南枢纽晏城北站接轨。做实做精做强齐河物流基地，有助于形成齐河“西翼”发展新格局。

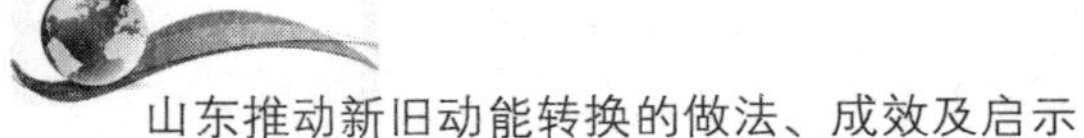

(三)打造齐鲁货物快运网,直接服务企业发展

2014 年首次开行的“齐鲁货物快运”列车,建成了东环、西 1 环、西 2 环和中环四条环线,环线总里程达到 3610 公里,覆盖全省 17 个地市,能够确保省内货物本环 24 小时、跨环 48 小时内到达。以济南(济西站)为中心,分别开行东环、中环、西环列车。东环线列车沿京沪、胶济、蓝烟、胶黄、张东线运行,联通鲁中和半岛沿海区域;中环线列车沿京沪、兖石、东平、磁莱线运行,联通鲁中、鲁南区域;西环 1 线、2 线列车分别沿京沪、胶济、张东、辛泰、新兖、京九、邯济线运行,联通鲁北、鲁中、鲁西和鲁西南区域。实施货运列车“客车化”开行,采取“五固定”(固定车次、固定编组、固定运行区段、固定机车牵引、固定站台作业)方式,以最高每小时 120 公里的时速运行,大幅压缩运输时间,保障货物按时接取送达。下一步要不断完善齐鲁货物快运网,创新服务方式,做好山东省域内企业生产资料运输,为企业降低物流成本,进一步提高增加值服务比重,为高新企业发展提高运输保障。

(四)整合中亚、中欧班列资源,助推国家“一带一路”建设

济南局集团公司管内已经开通了“临满欧—临沂号”“滨新欧—滨州号”“青岛号”国际货运班列,济南—莫斯科中欧班列,“青岛号”中亚班列等班列,大力支持和配合国家“一带一路”建设,取得不错的效果。但是,也要看到班列运行存在的资源分散、多头管理、回空占比高、信息化“孤岛”等问题。下一步要整合中亚、中欧班列资源,实现效率效益最大化。一是要重点扶持有利于发挥青岛“桥头堡”作用的班列;二是要依托物流园区,做实做强班列资源;三是加大信息化建设力度,整合市场资源,实现效率效益最大化。

第二十章

胜利油田推动采油管理区生产信息化建设的做法、成效及启示

胜利油田采油管理区运用以生产信息化为主要内容的信息技术于采油生产全过程之中，优化了劳动组织架构，减少了用工总量，转变了油气生产管理机制，降低了劳动强度和环保风险，提高了油气生产效率，达到了低成本开发的目的，为采油管理区转型发展提供了新的动力，初步探索出了一条推动采油管理区新旧动能转换、实现高质量发展的途径。

第一节　胜利油田采油管理区生产信息化建设的历程

胜利油田采油管理区生产信息化建设，是指胜利油田利用信息技术，通过对采油管理区生产信息资源的开发利用和交流共享，为油气生产及其管理活动提供信息技术支撑，发挥员工的智能潜力，挖掘油田物质潜力，提高油气生产能力与效益，使员工行为、组织决策和生产运行趋于合理化的理想状态及其持续的过程。

2012 年 2 月 25 日，胜利油田召开了“标准化设计，模块化建设”专题讨论会，提出要在油田全面开展新“四化”即“标准化设计，模块化建设，规模化采购，信息化提升”建设工作，并就开展基础调查、研究制定方案、建设示范工

程、严格运行管理、加强组织领导等方面提出了五项具体要求。2012 年 6 月 5 日，胜利油田正式启动了以生产指挥系统为平台，以数字化、可视化为基础的新“四化”建设。2014 年经过近两年的艰苦细致的工作，在油田新“四化”领导小组的高度重视和坚强领导下，在项目组、专家组以及示范区建设单位全体同志的共同努力下，新“四化”建设取得了显著成效。

胜利油田采油管理区依托生产指挥系统(Production Control System，简称 PCS)，按照“实时监控，远程管控，平台化集成，专业化管理”的工作目标，坚持“系统唯一，数据共享，三级平台，分散控制，立体穿透，管理透明，技术一流，稳定安全”的顶层设计，统一认证，统一标准，统一技术，统一风格，整合集成，成为服务胜利油田分公司、采油厂、管理区三级生产指挥需要的信息平台。

通过依托生产指挥系统整合现有信息化系统，满足管理区开发生产、技术分析、经营管理、量化考核等业务管理需求，全方位提升生产经营管理水平。为实现原油生产由传统模式向“扁平化架构、科学化决策、市场化运行、专业化管理、社会化服务、效益化考核、信息化提升”新型采油管理区转变创造了条件。

胜利油田采油管理区生产指挥系统实现了“人、机、网”一体化运行，是国内领先的油气生产指挥系统，支撑全面感知、实时管控、层层穿透、超前预警、智能分析、单兵指挥的管理需求，发挥了生产信息化建设最大效能，支撑着公司机制建设，为胜利油田新型采油管理区提供了基础保障。采油管理区生产指挥系统的主体是胜利油田分公司、采油厂、管理区三个层级的生产指挥平台，从功能上看有六大模块即生产监控、报警预警、生产动态、调度运行、生产管理、应急处置，从组织结构看是一套系统平台，它们相互联系，共同构成了“三六一”组合。通过自动化和远程调控，以有效防范安全环保风险为底线，以全天候的生产全过程的立体化、透明化、实时化、精准化、智能化管理为手段，实现了油气开发效益最大化。

胜利油田采油管理区生产指挥系统是不断集思广益而逐步完善形成的，通过转变采油生产管理区的机制体制及其与新技术的融合，形成了一套自成体系的技术解决思路，在系统开发中逐步得以体现和稳固，在示范区应用和后续几个老区改造项目中，充分吸收了生产管理、业务分析等专业人员的建议，按照有关领导和专家的要求，历时近两年时间而完成并投入使用。

第二节 胜利油田推动采油管理区生产信息化建设的做法

胜利油田在推动采油管理区生产信息化建设中创新架构设计，努力实现产业智慧化。

一、生产监控

以现场自动化采集数据和组态成果为基础，按采油、注水、集输分专业方式进行功能组织，实现井、站库、设备等各类现场设施的实时信息监控。辅助管理区人员全面了解现场运行情况。

（一）采油监控

主要包括油井、计量站及视频相关监控功能。重点面向管理区一级部署方式，初步实现了抽油机井的综合监控集成。集成视频、曲线、基本生产参数、链接信息及报警信息。数据计算指标以班次数据为主汇总统计，综合展现单井整体运行情况。计量站监控重点依托数据层组态 WEB 发布，通过流程图形式综合展示站库内部工艺流程，实时展现设备运行参数。在功能扩展方面，增加视频、曲线、指标、报警集成的综合监控功能，辅助管理区全面监控站库整体运行情况。实时参数重点展示单井最新采集的实时数据，通过穿透展现单井历史数据采集情况。在展示方式上需要优化展示控件，支持指标的自定义选择，分表头排序等功能，方便分析单井异常指标检查采集错误数据。

（二）注水监控

以注水站、配上间监控为主。通过将数据层组态图集成，以流程图形式实时展示站库内工艺流程及设备实时运行参数，通过参数关联分析参数变化趋势。在功能上实现视频、设备信息、指标曲线、报警信息的集成，综合展示站库运行情况。

(三)集输监控

集成联合站、接转站的数据层工艺组态图,以流程图形式展示站库设备运行情况。

(四)巡护监控

以现有车辆监控系统为基础,结合地理信息系统实现,车辆的定位及轨迹回放,监控车辆运行情况。为保证实施单位不同图层支持,扩展地理图层配置管理功能,实现功能的快速切换支持。

(五)自控设备监控

以工控系统发布的组态界面为基础,综合展示单井设备在线运行情况。

二、报警预警

系统整体按采油、注水、集输分专业方式进行组织。实现分岗位报警的推送处置、阈值查询、报警记录查询功能。

(一)报警处置

以管理区日常交接班数据为基础,通过功能授权,实现报警的分单位推送。在岗人员根据专业分工实现本岗位的油、水井相关报警处置。

(二)报警阈值

以工控系统现有的报警阈值设置为基础,通过组态界面集成形式,展示油水井相关仪表及参数的阈值信息,方便相关领导掌握现场报警设置是否合理,为实现报警阈值信息的全面查询及后期的指标关联应用。

(三)报警查询

按采油、注水、集输分专业方式进行报警分类。实现分单位、分阶段、分类别、分状态、分原因、按报警点等多条件报警信息查询,关联查看报警处置情况。

三、生产动态

按采油、注水、集输分专业方式进行功能组织。以自动化采集数据、数据中心数据为基础,实现各专业生产动态指标的汇总统计,辅助管理区全面掌握生产运行态势。

(一)采油动态

以油井自动化采集数据为基础,通过系统数据处理,实现日常班报、监控日报的自动汇总生成,结合现有数据资源,实现开关井动态信息查询。

(二)注水动态

通过对水井、配水阀组、注水站库相关的泵、储罐等设备实时数据汇总,实现水井班报、日报,注水站监控日报、注水泵运行班报的自动汇总生成。

(三)作业施工

以作业队日常的作业施工数据为基础,实现管理区分单位、分日期的施工信息查询,按工序进行施工信息汇总,实现管理区日常的作业监督信息上报,跟踪作业监督情况。

(四)新井运行

以钻井队日常的钻井施工记录为数据基础,实现正钻井和历史钻井的施工进展信息查询。

(五)用电动态

以数据中心数据为基础,实现油井、注水井、注水泵站、集输相关的联合站/结转站等站库的机采、注水、集输分专业日度用电统计。

四、调度运行

面向采油管理区运行管理岗位,实现生产指挥中心调度与采油厂运行岗位间的日常任务落实、问题上报、事件跟踪等,实现多岗位的协同联动运行。

(一)重点工作

建立工作安排、进度上报、进度汇总和工作发布查询的运行流程。管理区可以接收采油厂安排的各项任务,定时汇报任务落实进度,采油厂可以汇总跟踪,实现多单位的进度跟踪。

(二)调度日志

基于管理区一级部署,实现管理区日常的异常事件登记,工作的安排反馈。跟踪事件签收、处置落实全过程,实现管理区内部的值班记录运行。

(三)生产会议

建立会议纪要运行机制,实现从汇报栏目定义,下级单位工作上报、责任单位纪要汇总到会后编辑发布的纪要运行流程，辅助生产会议标准化运行。

（四）拉油管理

以示范区业务运行流程为基础，根据拉油运行岗位设置，实现试采队、管理区的拉油车辆、拉油井数据上报，统计各单位拉油运行情况。

五、生产管理

重点面向管理区技术管理及日常现场操作岗，实现各专业的技术指标统计分析和日常现场操作维护管理工作，跟踪分析施工效果，指导日常维护措施。

（一）采油管理

以自动化数据为基础，实现油井生产相关的泵效、系统效率、平衡率等技术指标自动统计，建立管理区日常的平衡调整、调参、清防蜡等基本的施工记录登记。

（二）注水管理

根据水井、注水站自动化采集数据，重点实现水井的超欠注指标统计和注水加药记录管理。

（三）开发管理

以油水井审核后有效数据为基础，实现油井阶段对比、水井阶段对比，辅助分析产量变化原因。汇总统计对应单井动液面测试情况，实现油水井月度指标统计等。

六、应急处置

重点实现管理区现有的应急通讯、应急预案、应急案例等资料信息上报及展示。

第三节　胜利油田采油管理区生产信息化建设的重要作用

推进采油管理区生产信息化建设，形成了以生产指挥中心为枢纽的信息化条件下的生产运行、风险管控、应急处置、跟踪评价等全过程的综合管控，推动了油气生产由相对的粗放型、经验型向数字型、精细型转变，由分散型管理向“管控一体化”转变，实现了油气生产参数实时全采集、源头数据自动入库、关键节点远程控制，共享不同信息系统的成果数据，实现一次录入、一套数据、一个平台的应用目标。生产信息化技术的应用使关键技术、劳动岗位、质量效益以及安全生产等内容紧密结合，促进了公司管理模式建设、提质增效、统筹资源配置、优化组织结构、深化绩效考核、焕发油田生机、转变发展方式，助力胜利油田新旧动能接续转换，走上高质量发展道路的目标。

一、释放管理体制活力，大力精简管理层级

优化劳动组织形式，实施“示范区—管理站”的扁平化管理模式，建立起“电子巡井，人工巡线，中心值守，应急联动”的新型生产组织形式。在机构整合上，坚持全员引导先行、全方位超前介入、全过程跟进指导的“三全”理念，以“一体化”为导向，对管理区“三室一中心”即综合管理室、经营管理室、技术管理室和生产指挥中心的 56 项业务进行优化，按照精简高效原则对专业化班组进行整合。

二、更新生产运行方式，提高注采管控效率

一是中心“一体化”管控。所有生产信息由指挥中心统一发布指令，依托信息化平台功能，发挥采油、注水管控的核心作用，组织生产“一体化”运行，所有问题处置实现“销项管理”，一般问题实现“单兵指挥”。二是搭建 QQ 工作群，实现计划运行无缝衔接。管理区与注采站通过便捷的移动端平台完成了运行无缝对接，畅通生产运行渠道，缩短运行流程。利用 QQ 群组实时信息交流、文件共享等功能，实现了实时反馈及移动学习，生产过程高效运行。三是以指挥平台发现问题为起点，把综合管控分析后指挥处置、现场施工、效果跟踪作为销项管理节点，实现问题处置由发起到跟踪完成的销项管理模式。滨南采油厂滨五管理区自平台运行以来累计故障处置 664 井次，减少原油损失 2358 吨。

三、改善劳动组织形式，减轻员工工作压力

一是以信息化为手段，打破"坐班守站"传统劳动组织形式，取消计量站夜班，建立了指挥中心一体化管控、注采切块维护保养、区域划片联动巡护的新型劳动组织形式，实现了部分蓝领工人白领化的目标。采油工手持移动终端分布在生产现场的各个点位上，如果出现异常情况，注采管控人员通过GIS地图选择最近的巡检员工，通过互联互通的移动终端实现指令直达，显现工作量化考核。二是按照新型管理区建设要求，突出价值引领，对管理区岗位职责重新定位，以管理手册、责任清单等形式固定下来，实现了责任的制度化、流程化、表单化。三是对注采班组管网流程、设备设施维护等管理职能细化为8大类21小项，对资料化验班组职责细化为5大类13小项。

四、优化生产流程参数，增加管理经济效益

通过生产信息化建设及其数据的应用，管理区各项技术管理指标提升显著。实现了技术管理指标"三升一降"，机采系统效率、采油时率、工况合格率都有明显提升，躺井率降低。一是实施权重分值评价，节省物料消耗，提高经济效益，实现降本增效。结合油藏特征和流体性质，根据信息化采集载荷、电流、回压、产量等数据，采取"权重分值法"动态评价并调整清防蜡工作，打破固定热洗加药周期，有效改善井筒环境。滨南采油厂滨五管理区累计应用1008井次，平均热洗周期延长15天。节约热洗车8套/月，实现了降本增效。二是温压管控措施，促进系统平稳运行。通过信息化平台实现21个计量站点的实时数据监控，实现3大类9项实时数据的自动采集。通过单井、计量站干压、温度等数据评价，监控单井、系统运行状况，制定相应措施保障平稳运行。三是员工工作过程透明化，工作任务在视频监控中完成，现场操作与远程监控的结合，提高了现场操作员工的积极性、责任感。

五、用工总量持续递减，劳动效率大幅提升

现河采油厂郝现采油管理区用工总量有2015年372人减少到2017年的275人，年人均油气当量由384.8吨增至557.6吨，提升了44.9%。滨南

采油厂滨五管理区，人员由364人优化到255人，年人均油气当量由421吨增至601吨，提升了42.7%。一是注水站实行“无人值守”。依托信息化平台建设，实现生产数据自动采集、视频无缝隙覆盖、实时故障报警响应等目标。滨五采油管理区通过实施新型劳动组织形式，班组人员减至4人，负责泵的日常维护和三标管理。新模式降低了劳动强度，减少职业病损害，优化利用人力资源。二是区域划片联动巡护。按照电子巡检最大化，人工巡检最小化的原则，以温压管控体系为抓手，对管理区计量站、油水井及管线进行梳理，减少人工巡检节点1567个，建立了3个护卫高效巡护圈，进一步加强电子巡检和护卫巡护联动，无缝隙保障生产。注采一站油水井巡检节点为239个，信息化平台视频监控覆盖160个节点，人工巡检79个节点，运行5分钟应急响应机制，由生产指挥中心统一下达指令。

六、完善油藏经营机制，增强创新创效能力

一是通过生产信息化平台应用，技术管理团队整合优化，一体化技术分析决策机制有效实施，管理区油藏经营能力显著提升。2017年，滨南采油厂滨五管理区完成利润1420万元，累计考核利润超906万元，达到年度绩效的111.1%。二是借助信息化平台分析电量参数，生产指挥中心安排实施并实时提供数据变化指导平衡调整，累计实施调平衡237井次，日节电量731度，功率平衡率从30.2%提高至目前64.5%。三是参数优化评价，节能降耗效益最大。借助生产信息化平台对生产状况监控和工况分析，重点对供液不足井实施油井动态间开措施，以小时为单位对目标油井实施动态开停，实时摸索开井规律控制生产压差，改善地层供液及油井工况，提高技术指标与生产效益。

第四节 进一步强化胜利油田采油管理区生产信息化建设

胜利油田采油管理区的生产信息化建设的核心目标是坚持工业化与信

息化的融合,以标准化提升信息化,在数字化建设的基础上,向智能化方向迈进,全面支撑油公司建设,助力新型采油管理区的提质增效与转型升级。要实现核心目标,必须进一步加强生产信息化基础工作和管理体系建设,完善生产信息化运行机制,提高生产信息化建设的规范化和科学化管理水平。

一、生产信息化硬件的优化

1. 在生产监控方面:一是对电泵井、螺杆泵井等其他采油方式井进行扩展。二是在集成内容上扩展油井启井数据、分采油方式的图标的优化等功能。三是根据实施单位自控采集情况,保证通用性,实现展性组件的定制显示功能,指标统计方面需优化成实时统计方式,保证各功能数据指标的更新实时性和指标统一。四是在监控功能上需基于视频、曲线、指标、报警等综合信息,实现站库整体监控。五是扩展设备的运行监控信息。六是对自控设备信息进行数据层面集成,实现单井相关仪表的档案信息、在线情况、运行时间、电池情况的综合监控应用。

2. 在报警预警方面:一是报警信息要实现到角色、到人员的报警处置推送。对规模大的单位分工处置,规模小的单位一岗统一处置。通过配置管理实现推广实施定制。二是对报警信息进行数据集成,实现使能、阈值相关的设置人、时间、值数据综合查询。三是通过报警点穿透,辅助管理人员分析相关参数变化趋势,分析报警原因。

3. 在生产动态方面:一是扩展待作业井施工信息,实现待作业井施工各关节点的登记管理。以日常施工记录,实现分管理措施的施工工作量统计。二是根据自动化投产情况,以自控数据为基础,通过井、设备基础数据实现分专业、分单位、分站库的多类别耗电统计。三是通过扩展钻前、投产、试油等功能,实现全面的新井运行管理。

4. 在调度运行方面:一是根据分级部署需求,在功能建设上实现厂区间的调度信息互联,支持事件的多级联动处置。二是根据拉油车辆和拉油井数据采集范围,进行通用化改造设计,支持实施单位多运行模式的需要。

5. 在生产管理方面:一是结合岗位分工,建立对工作安排、工作记录、效果跟踪、指标分析的岗位流程管理,为工作量统计和指标分析提供基础。二

是根据注水站外输泵组运行及注水管网运行压力等参数，实现系统效率统计管理。

6. 在应急处置方面：要扩展应急物资、应急专家、应急队伍等信息管理，实现应急专家与应急案例、应急物资与应急案例等信息的关联查询，实现应急资源的集成展示。

二、生产信息化软件的完善

1. 建设生产信息化管理流程。在认真总结梳理油田生产信息化建设现行做法的基础上，进一步明确各节点的责任部门和单位，明确考核指标，对流程做进一步的修改完善。按照生产信息化管理实现程序化、规范化、科学化的基本要求，结合信息化的重点任务，丰富油田生产信息化建设管理办法。

2. 提高智能管理分析决策水平。一是在单元目标管理方面，以挖掘措施潜力为目的，集成和完善开发动态分析功能，结合实时数据综合运用地质研究成果、数模成果、油藏监测成果，辅助用户进行单井、井组、单元动态分析，优选措施目标和措施方向，实现信息化条件下单元目标管理。二是在智能油藏分析方面，围绕生产信息化的数据，按照“大数据，小场景，快见效，高可用”的原则，由点到面，逐步实现智能油藏建设，最终提升采收率，降低成本。三是在地面设施优化决策方面，关联分析管网、电网的事件信息，综合应用位置、影响产量、污染面积、分类（腐蚀、破坏等）等要素，超前预警并辅助地面设施改造方案决策。

3. 推动生产指挥中心与现场同步运行。协同中心管控辐射，增强信息交互。实现现场情况及时反馈，整改过程实时跟踪，增强指挥中心与生产现场的互动交互能力，打通生产指挥最后一公里，向员工应用延伸，提升巡检质量。实现生产指令直接传达到岗位、单兵，实时交互运行信息，提高运行响应速度，提升运行协调能力和现场巡检质量。管理实现贴身，掌握动态及时。面向分公司、采油厂、管理区三级管理层用户，实现用户关注信息的高效查询、必要生产指令的下达，增强掌控生产动态的能力，扩展运行管理的方式。

4. 实现油藏经营效益最大化。建立一套油藏经济评价流程，实现油藏整个开发过程的效益评价，做到事前预测、过程跟踪以及事后分析，支撑油藏经营决策分析，实现利润效益最大化。完善以经济效益为主的预算新机制，以管理区为中心的“一站式”生产协调机制，以指挥中心为核心的“闭环式”综合管控机制。增强即时性，使信息接收随意化，不受时间、地点、空间的限制，降低繁琐性，使人人都可以操作。

5.提升生产指挥系统功能。完善超前预警与分析模型，结合采油、注水、注汽、油气集输等精细化管理需求，深化生产指挥系统智能化分析、诊断、报警预警等功能。完善电泵、螺杆泵工况自动诊断功能，加强能耗智能分析和数据采集系统优化。开展自动化、信息化系统的智能化提升工作，为超前预警、超前优化、超前处置、实现生产全过程最优化运行及精细化管理创造条件。

6.加强生产信息数据库建设。按照油田信息化示范区项目建设流程，不断完善信息化资料的整理工作，尽快完成油田信息化项目编码的编制，不断完善编码体系。利用信息化建设中已取得成果，依托现有专业软件及工作流程，确保数据有效关联和互动，使信息化成果库支撑整个信息化管理流程网络化运行。

第五节　胜利油田推动采油管理区生产信息化建设的启示

胜利油田采油管理区以生产信息化为依托的新“四化”即“标准化设计、模块化建设、规模化采购、信息化提升”建设不断推进，使生产信息技术成为促进胜利油田采油管理区发展的新动力，渗透到采油生产全过程，融入到采油生产管理的各环节。生产指挥系统通过对自动采集的温度、压力、电参、功图、流量等6大类83项生产参数的全过程监控和实时优化调整，油井管理水平大幅提高，探索出了油气生产的高效、优化、超前、精准、精细、效益和安全运行管理模式，从过去的汗水驱动转变到新型的智慧驱动。通过对胜利油田采油管理区生产信息化建设的调查研究，可得出胜利油田采油管理区的生产信息化建设的以下四点启示：

一、做好整体规划是关键

生产信息化必须有个系统的顶层设计，结合胜利油田采油生产实际，有针对性、有侧重地进行信息化建设。必须将采油管理区实际业务与生产信息化紧密结合，根据实际发展需求来确定信息化的内容，根据信息化的发展来促进生产业务的进步，促进信息化和生产规划的结合。进行生产信息化建设，一是确立信息化建设的总体目标和整体规划，使后续的实际运行工作有所追求、有所遵循。做好胜利油田采油管理区新旧动能转换，必须立足发展阶段和实际情况加强系统谋划，在深入调查研究、深刻认识和把握规律的基础上，找到重要的突破口和关键领域，积极作为、动态调整，缩短转换的阵痛期，确保推进转换不走样、不出现重大偏差，实现新旧动能顺利衔接、有序转换。二是制定生产信息化的阶段性目标，结合胜利油田采油管理区的现状，划分出信息化的阶段目标分别实施，围绕着整体规划和阶段目标，渐进地推进信息化建设，实现技术和应用的不断升级。三是生产信息化建设要统一标准、统一规范、统一平台、整体推进。

二、维护信息安全是核心

胜利油田采油管理区所使用的信息技术的大多数都是从外部引进的，这在信息安全方面是一个不可回避的重大问题。一是保障网络工程等基础设施，保障网络安全稳定运行。完善综合网络管理系统，全面提升网络管理维护水平，加强重要网络机房安全系统建设，保证机房设备安全，确保胜利油田生产、经营、管理数据安全。优化网络资源配置，更新老化的网络设备，提升网络运行效率，提高网络安全可靠性。二是加大技术开发与创新力度。在学习和使用国外先进技术的同时，结合自身的发展情况进行技术的研发与消化吸收攻关，确保核心业务的不断进步和竞争力的提高。三是建立健全数据备份系统、信息预报、信息预警、应急预案等应急响应机制，防止技术依赖带来的损失。

三、实现数据共享是保障

一是加强数据的挖掘使用。随着胜利油田采油管理区生产信息化建设的不断推进,积累了大量的软硬件、数据信息与人才等资源,但这些信息资源的利用效率和利用水平仍然较低。生产信息化的重心是对信息资源的充分开发和有效利用,所以建设过程中要十分重视对信息资源的综合集成,包括内部资源的优化集成,包括硬件与软件的集成、软件之间的集成、软件与生产流程的集成、信息体系与管理体系的集成等,将这些信息有机地组织起来,打造成胜利油田的核心竞争力。二是加强数据的共享使用。生产信息化建设保障了数据采集的及时性和信息传递的透明性、一致性,在此基础上,应该建立信息数据综合处理中心,更好地实现数据分析与数据共享,发挥数据的最大效用。

四、建设运维队伍是根本

胜利油田生产信息化建设少不了人才的支撑,推进企业信息化,人才是根本。随着生产信息化建设的深入,胜利油田采油管理区生产信息化工作重点由建设为主转变为应用为主,工作方式由技术服务型转变为更加突出管理协调职能,工作要求从单一的技术层面转变为技术、管理、服务一体化的综合层面。这些变化给运维队伍建设提出了新的更高的要求。因此,应着力建立生产信息应用、管理及运行维护三支队伍,尤其是培养一大批热心于生产信息化建设,既懂油田勘探开发业务、又懂现代信息技术,还具有先进管理理念的复合型人才,是推进生产信息化建设的当务之急。无论是自己培养人才还是外部引进人才,要建立与生产信息化相适应的用人激励机制,调动其创新性工作的积极性,形成尊重知识、尊重人才、尊重创造的良好氛围,解决人才进不来、留不住、用不好的问题。

第八编

山东新旧动能转换的方向、问题及对策

第二十一章

山东新旧动能转换的方向、载体与路径

2018 年 1 月 3 日，国务院正式批复了《山东新旧动能转换综合试验区建设总体方案》。这是党的十九大后获批的首个区域性国家发展战略，也是我国第一个以新旧动能转换为主题的区域发展战略。2018 年 2 月 22 日，中共山东省委书记刘家义在山东省全面展开新旧动能转换重大工程动员大会上的讲话指出，建设新旧动能转换综合试验区，是在我国改革开放 40 周年的关键节点上，党中央交给我省的重大政治责任和必须完成好的重大政治任务。本章着重阐述山东新旧动能转换向哪里转、在哪里转、从哪里转等三个关键问题，提出贯彻落实新发展理念，引领山东新旧动能转换的正确方向；建设现代化经济体系，构建新旧动能转换的重要载体；以十强产业作为路径选择，以解放思想、创新驱动、改革开放、补齐短板作为着力点。

第一节　贯彻落实新发展理念，引领山东新旧动能转换的正确方向

新旧动能转换向哪里转？必须坚定不移贯彻落实新发展理念，准确把握山东新旧动能转换的灵魂和方向，这是引领山东新旧动能转换向哪里转的问题。

一、创新引领新旧动能转换

创新是引领发展的第一动力，是建设现代化经济体系的战略支撑，也是新旧动能转换的重要方向引领。从理念创新、科技创新、制度创新到跨界融合、商业模式创新、产品创新等一系列创新，能够催生新的产品，开辟新的市场；能够形成新的产业及其产业集群；能够催生新的业态及新的商业模式；能够使产业链由底端加快向中高端迈进，使价值链由底端加快向中高端提升；能够使传统产业加快向现代产业转型升级，等等。贯彻创新发展理念，就是让创新要素在经济发展的全领域、全过程、各层面、各环节充分发挥引领发展的第一动力作用，从而引领新旧动能加快转换。

山东在大力实施新旧动能转换重大工程中，必须以创新驱动为引领，把创新摆在发展全局的核心位置，塑造更多依靠创新驱动、更多发挥先发优势的引领型发展。要以理念的创新为先导，积极引领技术创新、制度创新以及其他各方面的创新。新旧动能转换的中心任务是通过发展新技术、新产业、新业态、新模式，促进产业智慧化、智慧产业化、跨界融合化、品牌高端化，实现传统产业提质效、新兴产业提规模、跨界融合提潜能、品牌高端提价值。要以知识、技术、信息、数据等新生产要素为支撑，加快新旧动能转换关键共性技术、前沿引领技术、现代工程技术、颠覆性技术创新，推进创新链、产业链、资金链融合发展。强化创新人才支撑，牢固树立人才第一资源理念，为新旧动能转换提供人才保障。大力推进制度管理创新，深化科技体制改革，加快推动政府职能从研发管理向创新服务转变，深化行政审批制度、商事制度改革，打造一流营商环境，让一切创新创业源泉在齐鲁大地充分涌流，为新旧动能转换提供可靠的制度保障。

二、协调引领新旧动能转换

协调发展是发展平衡和不平衡的统一，是发展短板和潜力的统一，是经济发展形成合力的重要源泉，是加快新旧动能转换的重要方向引领。

山东在着力优化协调发展格局方面，坚持区域协同、城乡一体、陆海并重，在协调发展中拓宽发展空间，在加强薄弱领域中增强发展后劲。在省级层面，深入实施区域发展战略，开展“两区一圈一带”提升行动，强化规划对接、政策协同、产业协作，促进区域在更高水平上协调发展。在国家层面，大力实施新旧动能转换重大工程，积极推进青岛作为唯一获准建设的国家军民融合创新示范区建设，把军民融合深度发展的试验田做好，尽快形成一批可复制可推广的经验。坚持在国家发展全局中推进协调发展，全面融入“一带一路”建设，积极对接京津冀协同发展、长江经济带等国家战略，深度融入环渤海经济合作区、中原城市群、淮河生态经济带等区域战略，拓展对内对外发展空间。在统筹国内国外、省内省外协调发展中，引领新旧动能转换。

三、绿色引领新旧动能转换

绿色是永续发展的必要条件和人民对美好生活追求的重要体现，绿色发展是走向生态文明新时代、建设美丽中国的重要内容，是新旧动能转换的重要方向引领。从山东的经济结构来看，2016 年山东首次实现“三二一”的产业结构，其中三产占比 47.3%，比全国平均低 4.3 个百分点。2017 年山东第三产业占比 48.0%，落后于江苏、广东和浙江，江苏、广东、浙江分别为 50.3%、52.8%、52.7%。从山东工业结构内部看，传统产业占比 70%，高耗能重工业又占 70%。山东主营业务收入排前列的轻工、化工、机械、纺织、冶金多为资源型产业，能源原材料产业占 40%以上，资源型高能耗产业全国第一。从能耗水平看，山东能耗总量、主要污染物排放总量均居全国前列。因此，绿色引领山东新旧动能转换显得更为迫切。

四、开放引领新旧动能转换

开放带来进步，封闭必然落后，开放是活力的源泉，是引领新旧动能转换的重要方向。在实施新旧动能转换重大工程中，山东要加快新一轮高水平对外开放，充分利用沿海独特地理位置，塑造开放型经济发展新优势，加快构建开放型经济新体制，进一步优化山东开放战略布局。要充分发挥区位战略节点优势，实施更加积极主动的开放战略，突出“一带一路”建设，放大山东由南向北扩大开放、由东向西梯度发展战略节点作用，在构建陆海内外联动、东西双向互济的全面开放新格局上走在前列。依托海上丝绸之路促进沿海城市互联互通，支持青岛、烟台、威海、日照打造海上合作战略支点，依托东亚交通物流枢纽中心区位优势，大力发展跨境转口贸易，探索中欧班列新模式。加快推进中韩(烟台)产业园、济南中德产业园、威海中韩地方经济合作示范区和东亚海洋合作平台建设，支持济南打造“内陆港”、设立空港保税物流中心；加快引进一批世界500强和行业领军企业项目。着力转变外贸发展方式，推动从大进大出向优质优价、优进优出转变，加快打造外贸新旧动能转换新优势。

五、共享引领新旧动能转换

共享是中国特色社会主义的本质要求。山东在新旧动能转换过程中让改革发展成果更多更公平惠及全省人民，强调要优先发展教育事业，强调提高就业质量和人民收入水平，强调加强社会保障体系建设，强调提高文化惠民水平，强调加快建设健康山东，推进医养结合示范省建设，高水平打造国家健康医疗大数据区域中心，支持济南建设国际医学科学中心，强调全域推进食品安全、农产品质量安全市县创建，建立健全源头可溯、去向可查、风险可控、责任可究的质量安全保障体系，打造食品安全放心省等，就是体现共享理念在新旧动能转换中的重要方向引领。

第二节　建设现代化经济体系是新旧动能转换的重要载体和力量之源

实现新旧动能转换必须将建设现代化经济体系放在重要位置，发挥其具有的重要载体作用。

一、深化供给侧结构性改革，是建设现代化经济体系的战略措施，也是实现新旧动能转换的战略基点

党的十九大报告把深化供给侧结构性改革摆在贯彻新发展理念、建设现代化经济体系这一重大战略部署的第一位，作为六大任务之首提出来，充分

表明深化供给侧结构性改革在建设现代化经济体系中的重要性和紧迫性。建设现代化经济体系，必须把发展经济的着力点放在实体经济上，把提高供给体系质量作为主攻方向，显著增强我国经济质量优势。一是在深化供给侧结构性改革进程中，加快建设制造强省。加快发展先进制造业，推动互联网、大数据、人工智能和实体经济深度融合，推动资源要素向实体经济集聚、政策措施向实体经济倾斜、工作力量向实体经济加强，营造脚踏实地、勤劳创业、实业致富的发展环境和社会氛围，努力在中高端消费、创新引领、绿色低碳、共享经济、现代供应链、人力资本服务等领域培育新增长点，形成新动能。二是在深化供给侧结构性改革进程中，大力支持传统产业优化升级，加快发展现代服务业。三是在深化供给侧结构性改革进程中，促进山东产业迈向全球价值链中高端，培育若干世界级先进制造业集群。四是在深化供给侧结构性改革进程中，加强水利、铁路、公路、水运、航空、管道、电网、信息、物流等基础设施网络建设。五是在深化供给侧结构性改革进程中，坚持去产能、去库存、去杠杆、降成本、补短板，优化存量资源配置，扩大优质增量供给，实现供需动态平衡，为实体经济高质量发展创造更好的环境和条件。六是在深化供给侧结构性改革进程中，激发和保护企业家精神，鼓励更多社会主体投身创新创业，建设知识型、技能型、创新型劳动者大军，弘扬劳模精神和工匠精神，营造劳动光荣的社会风尚和精益求精的敬业风气，为提高供给体系质量、实体经济高质量发展提供各层次人力资本保障。

二、加快建设创新型省份，是建设现代化经济体系的战略支撑，也是实现新旧动能转换的战略引领

山东要加快建设创新型省份，通过发展新技术、新产业、新业态、新模式，实现产业智慧化、智慧产业化、跨界融合化、品牌高端化，培育壮大新动能，改造提升传统动能，推动经济保持中高速增长、产业迈向中高端水平。不断提升科技创新能力，实施重大科技创新工程，着力突破制约产业发展的共性关键技术，推动“山东制造”向“山东创造”“山东智造”跃升。引导各类创新要素向企业聚集，支持建设产业技术创新战略联盟，构建以企业为主体、市场为导向、“政产学研金服用”相结合的技术创新体系，高水平建设山东半岛国家自主创新示范区。

三、实施乡村振兴战略，是建设现代化经济体系的重要基础，也是实现乡村新旧动能转换的重要载体和力量之源

习近平总书记在参加十三届全国人大一次会议山东代表团审议时，就实施乡村振兴战略特别是推动产业振兴、人才振兴、文化振兴、生态振兴、组织振兴作出重要指示，要求山东充分发挥农业大省优势，打造乡村振兴的齐鲁样板。这既是乡村振兴战略的重要内容，也是山东实现乡村新旧动能转换的重要载体和力量之源。

四、实施区域协调发展战略，是建设现代化经济体系的内在要求，也是实现新旧动能转换的合力之需

山东要进一步坚持区域协同、城乡一体、陆海并重。深入开展“两区一圈一带”提升行动，强化规划对接、政策协同、产业协作，促进区域在更高水平上协调发展。提升青岛西海岸新区辐射带动作用，提高省会城市首位度，支持济南加快建设新旧动能转换先行区，积极推进黄河生态经济带建设，大力发展特色县域经济，培育新的增长极、增长带。深度对接京津冀协同发展等国家战略，扎实推进新型城镇化，加快建设海洋强省，健全现代海洋产业体系，建设具有国际先进水平的海洋经济发展示范区。在实施区域协调发展战略进程中，形成山东新旧动能转换的强大合力。

五、加快完善社会主义市场经济体制，是建设现代化经济体系的制度保障，也是实现新旧动能转换的制度保证

完善社会主义市场经济体制，是建设现代化经济体系的重要组成部分。坚持社会主义市场经济改革方向，使市场在资源配置中起决定性作用和更好发挥政府作用，是我们必须长期坚持的改革方针。党的十九大报告进一步明确了加快完善社会主义市场经济体制的重点任务，即经济体制改革必须以完善产权制度和要素市场化配置为重点，实现产权有效激励、要素自由流动、价格反应灵活、竞争公平有序、企业优胜劣汰。从完善产权制度来看，现代产权制度是社会主义市场经济体制的基石，其基本特征是归属清晰、权责明确、保护严格、流转顺畅，其核心是产权保护。从完善要素市场化配置看，山东省现

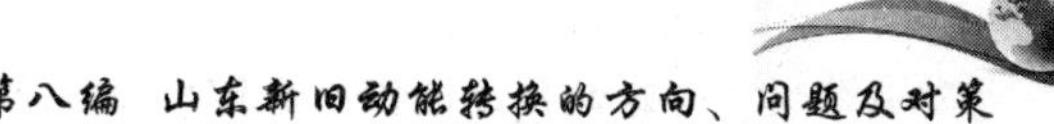

代市场体系建设已取得很大进步,从其内部结构看,与商品和服务市场相比,要素市场建设相对滞后,在很大程度上制约了劳动力、土地、资本、技术、信息等要素的自由流动,影响了要素的高效配置。因此,上述两方面经济体制改革的重点任务,也是完善现代化经济体系的制度保障。一是完善各类国有资产管理体制,改革国有资本授权经营体制,加快国有经济布局优化、结构调整、战略性重组,促进国有资产保值增值。二是深化国有企业改革,发展混合所有制经济,培育具有全球竞争力的世界一流企业。国有企业是国有经济的主体,是中国特色社会主义重要物质基础和政治基础,要旗帜鲜明、理直气壮地做强做优做大。深化国有企业改革,坚持党对国有企业的领导是重大政治原则,必须以一贯之;建立现代企业制度是国有企业改革的方向,也必须一以贯之,稳妥有序发展混合所有制经济。在培育具有全球竞争力的世界一流企业方面,大力支持国有企业深入开展国际化经营,进一步加大开发合作力度,重点在"一带一路"建设中推动优势产业走出去,带动山东装备制造、技术、标准和服务走向世界,形成一批在国际资源配置中占主导地位的领军企业;大力实施创新驱动发展战略,鼓励国有企业以市场为导向加大创新力度,突破和掌握一批关键核心技术,培育一批高附加值的尖端产品,打造一批国际知名的高端品牌,形成一批引领全球行业技术发展的领军企业;加快推进产业升级,在一些优势行业和领域,向价值链高端迈进,努力在国际市场竞争中占据有利地位,形成一批在全球产业发展中具有话语权和影响力的领军企业。三是全面实施市场准入负面清单制度,清理废除妨碍统一市场和公平竞争的各种规定和做法,支持民营企业发展,激发各类市场主体活力。四是深化商事制度改革,打破行政性垄断,防止市场垄断,加快要素价格市场化改革,放宽服务业准入限制,完善市场监管体制。五是完善促进消费的体制机制,增强消费对经济发展的基础性作用。六是深化投融资体制改革,发挥投资对优化供给结构的关键性作用。七是深化金融体制改革,增强金融服务实体经济能力,提高直接融资比重,促进多层次资本市场健康发展。健全金融监管体系,守住不发生系统性金融风险的底线。以上这些方面,既是加快完善社会主义市场经济体制的重要任务,也是完善现代化经济体系的制度保障,必将进一步破除制约新旧动能转换的体制机制障碍,为山东新旧动能转换提供更加完善的体制机制保障。

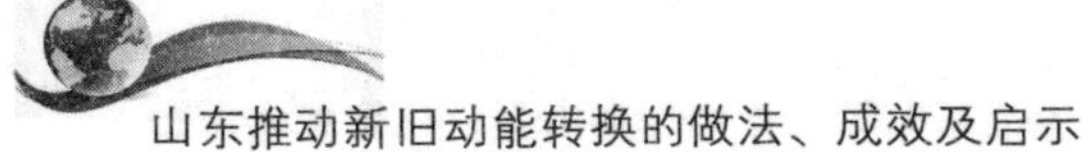

六、推动形成全面开放新格局，是建设现代化经济体系的必要条件，也是实现新旧动能转换的重要动力之源

开放带来进步，封闭必然落后。开放是活力的源泉，开放的战略、开放的政策是稀缺的资源，能够转化为先进生产力。

山东要加快实施新一轮高水平对外开放，着眼塑造开放型经济发展新优势，加快构建开放型经济新体制，进一步优化山东开放战略布局，深度参与“一带一路”建设，发展跨境电商、综合服务、市场采购等新业态新模式，推动外贸向优质优价、优进优出转变，深化国际产能合作，支持开发区率先复制自由贸易试验区成熟经验，打造更高水平的对外开放平台，加快形成对外开放新动能。

第三节　山东新旧动能转换的路径选择与着力点

在新旧动能转换的路径选择上，山东把化解过剩产能置换形成新动能、发展新兴产业培育形成新动能、提升传统产业改造形成新动能作为重要路径选择。特别是集中培育“5＋5”十强产业，深刻调整山东偏重的产业结构，加快建设实体经济、科技创新、现代金融、人力资源协同发展的现代产业体系，到2022年十强产业增加值占比力争达到60％，发展的质量更好、结构更优、效益更高、新动能更足。这充分贯彻了习近平总书记关于四个技术发展趋势的重大判断，依据国家宏观产业政策，结合山东产业基础和比较优势，十强产业涵盖了一、二、三产业，涉及山东的主导产业、优势产业、潜力产业，代表了先进生产力发展方向。要积极探索存量变革和增量崛起并举的转型升级路径，瞄准这些产业，跟进配套政策，努力把每个产业做成万亿级以上体量、全国一流乃至世界有影响的产业集群。在新旧动能转换的着力点方面，山东着力解放思想、更新观念，着力创新驱动，着力深化改革扩大开放，着力在补齐要素短板上实现新突破。

第二十二章

山东推动新旧动能转换面临的问题及对策

推进山东新旧动能转换，就是要把发展动力从以往主要依靠资源和低成本劳动力等要素投入转向创新驱动，在以创新焕发传统产业生机上着力，在先进制造业和战略性新兴产业的中高端上突破，以实现由经济大省向经济文化强省的转变，使山东经济社会发展走在全国的前列。

10 年来，山东与发达经济省份的差距呈现持续扩大趋势，2007 年山东 GDP 比江苏高 327 亿元，比广东少 4786 亿元；2017 年江苏、广东分别比山东高出 13222.7 亿元、17201.03 亿元，并且差距从第三产业扩延到第二产业。破解山东大而不强境况，必须在新旧动能转换上找出路，采取多措并举来推进。

第一节　山东在推动新旧动能转换中面临的问题

在对多市地调查中发现，山东在推动新旧动能转换中虽形成了许多好的做法和经验，但也能看到推动新旧动能转换面临诸多问题，其中亟待解决的问题主要表现为以下几个方面：

一、阻碍新旧动能转换的体制机制问题

推动新旧动能转换仍然遇到体制机制问题，如 2015 年省管国有企业利

润达172亿元，这是其中盈利国有企业贡献利润556亿元与亏损国有企业亏损379亿元的剩余额，这些亏损企业多为“僵尸企业”，如不进行体制改革，就难以出清这些僵尸企业，它们就会影响盈利国有企业，制约整体国有企业活力、生机的增强。

体制机制不转变就会束缚住新旧动能转换，不仅解决不了已存在的产能过剩、房地产库存积压、杠杆率过高等问题，还会使经济出现新的困局，容易再走过去的找钱、圈地和盲目上项目的老路，引发新的经济结构再调整问题。

二、推动新旧动能转换中创新面临的问题

推动新旧动能转换需要解决创新这一关键问题，而在推动新旧动能转换中创新面临以下突出问题：

（一）科技创新资源仍显不足

一是创新人才的支撑作用不足。总体看山东创新型人才优势不够明显，创新型领军人才和团队的培养及引进工作仍有很大的空间。以“千人计划”为例，青岛市和烟台市位居全省前列，但烟台市也仅有60余人。从全省看，目前山东拥有“千人计划”高端人才200多人，明显少于江苏、浙江、广东、湖北和安徽。二是高校院所的源头创新不足。从数量看，全省高校院所数量相对少，且布局不平衡。如烟台拥有省属以上高校院所15家，而苏州工业园区一个开发区就有国内外一流大学的苏州分校和研究院达25所；而且其高校院所的研究成果不能满足新兴产业和新经济发展的需求。

（二）推进创新的紧迫感不强和创新能力不足

全省发明专利申请量、授权量、PCT国际专利申请量、新产品开发项目数都远低于江苏和广东。如新产品开发项目数2015年江苏为57204项、广东43456项、山东28306项，其差距背后反映出创新精神和推动创新的紧迫感不强，以及创新能力不足。有的地方注意力仍集中在“安全”“维稳”，而没将抓创新促发展放到重要位置；也有的部门领导干部对分管领域的创新状况、创新趋势等并不清楚，更难讲为创新服务了。

（三）创新体系有待于完善

在创新主体特别是高新技术企业培育方面，需解决高新技术企业数量较

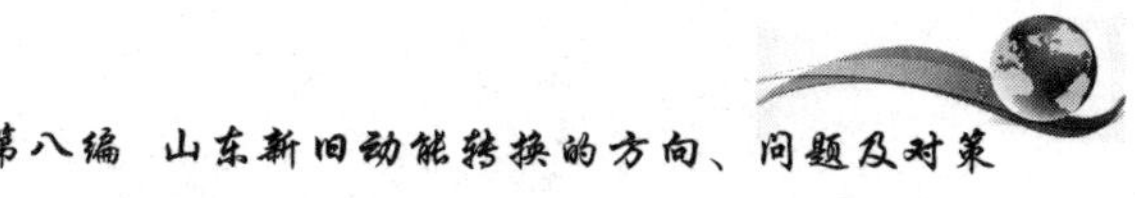

少、科技型中小企业规模仍偏小，以及许多地方可供挖掘培育的科技型企业资源不足等问题。在有些地市科技企业特别是小微企业孵化器运营管理处于粗放状态，缺少专业的产业辅导、财务财会、法律咨询、投融资等一体化服务；存在技术市场建设不完善、技术交易活跃度不高，以及缺乏类似上海高校技术市场等科技成果转移转化机构等问题。

(四)缺少对影响新旧动能转换的创新的评价奖惩体系

对推动新旧动能转换的创新工作必须要有评价奖惩体系。目前这一评价奖惩体系在全省还没有建立起来，容易导致地方和部门推动新旧动能转换缺少检验好坏和增强动力的关键抓手，因而也难以获得推动新旧动能转换的理想效果。

三、有待于提升的创造新供给问题

在新旧动能转换中面临创造新供给难点问题。多年来山东在供给侧方面主要集中在传统产业，2016 年在工业经济中传统产业占比达 70%，新兴产业占 30%，而广东、浙江传统产业占比达 30%，新兴产业占 70%，其经济运行质量、效益和发展后劲就好于山东；山东传统产业中高耗能产业又占 70%，主营业务占前三的化工、农副产品、纺织在全国都排第一；在新经济方面，以计算机、电子设备等为主体的信息产业产出占 GDP 比重山东为 3.9%，而江苏为 11%、广东为 23%，其差距很大；山东服务业占比比全国平均水平还低 4.3 个百分点，比北京低 30 多个百分点。这表明山东在创造新供给方面依然面临较大的压力。

四、企业有待于发挥好新旧动能转换的主体作用问题

企业发挥好新旧动能转换的主体作用，特别应成为技术创新活动的主体、研发投入的主体和创新成果应用的主体。必须有效解决大多数企业缺少研发活动问题，目前山东规模以上工业企业有研发活动的不到 15%，比广东低 10 个百分点；要解决研发投入少的问题，2008 年以来山东比江苏、广东等省的研发投入强度低。另外，高端研发人才不足等问题也制约着山东企业的新旧动能转换。

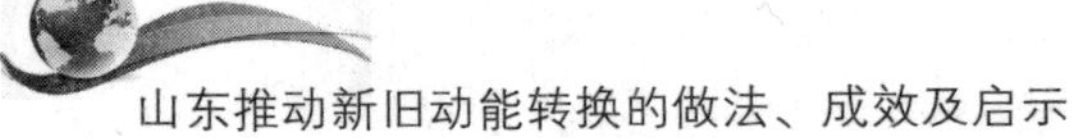

究其原因，就在于存在发展观念、创新环境、创新动力、创新能力、吸引和利用人才、教育资源、研发投入、营商环境、民营经济、产业结构优化等方面的不足或落后所致。

第二节　推进山东新旧动能转换的对策措施

影响山东新旧动能转换的因素很多，需要解决的问题也很多，因而推动山东新旧动能转换需要采取多种途径措施，也才能获取好的新旧动能转换效果。因此，推进山东新旧动能转换应采取以下综合措施：

一、进一步解放思想推“双创”，挖掘出新旧动能转换的源泉

推动新旧动能转换首先需要发展理念、思想的转换，迫切需要全省上下解放思想推“双创”，这是推动新旧动能转换的源泉所在。通过“双创”在山东形成创新潮，开创人人关注创新、人人投入创新的新局面，才能为经济社会发展注入新动力。鉴于对新旧动能转换的认识状况，应通过媒体、教育、宣传等多渠道唤起全社会对推动新旧动能转换的深度关注和认识，并提高对“双创”的参与度。

二、用规划引领全省新旧动能转换

在对100多位基层领导干部的调查中发现，基层希望上级进行顶层设计，期待形成全省统一规划的引领。要遵循新发展理念制定好全省新旧动能转换的规划，规划要明确新旧动能转换的指导原则、战略布局、目标、先行区和综合试验区、新动能产业聚集区、新动能重点产业和产业集群、新动能领军企业、新动能重大项目、新动能关键核心技术、新动能关键人才的引进与培养、新动能发展模式、传统动能改造升级、保障改善民生等发展要求，重点建立促进新旧动能转换的创新环境、新技术体系、新产业和新业态体系、产业中高端品牌体系、新政策体系以及专项规划等。

不仅全省应有统一的规划，各市地都应以省级规划为统领，根据本地实

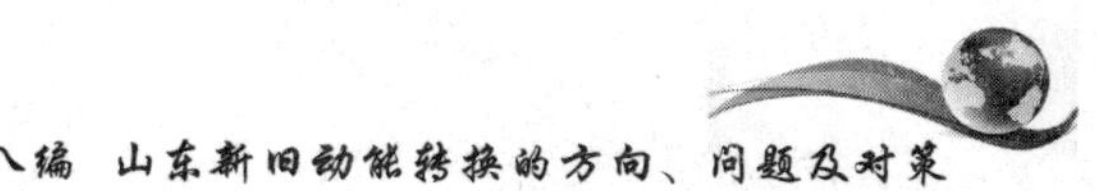

际,以世界眼光、国际标准、独具竞争优势的要求制定出实施新旧动能转换规划的具体方案,体现出各自的特色、新产业发展的着力点、形成新业态的突破口、创新新模式的侧重点、建立新品牌的主攻方向、构建新核心竞争力和竞争优势的战略支点等,避免市地间跟风、模仿、重复投资建设等。

三、发挥出创新在推动新旧动能转换中的关键作用

推动新旧动能转换必须瞄准创新引领,咬定转型升级。推动新旧动能转换的创新包含着体制创新、机制创新、制度创新、政策创新、管理创新、科技创新等,其中推动科技创新、建立科技创新体系是关键;核心是提高科技创新能力;目标是建立新技术体系,促进科技成果转化和产业化,建立新产业新业态体系,培育产业中高端品牌体系。

(一)抓顶层设计,引导以创新促新旧动能转换

抓顶层设计促创新,主要涉及以下顶层设计的着力点:

1.依据创新对新旧动能转换所起的关键性影响,全省应制定以创新促新旧动能转换的专项规划,不仅要制定省级层面的促新旧动能转换的创新专项规划,还要有市县级层面的促新旧动能转换的创新专项规划,并使市县级层面的创新专项规划与省级层面的创新专项规划相衔接。

2.应出台以创新促新旧动能转换的一系列政策文件,包括促进创新的财政政策、税收政策、金融政策、人才政策、进出口政策等,形成引导和扶持创新的政策体系。

3.加紧制定新旧动能转换中的创新行动计划,使全省创新工作明确方向,拥有抓手。一是培育创新精神行动计划。创新创业应从改变观念开始,应增加创新的学习教育活动,培育干群和企业的创新精神。二是创建创新环境行动计划。要注重创造有利于科技创新思想产生的环境条件,注重创新文化的建设和发展,构建创新创业生态环境。三是加大研发投入,制定发明专利强省行动计划。四是推动重点产业创新发展、重大创新项目实施计划。五是国有企业和民营企业创新行动计划。六是培育新兴产业集群行动计划。七是推进创新中心工程建设行动计划。八是推动新技术转化及产业化行动计划。九是实施科技创新强市(县)行动计划,加强对市县科技信息平台等科

技基础条件建设的支持力度，增强市县科技服务和支撑能力，健全市县科技机构，推动基层科技队伍的建设。

（二）确立推进全省新旧动能转换的创新目标

在先进制造业、新兴产业和新经济领域培育一大批拥有自主知识产权、中高端自主品牌和核心竞争力的创新型企业；建立一大批创新中心、省级和国家级实验室、高新技术创新基地，以带动新技术特别是关键核心技术和颠覆性技术的突破，拥有多行业标准、关键零配件、价值链高端的主导权；形成具有区域优势的新动能产业集群；运用“互联网＋”“智慧化＋”等改造提升传统产业，焕发出传统产业的生机和活力；建立起创新主体体系、知识创新体系、新技术创新体系、技术创新支撑服务体系、创新政策体系、新产业和新业态体系、新产品和中高端品牌体系；构建起山东特色创新模式，实现保持经济中高速增长、迈上产业中高端的创新总目标。

（三）充分发挥企业在推进新旧动能转换中的创新主体作用

企业应成为技术创新活动的主体、研发投入的主体和创新成果应用的主体，也就是要充分发挥出在推进新旧动能转换中的创新主体作用。

1. 建立一流的企业创新队伍。企业自身培养创新人才是主平台，把创新人才的培训作为长期的任务。要建立企业自己的培训机构，特别是大中型企业都应建立培训机构，并不断增加培训费用；重视引进各类人才，如吸引优秀的高校毕业生，特别是吸引领军型人才和国际顶尖的科技人才，使企业成为吸引人才的高地。

2. 推动企业建立研发中心，在“十三五”期间大中型企业要普遍建立研发中心；加大研发投入，“十三五”末规模以上工业企业研发经费投入强度应赶上江苏和广东，培育出一批引领行业标准和拥有关键核心技术的大型骨干企业。

鉴于全省的产业基础条件、新兴产业的发展要求以及区位优势状况等，山东应重视依托企业推进创新中心建设。

3. 鼓励企业开展“双创”，引导企业围绕管理、机制、制度、效率、新工艺、新设备、新业态、新产品等进行创新，使越来越多的企业成为创客的“天堂”，在全省企业普遍建立促进创新的制度和机制。全省推进“双创”应推广海尔

开展“双创”的做法和经验。海尔开展“双创”的做法,概括来说就是借助现代互联网,实行企业功能平台化、企业组织微型化,鼓励企业员工和吸纳外部人员面对市场做创客,建立创业小微,在海尔创业生态圈内汲取营养成长壮大,根据用户需求不断创新产品,逐步发展成为行业的领军企业。

4. 拥有关键核心技术或著名品牌的企业应重视利用自身优势进行产业链布局,吸引全球相关企业、投资者和研发机构与其进行合作创新,打造新产业链和价值链,以培育出新产业集群和新竞争优势。

5. 要培育重点产业企业特别是领军企业和配套企业的创新能力。要在先进制造业特别是高增长产业、战略性新兴产业培育出企业的创新力。要以产业中高端发展为导向,聚焦突破高增长产业、战略性新兴产业,形成汽车尤其是新能源汽车、智能制造装备、高端化工、新一代信息技术、生物医药、高端医疗器械、新材料、海洋装备和海洋资源开发、文化产业的创新能力。

(四)推动教育创新

全省高校教育应与新旧动能转换无缝隙对接,为全省培养新旧动能转换所需要的人才及提供所需知识、信息、科技等。高校学科建设和课程设置应符合新旧动能转换之所需;应通过校企联姻,直接为企业培养所需的专业人才,同时企业也可成为学生的实习基地。全省的职业教育更应直接转向为新旧动能转换培养人才。

(五)建立加快创新驱动发展的政策体系

建立加快创新驱动发展的政策体系,应主要包括:

1. 制定创新创业人才政策。一是引导高标准打造引才引智、创业孵化、专业服务等功能的国际化综合性创新创业平台。突出打造国际人才聚集圈,使济青烟三市新旧动能转换综合试验区成为人才首选地。二是对本省人才的扶持政策。对主持推进新兴产业的重大科研项目、推动重要先进技术成果的转化、具有较大发展潜力的本省优秀科技创新创业领军人才,并给予有吸引力的项目资助。三是鼓励各地实施人才安居落户工程。推行高层次人才安居落户“一卡通”制度,人才到市县都可入住人才公寓;对其子女可提供最好的教育条件;购房可给以购房补贴;进入事业编制的可不受所在单位的编制限制。四是推进企业家队伍建设政策。实施企业家培养提升工程,并把青年企业家培养放在战略位置。可通过高校、党校和国内外培训机构对全省企业家特别是年轻企业家进行高端培训，省、市、县财政应拨付培训经费。五是引导高校把创业创新融入办学理念，激励越来越多的学生向往以技术、理念创新为动力的创业，毕业后选择创业。六是突破制约人才积极性的因素，如对科研项目劳务费的比例限制应取消；对科研人员承担的横向科研项目的绩效奖励及发明转让收益用于研发人员奖励的部分不应再纳入绩效工资总额；等等。

2. 推动企业创新的政策。应制定以下政策：一是鼓励国有企业和民营企业与高校院所合作，整合科技资源为企业技术创新服务。要推进全省的工程实验室、企业技术中心、产业技术联盟建设，建立起企业自主创新的基础支撑平台。二是对国家和省重大专项和科技计划中有产业化前景的重大项目，优先支持由企业与高校院所联合承担，或有条件的企业集团、企业联盟牵头承担，建立以企业为主体、产学研用结合的项目实施新机制。三是鼓励企业特别是大中型企业普遍建立研发中心，不断增加研发投入。四是扶持对小微企业的孵化与培育提升。充分发挥省市县孵化器建设专项资金的引导作用，以及吸引社会资本参与省孵化器建设。五是鼓励企业加大科研成果转化，使科研成果尽快转化为推动产业发展的新动能。

3. 扶持创新的财税政策和金融政策。对具有发展潜力和市场前景的企业、创业者和科研单位的创新活动，应在设立融资的绿色通道、财政扶持资金、扶持优先上市、科研立项、先进技术设备的引进、政府制定产品采购目录等方面给予必要的支持和激励。

（六）强化创新制度建设

要通过创新制度建设带动全省上下改变观念，树立强烈的创新意识。

1. 在“十三五”时期每年召开一次山东省创新大会。吸引省内外企业家、科研人员、政府部门和理论研究者参加，以总结创新经验、为创新中遇到的问题寻求出路，更为重要的是为新旧动能转换注入创新动力，强化创新发展理念，明晰持续创新的方向，提升创新的能力。

2. 全省可两年举行一次创新表彰大会，对高层创新型人才进行表彰，对重大创新成果给予奖励，起到激励全省上下创新的作用。

3.建立创新能力和创新成效的评价考核指标体系，对各市县的创新能力和创新成效进行及时评价和考核，并实行相应的奖惩。

(七)市地形成各具特色和优势的创新体系

山东是一个人口大省、资源大省，且各地发展又极不平衡，因而既要推动区域间紧密合作与互动，又要以促进区域内科技资源的合理配置和高效利用为重点，建设各具特色和优势的区域创新体系，全面提高区域科技创新能力。

四、努力向聚集配置新资源转变

改变山东大而不强的“痛”，靠的是新旧动能转换的根本性突破，取决于对新资源的拥有水平和配置效率。推进新旧动能转换，需要向聚集和高效配置新资源转变，由以往主要依靠廉价劳动力、土地资源和环境转向主要依靠新技术、新知识、高素质人力资本、信息、数据、新型企业家的转变，推动由数量型向质量效益型的转变，为经济发展注入新动力、新能量。

1.要把释放人才红利放在新要素投入的首位。应建立省级各产业及领域的人才库，为补人才短板提供精准依据。实施人才引进培育工程，推进国家引进国外智力示范区建设，各市都要做好“千人计划”“泰山学者”等人才引进培育工作；还可考虑在一些发达国家和地区建立海外引才引智工作站。还应设立人才引进开发基金，对引进的顶级人才给予超外省市标准的奖励，并为办理有关手续提供方便快捷的服务。

2.打造以自主创新为主导的技术供给体系，并成为创新原创性、颠覆性产业技术的新高地。

3.努力释放数据红利。通过大数据的搜集及运用催生新业态，如基于大数据分析的精准医疗、企业监管、在线审批监管、为中小企业贷款服务等。

4.推进云计算、移动互联网、物联网技术与制造业的结合，打造出山东“互联网＋”新生产模式、新商业模式。要培育领军型企业，如发挥浪潮集团在云计算领域的领军作用等。

五、创出新经济的新产业、新技术、新业态、新模式

应大力发展新经济，并重点发展平台经济、分享经济、数字经济、医养健

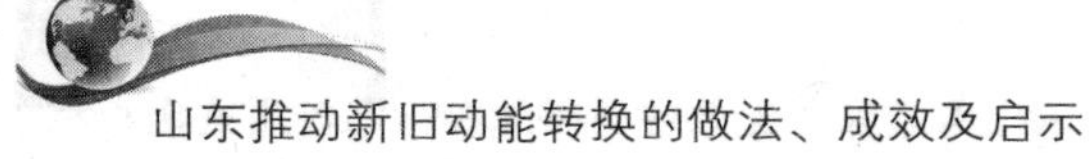

康经济、人工智能和智能制造。

六、依靠创新驱动，焕发出传统产业的生机

提出新旧动能转换绝不是要放弃传统产业，恰恰要通过改造提升传统动能，焕发出传统产业的生机。传统产业要依靠新技术、新产品、新业态、新模式转型升级。

1. 应制定传统产业转型升级规划，发挥出规划的战略性导向作用。

2. 用信息技术或先进适用技术改造传统制造产业，变夕阳产业为朝阳产业。如青岛红领集团通过“互联网＋规模化定制”的新型生产方式，实现从生产型制造向服务型制造的转变，构建起供给与需求精准衔接的机制，使服装生产企业找到了浴火重生的新出路。同时，还应重视基础产业如专用设备、零部件、材料、工艺、标准检测等这些基础能力的提升，创新驱动应更多地投向基础产业，从而创出一大批基础产业的标杆企业和品牌产品。

3. 利用互联网、大数据等新技术提升农业规模化生产、专业化经营管理和精准化服务水平，以及推动农业与旅游、文化、教育等产业深度融合，打造农村新产业、新业态，培育出农业新价值链。

4. 推进传统服务业转型升级。一是引导和扶持传统商贸流通企业利用移动互联网、物联网、地理位置服务、大数据等信息技术提升流通效率和服务质量；二是建立跨区域、跨行业的物流信息服务平台，提升仓储智能化和冷链物流服务水平，发展物流新模式；三是整合服务资源，推动实体零售企业与电子商务企业优势互补互促，实现线上线下融合发展；四是推动传统媒体与新兴媒体深度融合，提升文化企业网络服务能力。

5. 要把去落后产能和减少高污染、高能耗、高排放产业的依赖与推进传统产业转型升级相结合，破解制约传统动能改造提升的体制机制障碍，强化制度创新，实现传统产业的瘦身与转型升级。如中通客车坚持绿色发展理念，近几年每年都将销售收入4%的资金用于研发投入，逐步成长为国内新能源客车的领军品牌。

七、着力培育新动能产业中高端的新品牌

产业迈上中高端是新旧动能转换的目标取向。山东产业总体处于中低

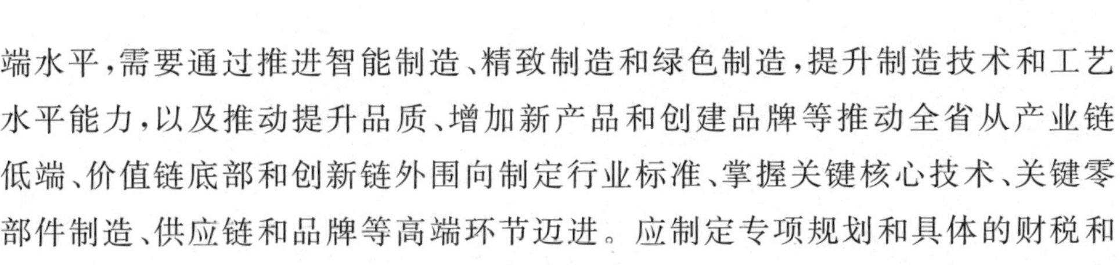

端水平，需要通过推进智能制造、精致制造和绿色制造，提升制造技术和工艺水平能力，以及推动提升品质、增加新产品和创建品牌等推动全省从产业链低端、价值链底部和创新链外围向制定行业标准、掌握关键核心技术、关键零部件制造、供应链和品牌等高端环节迈进。应制定专项规划和具体的财税和金融政策，培育产业中高端的领军型企业、产业集群、产业高端聚集区和新品牌。

八、以提升营商环境推动新旧动能转变

打造便利高效的营商环境和市场环境，就需要重视推进体制机制创新，构建对新要素最有吸引力的环境和高效配置的市场机制。在全省通过开展“放管服”改革和创业创新环境评价，以全球营商环境最好的地区为标杆，形成全省的评价体系，并聘请第三方持续开展营商环境评价，全面反映出“放管服”改革的成效与不足，通过评价形成改革“倒逼机制”，做到自觉简化审批，为市场清障搭台，取缔各种不合理的收费和摊派，降低制度性交易成本，释放市场活力和微观主体创造力，增强企业发展新动能。要在转变政府职能上下功夫，构建开放透明高效的市场准入管理模式，尽快建立起包容创新的审慎监管制度，并强化事中事后监管；要放宽新兴行业企业的登记条件，构建具有现代国际竞争力的创新产业监管模式。要进一步放宽民营企业准入行业和领域，鼓励民营资本深度参与国有企业的混改进程，提高混合所有制经济的发展水平和质量，并探索一批国内外细分行业的“隐形冠军”。要多策推进与全球创新企业新一轮的合作，鼓励和支持央企在鲁设立地区总部及产业创新中心等，提高与央企合作的层次、质量和效益。

九、努力建设知识产权强省，突出构建山东半岛知识产权隆起带

山东应制定知识产权强省建设规划、知识产权综合管理改革相关政策；建立质量导向的知识产权评价体系和激励措施；推进知识产权运营平台体系建设，以及加快互联互通的知识产权信息公共服务平台建设，更好地满足创新创业者对知识产权信息公共服务的需求；开展高价值专利培育行动，争取发明专利授权量、PCT 国际专利申请、万人有效发明专利拥有量都有较大的突破。

参考文献

[1] 习近平:《决胜全面建成小康社会 夺取新时代中国特色社会主义伟大胜利——在中国共产党第十九次全国代表大会上的报告》,人民出版社2017年版。

[2]《习近平谈治国理政》第二卷,外文出版社2017年版。

[3] 国家发展改革委、交通运输部、中国铁路总公司:《中长期铁路网规划》(发改基础〔2016〕1536号),中华人民共和国国家发展和改革委员会网站,2016年7月13日。

[4] 国家发展改革委、交通运输部、国家铁路局、中国铁路总公司:《铁路"十三五"发展规划》(发改基础〔2017〕1996号),中华人民共和国国家发展和改革委员会网站,2017年11月20日。

[5] 山东省人民政府办公厅:《山东省新旧动能转换重大工程实施规划》(鲁政发〔2018〕7号),山东省人民政府网站,2018年2月22日。

[6] 山东省人民政府:《山东新旧动能转换综合试验区建设总体方案》,山东省人民政府网站,2018年11月7日。

[7]青岛市委市政府:《关于推进新旧动能转换重大工程的实施意见》,青岛政务网,2018年9月28日。

[8] 青岛市科学技术局、青岛市科学技术信息研究院:《2017年青岛市科技创新发展报告》,青岛市科学技术局网站,2018年10月9日。

[9] 青岛市统计局:《2017年青岛市国民经济和社会发展统计公报》,青岛政务网,2018年3月16日。

[10] 德州市新旧动能转换重大工程推进工作领导小组办公室:《德州市新旧动能转换重大工程实施规划(2018～2022年)》,齐鲁网,2018年6月13日。

[11]《滨州市高端铝产业中长期发展规划(2017～2025年)》,2018年9月。

[12]《滨州市新型化工产业中长期发展规划》,2018年9月。

[13]《滨州市家纺纺织产业中长期发展规划(2017～2025年)》,2018年9月。

[14] 冯雷:《由"大明湖时代"迈向"黄河时代"》,《济南日报》2017年4月24日。

[15] 张立群:《经济新旧动能转换如何缩短阵痛期》,《中国经济周刊》2016年第6期。

[16]刘珺:《做好青岛新旧动能转换的"加减乘除"法》,《青岛日报》2018年4月6日。

[17]程国有:《建设现代化经济体系 推动青岛新旧动能转换》,《青岛日报》2018年8月28日。

[18] 沈俊霖:《青岛新旧动能转换"全面起势"》,《青岛日报》2018年7月10日。

[19]张培丽:《新时代产业体系建设的新内涵与新任务》,《光明日报》2018年6月12日。

[20]陈晓强:《动能转换须处理好四个关系》,《大众日报》2018年6月27日。

[21]王川:《建集群先要设计完备产业链》,《大众日报》2018年7月18日。

[22]张延廷:《提高政治站位 强化责任担当 全力服务保障新旧动能转换重大工程》,《大众日报》2018年2月28日。

[23]吴秋余、齐志明、李昌禹:《推动经济发展质量变革效率变革动力变革》,《人民日报》2018年3月5日。

[24]郭铁成:《以新科技革命助推新动能培育》,《大众日报》2018年3月

7 日。

[25]文忠:《对标先进 奋力求强—聚焦山东党政代表团南方学习》,《党员干部之友》2018 年第 8 期。

[26]潘凤钗:《产业集群的成因及其对地方政府管理职能的启示》,《财经界》2013 年第 11 期。

[27]刘颖、贾庆华:《产业集成化发展动力要素分析》,《长春工业大学学报(社会科学版)》2014 年第 6 期。

[28]杨丽:《战略性新兴产业集群式发展评述》,《环渤海经济瞭望》2014 年第 12 期。

[29]吴学军:《充分发挥区域经济优势 推动济南经济转型升级》,《中共济南市委党校学报》2015 年第 1 期。

[30]《刘家义在山东省全面展开新旧动能转换重大工程动员大会上的讲话》,《大众日报》2018 年 2 月 23 日。

[31]王修鹏、高蕾红:《浅谈标准化在新旧动能转换中的作用》,《中国标准化》2017 年第 15 期。

[32]李伟:《加快新旧动能转换 推动经济转型升级》,《山东经济战略研究》2017 年第 9 期。

[33]潘强、于平阳:《加快新旧动能转换的措施建议——以青岛西海岸新区为例》,《中国经贸导刊(理论版)》2018 年第 5 期。

[34]刘岐涛、王磊:《新旧动能转换指数测度研究》,《中国国情国力》2018 年第 9 期。

[35]张友鹏:《加快山东新旧动能转换的思考》,《中国国情国力》2018 年第 11 期。

[36]周继刚:《以山东省安丘市为例浅析新旧动能转换》,《现代商业》2018 年第 29 期。

[37]陈磊、郎晓黎:《“标准化+”助推新旧动能转换——以山东省为例》,《中国质量与标准导报》2018 年第 11 期。

[38]于伟星:《加强创新人才支撑 促进山东新旧动能转换》,《中国民商》2018 年第 3 期。

[39]国家发展和改革委员会产业经济与技术经济研究所:《中国产业发展报告:2018——迈向质量发展的产业新旧动能转换》,中国财经出版传媒集团 2018 年版。

[40] 安虎森:《区域经济学》,东北财经大学出版社 2008 年版。

[41] 上海财经大学中国产业发展研究院:《2017 中国产业发展报告——新旧动能转换》,上海人民出版社 2017 年版。

[42]张杰、宋志刚:《供给侧结构性改革中"去产能"面临的困局、风险及对策》,《河北学刊》2016 年第 4 期。

[43]曹建安、郭峰:《煤炭企业产能置换的属性分析与税收政策建议》,《煤炭经济研究》2018 年第 4 期。

[44]杨振:《产能过剩调控政策与治理体系研究》,中国社会科学出版社 2017 年版。

[45]徐高:《去产能要关注价格信号》,《经济参考报》2017 年 8 月 17 日。